TABLES
STATISTIQUES

DES DIVERS PAYS DE L'UNIVERS

POUR L'ANNÉE 1879

PAR

G. BAGGE

PARIS
LIBRAIRIE HACHETTE ET Cie
79, BOULEVARD SAINT-GERMAIN, 79

1879

TABLES
STATISTIQUES

DES DIVERS PAYS DE L'UNIVERS

POUR L'ANNÉE 1879

PAR

G. BAGGE

OUVRAGE AYANT OBTENU UNE MENTION HONORABLE A L'EXPOSITION UNIVERSELLE

DE 1878

Prix : 2 fr. 50.

PARIS

LIBRAIRIE HACHETTE ET Cie

79, BOULEVARD SAINT-GERMAIN, 79

—

1879

TABLE DES MATIÈRES

	Pages		Pages
TERRE	3	Algérie	67
EUROPE	4	Égypte	62
France	5	Libéria	63
Allemagne	11	Madagascar	64
Andorre	31	Maroc	64
Autriche	25	Orange	63
Belgique	29	Pays équatoriaux	66
Danemark	48	— à l'Est	64
Espagne	30	— au Sud	66
Finlande	44	Possessions anglaises	65
Grande-Bretagne et Irlande	32	— françaises	63
Grèce	35	— espagnoles	63
Hongrie	27	— portugaises	63
Italie	36	Sahara	66
Liechtenstein	28	Soudan	66
Luxembourg	39	Transvaal	63
Monaco	28	Tripoli	62
Monténégro	45	Tunis	67
Norvége	47	Zanzibar	64
Pays-Bas	38	AMÉRIQUE	68
Pologne	44	Amérique centrale	69
Portugal	40	Antilles	70
Répartition des impôts	24	Argentine	71
Roumanie	41	Bolivie	77
Russie	42	Brésil	72
San-Marino	28	Canada (dominion du)	78
Serbie	45	Chili	77
Suède	46	Colombie	73
Suisse	50	Equateur	73
Turquie d'Europe	51	États-Unis	74
Zollverein	39	Guyane	76
ASIE	52	Mexique	76
Chine	53	Paraguay	71
Inde	54	Pérou	77
Indo-Chine	56	Uruguay	71
Iran	57	Vénézuéla	73
Japon	58	OCÉANIE	79
Touran	59	Malaisie	80
Arabie	59	Micronésie	80
Russie d'Asie	55	Polynésie	81
Samos	60	Australasie ou Mélanésie	81
Turquie d'Asie	60	TABLE COMPARATIVE	83
AFRIQUE	61	Répartition	24
Abyssinie	64	Système métrique	84

TERRE

DIVISIONS

La terre se divise en cinq grandes parties, savoir : l'EUROPE, l'ASIE, l'AFRIQUE, l'AMERIQUE et l'OCÉANIE.

BUDGET

DÉPENSES. . . . . 22.100 millions de francs.
RECETTES. . . . . 20.734 millions de francs.
DETTE. . . . . 150.103 millions de francs.

COMMERCE

IMPORTATION. . . . . 39.618 millions de francs.
EXPORTATION. . . . . 30.380 millions de francs.

TÉLÉGRAPHES

LIGNES . . . . 852.571 kilomètres.

CHEMINS DE FER

LIGNES (1878) 306.555 kilomètres ; (1870) 211.859.

SUPERFICIE

134.617.885 kilomètres carrés (10.6 habit. par kilom. carré).

POPULATION

1.423.917.000 habitants.

EUROPE

SITUATION ASTRONOMIQUE
36° — 71° 12′ latit. N. et 11° 54′ longit. O. — 62° longit. E.

DIVISIONS
L'Europe se divise en ETATS dont les 6 principaux sont désignés sous le nom de GRANDES PUISSANCES, savoir : La FRANCE, l'ALLEMAGNE, l'AUTRICHE-HONGRIE, la GRANDE-BRETAGNE et l'IRLANDE, l'ITALIE, la RUSSIE. Les autres États sont : la Belgique, le Danemark, l'Espagne, la Grèce, les Pays-Bas, le Portugal, la Roumanie, la Finlande, la Serbie, la Suède et la Norvége, la Suisse, la Turquie, la république d'Andorre, le duché de Liechtenstein, le Luxembourg, la principauté de Monaco, le Monténégro et la république de San-Marino.

BUDGET
DÉPENSES . . . . 15.821 millions de francs.
RECETTES . . . . 14.142 millions de francs.
DETTE . . . . 97.812 millions de francs.

COMMERCE
IMPORTATION. . . . . 27.898 millions de francs.
EXPORTATION (1877) 18.968 ; (1876) 22.225 millions de francs.

TÉLÉGRAPHES
LIGNES . . . . 562.099 kilomètres.

CHEMINS DE FER
LIGNES : 148.925 kilomètres ; (1870) 104.955.

SUPERFICIE
9.902.149 kilomètres carrés (31.2 habitants par kilomètre carré).

POPULATION
309.178.500 habitants.

FRANCE

(RÉPUBLIQUE)   (CAP. PARIS)

SITUATION ASTRONOMIQUE : 51° 5′ 27″ et 42° 20′ lat. N. 7° 8′ O. et 4° 51′ 46″ long. E.

CLIMAT : TEMP. MOYENNE de l'année env. +11° c. ; de l'été +18° 2′ ; de l'hiver — 6°

PLUIE : La hauteur de la pluie qui tombe annuellement est d'environ 8 décimètres.

GOUVERNEMENT
CHEF DE L'ÉTAT — POUV. EXÉCUTIF — POUV. LÉGISLAT

CHEF DE L'ÉTAT. Jules Grévy, Président nommé pour 7 ans par les deux Chambres réunies en congrès le 30 janvier 1879.

LE POUVOIR EXÉCUTIF, ADMINISTRATIF ET JUDICIAIRE est personnifié dans le président de la République.

LE POUVOIR LÉGISLATIF est exercé par l'Assemblée nationale, divisée en deux chambres : *le Sénat* (300 membres) dont une partie élue (75 membres) à vie par l'Assemblée nationale, et l'autre partie (225 membres) élue pour 9 ans par des délégués des conseils municipaux, des conseils généraux et des députés des départements. *La Chambre des députés* (532 membres), dont les membres sont élus pour 5 ans par le SUFFRAGE UNIVERSEL, selon la loi de 1849.

10 MINISTÈRES : les ministères *de la justice, des affaires étrangères, de l'intérieur, des finances, de la guerre, de la marine et des colonies, de l'instruction publique, des cultes et des beaux-arts, des travaux publics, de l'agriculture et du commerce, des postes et télégraphes*.

Le CONSEIL D'ÉTAT est composé : du garde des sceaux, ministre de la justice, président ; de 22 conseillers d'État en service ordinaire ; de 15 conseillers d'État en service extraordinaire ; de 24 maîtres des requêtes, d'un secrétaire général, de 30 auditeurs ; d'un secrétaire spécial du contentieux. Les ministres ont rang et séance au conseil d'État.

JUSTICE
JURID. CIVILE. — JURID. CRIMIN. — JURID. SPÉCIAL. — C^r DE CASSATⁿ

On distingue trois espèces de juridictions : 1° JURIDICTION CIVILE dont la juridiction commerciale est une subdivision. Au-dessus des *tribunaux de* 1re instance et des *tribunaux de commerce* sont les *cours d'appel*. Elles statuent sur les appels des juges de 1re instance, rendus par les tribunaux civils (1 par arrond.) et par les tribunaux de commerce. Il y a 26 cours d'appel. II° JURIDICTION CRIMINELLE : *tribunaux de simple police*, présidés par les maires ou par les juges de paix ; *tribunaux de police correctionnelle* et *cours d'assises*. Les cours d'assises sont aux chefs-lieux des départements, excepté : 1° dans les départements où la cour d'appel n'est pas au chef-lieu ; 2° Cantal (Saint-Flour), Charente-Inférieure (Saintes), Loire (Montbrison), Manche (Coutances), Meuse (Saint-Mihiel), Pas-de-Calais (Saint-Omer), Saône-et-Loire (Châlon-sur-Saône), Vaucluse (Carpentras), Marne (Reims). III° JURIDICTION SPÉCIALE, savoir : les *tribunaux administratifs*, les *tribunaux militaires*, les *conseils de discipline*. Au-dessus de tous les tribunaux est la COUR DE CASSATION, qui pourtant ne juge pas au fond ; elle a pour mission spéciale de veiller à la saine interprétation des lois et à l'observation des règles de la procédure.

CULTES

Trois cultes reconnus par l'État et entretenus à ses frais : le culte catholique, apostolique et romain ; le culte protestant et le culte israélite. La France se divise religieusement en 17 archevêchés et 67 évêchés suffragants. (Voir la table.)

INTÉRIEUR
DÉPARTEMENT — ARRONDISSEM. — CANTONS — COMMUNES — TÉLÉGRAPHES — BIENFAISANCE — PRISONS

La France se divise en 86 DÉPARTEMENTS ; subdivisés en 362 *arrondissements*, ceux-ci en 2.865 *cantons* et les cantons en 36.056 *communes*. Chaque département est régi par un *préfet*, et chaque arrondissement par un *sous-préfet* qui réside au chef-lieu d'arrondissement ou SOUS-PRÉFECTURE. Le canton est surtout une circonscription judiciaire. La commune est administrée par le maire, les adjoints et les conseillers municipaux qui forment le *corps municipal*. Autrefois la France était divisée en 36 provinces. (Voir la table.)

TÉLÉGRAPHES. Bureaux de l'État, 2.890. Lignes, 51.700 kil. ; stations, 2.890 ; dépêches, 8.047.826 ; Recettes, 19.000.000 fr.

BIENFAISANCE. Établissements généraux de bienfaisance au nombre de 9 ; asiles publics d'aliénés, 45 ; 1 comité supérieur de protection des enfants du premier âge (siège à Paris) ; 1 comité d'inspection et de surveillance du service des enfants assistés dans chaque département (département de la Seine, 1).

PRISONS. Maisons centrales de force et de correction, 23 ; dépôt de forçats, 1 ; maisons de détention, 2 ; pénitenciers agricoles de la Corse, 5 ; colonies pénitentiaires de jeunes détenus, 5 ; prisons départementales, 59 (département de la Seine, 9).

FINANCES
DÉPENSES — RECETTES — DETTE — POSTES — MONNAIES

DÉPENSES	fr.	RECETTES	fr.
1° *Dette publique* (rentes, intérêts et remboursements) et dotations (traitement et frais de maison du président · 1.200.000 fr.)	1.224.700.729	1° *Contributions directes*	417.729.800
2° *Services généraux des ministères* :		2° *Enregistrement*, timbre et domaines	638.040.000
de la justice	34.418.730	3° *Produits des forêts*	38.072.600
des affaires étrangères	12.719.800	4° *Douanes et sels*	285.020.000
de l'intér., 81.528.586 fr. (télégraph., 17.140.900 fr.; sûreté publique, 12.241.951 f.; prisons, 24.570.725 f.); plus pour le gouvern. de l'Algérie, 25.717.866 fr.; bienfais., 8.586.810 fr.	109.146.852	5° *Contributions indirectes*	1.036.028.000
des finances	20.568.112	6° *Postes*	115.876.000
de la guerre	558.266.499	7° *Revenus et produits divers* (savoir : impôt de 3 p. 100 sur le revenu des valeurs mobilières... 31.972.000 ; Produits de la télégraphie privée.. 18.511.260 ; — universitaires.. 5.065.010 ; — et revenus d'Algérie.. 25.891.400 ; — des amendes.. 10.502.880 ; — des engagements conditionnels de 1 an.. 11.850.000 ; — divers.. 60.192.542)	172.788.222
de la marine (162.964.935 fr.) et des colonies (30.990.558 fr.)	193.952.491	Total	2.720.154.622
de l'instruction publique, cultes et des beaux-arts (instruct., 35.640.711 fr.; cultes, 55.615.995 fr.; beaux-arts et musées, 7.579.520 fr.)	114.864.239	Recettes extraordinaires	75.023.182
de l'agriculture et du commerce	12.556.059	Total général	2.795.177.801
travaux publics	234.651.386	DETTE : Consolidée	19.900.206.935
5° *Frais de perception et non-valeurs*	238.052.678	Capitaux remboursables	3.503.000.000
Total	2.780.975.096		

POSTES. — *Lettres* 567.445.857 ; journaux et échantillons : 576.005.934. La France fait partie de l'Union générale des postes. — MONNAIES et POIDS ET MESURES. (Voir page 84.)

FRANCE (SUITE)

GUERRE
ARMÉE
DIV⁽ᵉˢ⁾ MILITAIRES
PLACES FORTES
(voir la table.)

ARMÉE. 450.000 hommes en temps de paix. (*Armée active*), 2.000.000 en temps de guerre, comprenant : *l'armée active, la réserve de l'armée active, l'armée territoriale et la réserve de l'armée territoriale*.

MODE DE RECRUTEMENT : 1° Des engagés volontaires et rengagés qui forment à peine un dixième du contingent annuel ; 2° des jeunes gens nés de parents français, ou nés de parents étrangers et domiciliés en France, ayant 20 ans révolus au 1ᵉʳ janvier, qui ne sont pas impropres au service militaire. Ces jeunes gens forment le *contingent* et servent sous les drapeaux -soit dans l'armée de terre, soit dans l'armée de mer, durant vingt années, à savoir : 5 ans dans l'*armée active*, 4 ans dans la *réserve de l'armée active*, 5 ans dans l'*armée territoriale* et 6 ans dans la *réserve de l'armée territoriale* ; 5° des engagés conditionnels d'un an (volontaires d'un an), c'est-à-dire des jeunes gens qui, ayant certains titres universitaires (baccalauréats, ou ayant subi des examens spéciaux), peuvent, moyennant un versement de 1.500 fr., ne rester qu'un an sous les drapeaux, pour passer ensuite dans la disponibilité de l'armée active jusqu'à leur passage dans la réserve.

L'armée active se compose :
1° INFANTERIE (280.000 h.) 144 régiments. *Infanterie de ligne*, 4 bataillons de 4 compagnies, plus 2 corps de dépôt (1644 h.)
30 bataillons de *chasseurs à pied*, 4 compagnies, plus 1 compagnie de dépôt (592 h.)
4 régiments de *zouaves*, 4 bataillons de 4 compagnies, plus 1 compagnie de dépôt (2.580 h.)
3 régiments de *tirailleurs algériens*, 4 bataillons de 4 compagnies.
1 *légion étrangère*, 4 bataillons de 4 compagnies.
5 compagnies de *discipline* dont 1 de pionniers et 4 de fusiliers.
2° CAVALERIE (75.000 hommes et 65.000 chevaux), 77 régiments, savoir :
12 régiments de *cuirassiers*
26 régiments de *dragons*
20 régiments de *chasseurs*   de 5 escadrons, 850 hommes et 710 chevaux.
12 régiments de *hussards*
4 régiments de *chasseurs d'Afrique*, 1.057 hommes et 950 chevaux,
3 régiments de *spahis*, 1.159 hommes et 1.141 chevaux.   à 6 escadrons.
19 escadrons d'*éclaireurs volontaires*.
8 compagnies de *cavalerie de remonte*.
3° ARTILLERIE (64.000 hommes et 60.000 chevaux), savoir :
58 régiments de 15 batteries (en moyenne 1.426 hommes et 1.515 chevaux).
2 régiments de *pontonniers* de 14 compagnies chacun.
10 compagnies d'*ouvriers d'artillerie*.
3 compagnies d'*artificiers*.
57 compagnies de *train d'artillerie* (90 hommes et 44 chevaux).
4° GÉNIE (11.000 hommes et 550 chevaux), savoir :
4 régiments de *sapeurs-mineurs*, de 5 bataillons de 4 compagnies, 1 compagnie de dépôt, 1 d'ouvriers de chemin de fer, 1 de *sapeurs-pompiers* (2.495 hommes, 158 chevaux).
5° TRAIN. 20 escadrons de 3 compagnies (270 hommes, 198 chevaux).

PERSONNEL DE L'ARMÉE ET DE L'ÉTAT-MAJOR GÉNÉRAL ET DES SERVICES GÉNÉRAUX DE L'ARMÉE, 4 maréchaux, 196 généraux de division, 395 généraux de brigade. Total : 591 hommes, 985 chevaux ; service d'état-major : 556 hommes, 762 chevaux.

ÉTATS-MAJORS ET SERVICES PARTICULIERS. Pour l'artillerie (y compris 457 sous-officiers et soldats). 1.595 hommes, 560 chevaux. Pour le génie (y compris 293 sous-officiers et soldats), 1354 hommes, 266 chevaux. Corps de l'Intendance militaire, 324 hommes, 409 chevaux. Corps des officiers de santé militaires (non compris les médecins des troupes et des écoles), 825 hommes. Officiers d'administration, 1.248. Aumôniers militaires, 154. Personnel de la justice militaire, 517 hommes.

GENDARMERIE (27.014 hommes, 13.663 chevaux). Corps d'élite divisé en légions et compagnies pour le service départemental, 20.897 hommes, 12.067 chevaux ; pour le service de l'Algérie, 4 compagnies : 900 hommes, 646 chevaux ; 1 légion de gendarmerie mobile de 8 compagnies et 1 escadron, 1.203 hommes, 202 chevaux ; Garde républicaine de Paris, 18 compagnies de 8 compagnies et 1 escadron, 4.014 hommes, 752 chevaux.

SAPEURS-POMPIERS DE LA VILLE DE PARIS. 12 compagnies.

DIVISIONS MILITAIRES. — 18 corps d'armée et avec l'Algérie 19. Au point de vue du recrutement, la France est divisée en 18 *régions territoriales*, chacune de ces régions est commandée par le général de division qui y est établi. Chaque corps d'armée est subdivisé en 2 divisions commandées par un général de division ; les divisions sont subdivisées en brigades, commandées par un général de brigade.

L'armée territoriale forme la réserve en temps de guerre.

MARINE
MAR. DE L'ÉTAT
ARRONDISSEM⁽ᵗˢ⁾ MARITIMES
MAR. MARCH.
COLONIES

MARINE DE L'ÉTAT. — MATÉRIEL. 480 bâtiments, savoir :
148 bâtiments de combat (25 cuirassés de 1ʳᵉ classe, 12 de 2ᵉ classe, 10 garde-côtes cuirassés, 7 batteries flottantes cuirassées, 26 canonnières, 11 croiseurs de 1ʳᵉ classe, 15 de 2ᵉ, 22 de 5ᵉ et 24 avisos), 51 transports, 70 bâtiments de flottille, 124 bâtiments à voiles et 112 bâtiments de service des ports.

PERSONNEL, environ 28.400 hommes, dont : 2 amiraux, 15 vice-amiraux, 30 contre-amiraux, 100 capitaines de vaisseau, 200 capitaines de frégate, 640 lieutenants de vaisseau, 1.528 enseignes et aspirants. — Ingénieurs maritimes, 129 ; ingénieurs hydrographes, 17 ; commis-arial, 415 ; corps de santé, 557 ; aumôniers, 61 ; mécaniciens, 50 ; magasiniers, 500 ; matelots, environ 26.800 hommes ; de plus 4 régiments d'infanterie de marine, 16.000 hommes ; 1 corps d'artillerie de marine, 4.500 hommes ; corps du génie de marine ; 5 compagnies de gendarmerie et 1 compagnie d'ouvriers.

ARRONDISSEMENTS MARITIMES, 5 : Cherbourg, Brest, Lorient, Rochefort et Toulon.

MARINE MARCHANDE, I. *Cabotage* (navigation de cap en cap), pêche côtière et pêche du hareng (12.552 navires jaugeant 274.780 tonnes). II. *Navigation au long cours*. L'effectif de la marine marchande est de 15.000 navires jaugeant plus de 1 million de tonnes, dont 516 navires à vapeur jaugeant 185.000 tonnes. Sur ce total, plus de 1.500 navires sont affectés à la navigation au long cours.

COLONIES : Algérie. Sénégambie, Gabon, Réunion, Mayotte, Nossi-Bé et dépendances, Sainte-Marie (Afrique), Inde française, Cochinchine française (voir Asie), Nouvelle Calédonie, Iles Loyalty, Iles Marquises, Iles Clepperton (voir Océanie), Guyane, Martinique, Guadeloupe et dépendances, Saint-Pierre et Miquelon (voir Amérique).

INSTRUCT⁽ⁱᵒⁿ⁾
PUBLIQUE

I. L'enseignement primaire se donne dans les écoles communales (chaque commune de 500 âmes est tenue d'avoir une école de garçons et une école de filles (1872 environ).

II. L'enseignement secondaire se divise en enseignement secondaire classique et en enseignement industriel. L'enseignement secondaire classique est donné par l'État dans les lycées (75 avec 50.000 élèves) ; par les communes dans les collèges communaux (241 avec 26.000 élèves dont 15.500 reçoivent l'enseignement classique) ; par le clergé dans les petits séminaires ; par le clergé et les laïques dans les établissements libres (environ 1.000, comptant approximativement 80.000 élèves).

III. L'enseignement supérieur est donné au nom de l'État par les facultés (15 facultés des lettres, 15 facultés des sciences, 11 facultés de droit, 7 facultés de théologie, 3 facultés de médecine, 3 écoles supérieures de pharmacie dans les 3 facultés de médecine et 21 écoles préparatoires de médecine et de pharmacie). Le Collège de France et le Muséum d'histoire naturelle représentent les hautes études indépendantes.

FRANCE (SUITE)

INSTRUCTION PUBLIQUE

ÉCOLES

ÉCOLES SPÉCIALES

A Paris :
- École polytechnique.
- — nationale des Mines.
- — des Ponts et Chaussées.
- — centrale des Arts et Manufactures.
- — des Chartes.
- — normale supérieure.
- — pratique des hautes Études.
- — des Langues orientales modernes.
- Conservatoire de musique et de déclamation.

Hors Paris :
- 3 écoles Arts et Métiers.
- 3 — d'Agriculture.
- 3 — Vétérinaires.
- 1 — des Mineurs.
- 1 — des Maîtres-Ouvriers mineurs.
- 1 — d'Horlogerie.
- 1 — d'Irrigation, Drainage, et de la Légion d'honneur.
- École française à Athènes pour l'étude de la langue, de l'histoire et des antiquités grecques.

ÉCOLES MILITAIRES

Pour l'Armée :
- Prytanée mil.re de la Flèche.
- École spéciale militaire de Saint-Cyr.
- École de cavalerie de Saumur.
- École d'application d'État-Major.
- École d'Artil. et du Génie.
- École de Médecine et de Pharmacie militaires.

Pour la Marine :
- École navale (Brest).
- La frégate-école d'appl.on.
- École d'Hydrographie.
- — de Médecine navale.
- — de Génie maritime.
- — de Pyrotechnie.
- — de Dessin.
- — de Maistrance.
- École normale des instituteurs des mousses.

Environ 48 habit. sur 100 savent lire et écrire.

BEAUX-ARTS

- École des Beaux-Arts, à Paris, à Lyon et à Dijon.
- Écoles de Dessin, à Paris et dans les départements.
- Académie de France, à Rome.

TRAV. PUBL. CHEM. DE FER P. & CHAUSSÉES

Chemins de fer : En exploitation, 25.975 kil., dont : 20.545 k. lignes d'intérêt général; 2.165 k. ligues d'intérêt local et 165 k. de lignes industrielles.

Ponts et Chaussées : 16 inspections.

COMMERCE — IMPORTATION — EXPORTATION — PORTS

MARCHANDISES	IMPORT par millions	EXPORT par millions
Animaux vivants	212	78
Produits et dépouilles d'animaux	1.150	596
Pêche	53	57
Substances propres à la médecine et à la parfumerie	6	4
Matières dures à tailler	20	5
Farineux alimentaires	516	282
Fruits et graines	182	81
Denrées coloniales	584	276
Sucs végétaux	114	61
Espèces médicinales	11	7
Bois communs	207	59
Bois exotiques	17	3
Fruits, tiges et filaments à ouvrer	551	112
Teintures et tanins	21	27
Produits et déchets divers	66	61
Pierres, terres et combustibles minéraux	246	57
Métaux	184	48
* Produits chimiques	55	55
* Couleurs	5	51
Compositions diverses	24	57
Boissons	67	297
Vitrifications	17	52
Fils	86	47
Tissus de lin, de chanvre, de laine, de coton et de soie	499	994
Papier et ses applications	22	58
Ouvrages et matières diverses	555	995
* Teintures préparées	59	33
Total	**4.369**	**4.370**
Or et argent	683	207

PORTS. Dunkerque, Calais, Boulogne, Dieppe, le Havre, Rouen, Honfleur, Caen, Cherbourg, Granville, St-Malo, Lorient, Nantes, St-Nazaire, la Rochelle, Rochefort, Bordeaux, Libourne, Bayonne, Port-Vendres, Cette, Marseille, Toulon, Nice, Bastia.

SUPERFICIE

528.572 kilom. carrés, dont : 520.000 cultivés; 89.000 en forêts, et 119.570 en terrains incultes (avant 1871 la superficie était de 543.050 kil. carr.)

POPULATION — NAISSANCES — MARIAGES — DÉCÈS

56.905.788 habitants, dont 35.387.703 catholiques; 580.707 protestants; israélites et autres cultes, 153.590. (70 habitants par kilom. carré.) Il y a 150 ans, on évaluait la population de la France à 20 millions d'hab.; en 1789, à 25 millions; en 1836, à 32 millions, et en 1806, à 58 millions.

NAISSANCES. 1.011.562 (1876), dont environ 500.000 garçons, 445.000 filles.

MARIAGES. 291.566 par an, dont 255.000 en premières noces.

DÉCÈS. 878.754 (1876). 888.896 (1875).

TABLE POLITIQUE ET ADMINISTRATIVE DE LA FRANCE

36 PROVINCES	86 DÉPARTEMENTS	SUPERFICIE POPULATION habitants par kil. carré.	86 PRÉFECTURES avec leur hab. par mille.	284 Sous-Préfectures avec leurs habitans par mille. Les places fortes sont indiquées par ⊞	17 ARCHEVÊCHÉS 67 évêchés (Nos des archevêchés)	26 COURS D'APPEL	16 ACADÉMIES	18 RÉGIONS TERRITORIALES	17 ARRONDISSEMENTS DES MINES
FLANDRE	NORD	5.680 — 1.519.585	948 LILLE, 162,7	⊞ Dunkerque, 53. Hazebrouck, 9. ⊞ Douai, 25. ⊞ Valenciennes, 24,7. ⊞ Cambrai, 22,9. Avesnes, 5,6.	I CAMBRAI.	Douai.	Douai.	Lille.	1. Lille.
ARTOIS	PAS-DE-CALAIS	6.605 — 775.410	129 Arras, 27,4	⊞ Boulogne, 40. St-Omer, 22,4. ⊞ Béthune, 8,4. Saint-Pol, 5,8. ⊞ Montreuil, 3,7.	II ARRAS.	Arras.			
PICARDIE	SOMME	6.461 — 556.641	90 Amiens, 66 8.	Abbeville, 18,2. Doullens, 4,8. Péronne, 4,2. Montdidier, 4,25.	II AMIENS.	Amiens.	Amiens.	Amiens.	2. Paris.
NORMANDIE	SEINE-INFÉRIEURE	6.055 — 798.414	152 Rouen, 104,9	⊞ Le Havre, 92. Yvetot, 8,5. ⊞ Dieppe, 20,2. Neufchâtel, 5,6.	II ROUEN.	Rouen.	Rouen.	Rouen.	5. Rouen.
	EURE	5.957 — 375.629	61 Évreux, 13,4	Bernay, 7,5. Pont-Audemer, 6,1. Louviers, 11,4. Les Andelys, 5,4.	II ÉVREUX.				
	CALVADOS	5.520 — 450.220	82 Caen, 41,4	Vire, 6,8. Bayeux, 8,6. Falaise, 8,5. Pont-l'Évêque, 9,9. Lisieux, 12,6.	II BAYEUX.	Caen.	Caen.		
	ORNE	6.097 — 392.526	64 Alençon, 16,1	Domfront, 4,5. Argentan, 5,7. Mortagne, 4,9.	II SÉEZ.				
	MANCHE	5.928 — 559.910	91 Saint-Lô, 9,5	⊞ Cherbourg, 51,4. Valognes, 5,6. Coutances, 8,1. Avranches, 7. Mortain, 2,4.	II COUTANCES.			L. Mans.	

36 PROVINCES	86 DÉPARTEMENTS	SUPERFICIE	POPULATION habitants sur 1 kil. c.	85 PRÉFECTURES avec leurs hab. par mille.	281 Sous-Préfectures avec leurs habitants par mille. Les places fortes sont indiquées par ⊠	N° des 17 archevêchés	17 ARCHEVÊCHÉS 67 ÉVÊCHÉS	26 COURS D'APPEL	16 ACADÉMIES	18 RÉGIONS TERRITORIALES	17 ARRONDISSEMENTS DES MINES
BRETAGNE	ILLE-ET-VILAINE	6.725	602.712	90 Rennes, 57.1	⊠ St-Malo, 12.4. Fougères, 11.2. Vitré, 8.8. Redon, 6.1. Montfort, 2.2.	III	RENNES.	Rennes.	Rennes.	Rennes.	4. Rennes.
	CÔTES-DU-NORD	6.885	650.957	92 St-Brieuc, 15.3	Lannion, 6.2. Guingamp, 7.1. Loudéac, 6. Dinan, 7.7.	III	SAINT-BRIEUC.	—	—	—	—
	FINISTÈRE	6.721	666.106	99 Quimper, 15.2	⊠ Brest, 66.2. Morlaix, 14.3. Châteaulin, 3.5. Quimperlé, 6.5.	III	QUIMPER.	—	—	—	—
	MORBIHAN	6.797	506.575	75 Vannes, 14.8	⊠ Lorient, 35. Pontivy, 7.9. Ploërmel, 3.5.	III	VANNES.	—	—	Nantes.	5. Nantes.
ANJOU	LOIRE-INFÉRIEURE	6.874	612.972	89 Nantes, 122.2	St-Nazaire, 17. Châteaubriant, 5.1. Ancenis, 4.4. Paimbeuf, 2.9.	XVI	NANTES.	—	—	—	
	MAINE-ET-LOIRE	7.120	517.258	75 Angers, 56.8	(S:gré, 2.9. Baugé, 3.4. Saumur, 12.6. Cholet, 13.6.	XVI	ANGERS.	Angers.	—	Tours.	
MAINE	MAYENNE	5.170	351.933	68 Laval, 26.4	Mayenne, 10.2. Château-Gontier, 7.	XVI	LAVAL.	—	—	Le Mans.	
	SARTHE	6.206	446.259	72 Le Mans, 58.1	Mamers, 5.4. Saint-Calais, 5.5. La Flèche, 9.4.	XXI	LE MANS.	—	Caen.	—	
ILE-DE-FRANCE	SEINE-ET-OISE	5.605	561.990	100 Versailles, 49.8	Mantes, 5.7. Pontoise, 6.5. Corbeil, 6. Étampes, 7.8. Rambouillet, 4.7.	XVI	VERSAILLES.	Paris.	Paris.	Amiens, Orléans et le Mans.	Paris.
	SEINE	475	2.410.849—5.075	PARIS, 1.988.8 78 kilom. carrés.	St-Denis, 34.9. Sceaux, 2.3.	IV	PARIS.	—	—	Amiens, Rouen, le Mans, Orléans.	
	SEINE-ET-MARNE	5.756	347.525	61 Melun, 11.1	Meaux, 11.2. Coulommiers, 4.3. Provin, 7.3. Fontainebleau, 11.	IV	MEAUX.	—	—	Orléans.	
	OISE	5.855	401.618	69 Beauvais, 15.6	Compiègne, 12.5. Clermont, 5.8. Senlis, 6.4.	V	BEAUVAIS.	Amiens.	—	Amiens.	
	AISNE	7.352	560.497	76 ⊠ Laon, 10.4	Saint-Quentin, 58.9. Vervins, 2.9. ⊠Soissons,10.4. Ch.-Thierry, 6.6.	V	SOISSONS.	—	Douai.	—	
CHAMPAGNE	ARDENNES	5.252	326.782	62 ⊠ Mézières, 4.5	⊠ Rocroy, 2.5. ⊠ Sedan, 14.3. Vouziers, 5.1. Rethel, 7.1.	V	REIMS.	Nancy.	Paris.	Châlons.	6. Troyes.
	MARNE	8.180	407.780	50 Châlons, 16.3	Reims, 81.5. Sainte-Menehould,4.2. ⊠ Vitry-le-François, 5. Epernay, 12.9.	V	CHALONS.	Paris	Dijon.	—	
	AUBE	6.004	253.217	45 Troyes, 41.2	Nogent-s-Seine,5.5. Arcis-s-Aube,2.8. Bar-s-Aube, 4.5. Bar-s-Seine, 2.8.	VII	TROYES.	—	—	Besançon.	
	HAUTE-MARNE	6.219	252.448	41 Chaumont, 8.6	Vassy, 3.1. ⊠ Langres, 9.6.	VIII	LANGRES.	Dijon.	Nancy.	Châlons.	7. Dijon.
LORRAINE	MEUSE	6.227	294.059	47 ⊠ Bar-le-Duc, 15.2	⊠ Montmédy, 2. ⊠ Verdun, 10.7. Commercy, 4.2.	VI	VERDUN.	Nancy.	—	—	
	MEURTHE-ET-MOSELLE	5.244	404.669	77 Nancy, 66.5	Briey, 2. ⊠ Toul, 6.9. Lunéville, 12.4. ⊠ Neufchâteau, 5.8. Mirecourt, 5.5.	VI	NANCY.	—	—	—	
	VOSGES	5.869	407.082	61 Épinal, 11.8	St-Dié, 12.3. Remiremont, 6.5.	VI	SAINT-DIÉ.	—	—	—	
FRANCHE-COMTÉ	HAUTE-SAÔNE	5.359	304.052	57 Vesoul, 7.7	⊠ Lure, 5.6. Gray, 7.	V5	BESANÇON.	Besançon.	Besançon.	Besançon.	—
	DOUBS	5.227	306.094	59 ⊠ Besançon, 54.4	Montbéliard, 7. ⊠ Beaume-lès-Dames, 2.5. Pontarlier, 5.	VI	—	—	—	—	Troyes.
	JURA	4.994	288.825	58 Lons-le-Saulnier,10.7	Dôle, 11.4. Poligny, 5. St-Claude, 7.1.	VIII	SAINT-CLAUDE.	—	—	—	8. Châlon-s-Saône.
BOURGOGNE	AIN	5.798	365.469	63 Bourg, 14.3	Gex, 2.7. Nantua, 5.4. Belley, 4.7. Trévoux, 2.7.	VI	BELLEY.	Lyon.	Lyon.	Amiens.	Dijon.
	SAÔNE-ET-LOIRE	8.551	614.309	72 Mâcon, 17.4	Autun, 11.7. Châlon-s-Saône, 20.4. Louhans, 4. Charolles, 5.4.	VIII	AUTUN.	Dijon.	Dijon.	Bourges.	Dijon.
	CÔTE-D'OR	8.761	377.665	45 Dijon, 47.9	Châtillon-s-Seine, 4.8. Semur, 3.8. Beaune, 11.2.	VIII	DIJON.	—	—	—	Troyes.
	YONNE	7.428	359.070	48 Auxerre, 15.6	Sens,11.5. Joigny,6.4.Tonnerre,5.5. Avallon, 5,8.	VII	SENS.	Paris.	—	Orléans.	

36 PROVINCES	86 DÉPARTEMENTS	SUPERFICIE POPULATION habitants sur 1 kil. c.		86 PRÉFECTURES avec leurs hab. par mille.	284 Sous-Préfectures avec leurs habitants par mille. Les places fortes sont indiquées par ⊡	N.os des archevêchés	17 ARCHEVÊCHÉS 67 ÉVÊCHÉS	26 COURS D'APPEL	16 ACADÉMIES	18 RÉGIONS TERRITORIALES	17 ARRONDISSEMENTS DES MINES	
LYONNAIS	Loire	4.759—	590.615—	124 St-Étienne, 126.	Roanne, 48.6. Montbrison, 6.6.	VIII	**LYON.**	Lyon.	Lyon.	Clermont. Besançon, Bourges, Clermont, Grenoble.	9. St-Étienne.	
	Rhône	2.790—	705.131—	255 ⊡ Lyon, 342.8.	Villefranche, 11.5.	VIII	—	—	—	Grenoble.		
DAUPHINÉ	Isère	8.280—	581.099—	70 ⊡ Grenoble, 45.4	La Tour-du-Pin, 2.9. Vienne, 26. Saint-Marcellin, 5.5.	VIII	Grenoble.	Grenoble.	Grenoble.	—	10. Chambéry.	
	Drôme	6.521—	324.756—	49 Valence, 20.7.	Die, 3.9. Montélimar, 11.1. Nyons, 5.6	X	Valence.	—	—	—	11. Marseille.	
	Hautes-Alpes	5.589—	119.094—	21 Gap, 6.9.	⊡ Briançon, 1.9. ⊡ Embrun, 3.1.	XI	Gap.	—	—	—	Chambéry.	
SAVOIE	Savoie	5.759—	268.361—	47 Chambéry, 19.1.	Albertville, 4.4. Moutiers, », ». St-Jean-de-Maurienne, 5.1.	IX	**CHAMBÉRY.** Moutiers.	Chambéry.	Chambéry.	—		
	Haute-Savoie	4.517—	275.801—	63 Annecy, 11.6.	Thonon, 5.3. Bonneville, 2.2. St-Julien, », ».	IX IX	S. Jean-de-Maurienne. Annecy.	—	—	—		
COMTAT-VENAISSIN	Vaucluse	3.547—	265.705—	72 Avignon, 58	Orange, 6.6 Carpentras, 8. Apt, 4.4.	X	**AVIGNON.**	Nimes.	Aix.	Marseille.	Marseille.	
PROVENCE	Bouches-du-Rhône	5.104—	356.579—	109 ⊡ Marseille, 348.8	Arles, 15.8. Aix, 23.1.	XI	**AIX.**	Aix.	—	—		
	Var	6.085—	295.765—	49 Draguignan, 8.2.	Brignoles, 4.8. ⊡ Toulon, 70.3.	XI	Marseille.	—	—	—		
	Basses-Alpes	6.954—	156.166—	20 Digne, 5.3.	Barcelonnette, », ». Castellane, », ». Forcalquier, 4.8. ⊡ Sisteron, 4	XI	Fréjus. Digne.	—	—	—		
COMTÉ DE NICE	Alpes-Maritimes	3.859—	205.604—	55 ⊡ Nice, 55.3.	Puget-Théniers, », ». Grasse, 12.6.	XI	Nice.	—	—	—		
CORSE	Corse	8.747—	262.701—	30 Ajaccio, 16.6.	Bastia, 17. Calvi, 2.9. Corte, 5.4. Sartène, 3.2.	XI	Ajaccio.	Bastia.	—	—		
LANGUEDOC	Haute-Loire	4.962—	313.721—	63 Le Puy, 7.8.	Brioude, 4.5. Yssengeaux, 5.5.	XVII	Le Puy.	Riom.	Clermont.	Clermont.	12. Clermont-Ferr.	
	Ardèche	5.529—	384.578—	70 Privas, 7.8.	Tournon, 5.4. Largentière, 5.1.	X	Viviers.	Nimes.	Grenoble.	Marseille.	13. Alais.	
	Lozère	5.169—	138.519—	27 Mende, 3.9.	Marvejols, 4.5. Florac, 1.7.	XII	Mende.	—	—	Montpellier.		
	Gard	5.853—	425.804—	73 Nimes, 65	Le Vigan, 5.9. Alais, 16.1. Uzès, 5.1.	X	Nimes.	—	Montpellier.	Marseille.		
	Hérault	6.198—	435.035—	72 Montpellier, 55.2.	Saint-Pons, 5.5. Lodève, 8.9. Béziers, 58.2	X	**MONTPELLIER.**	Montpellier.	—	Montpellier.		
	Aude	6.313—	300.065—	48 Carcassonne, 23.6.	Castelnaudary, 9.5. Limoux, 5.9. Narbonne, 17.3.	XIII	Carcassonne.	Toulouse.	Toulouse.	—	14. Toulouse.	
	Tarn	5.742—	353.252—	63 Alby, 15.3.	Gaillac, 4. Lavaur, 4.7. Castres, 18.2	XII	**ALBY.**	—	—	Toulouse.	15. Rodez.	
	Haute-Garonne	6.280—	477.750—	76 Toulouse, 151.6.	Muret, 2.7. Villefranche, 2.5. Saint-Gaudens, 4.	XII	**TOULOUSE.**	—	—	Toulouse.		
ROUSSILLON	Pyrénées-Orientales	4.122—	197.940—	48 ⊡ Perpignan, 24.4	Prades, 5.4. Ceret, 3.1.	XII	Perpignan.	Montpellier.	Montpellier.	Toulouse.		Toulouse.
COMTÉ DE FOIX	Ariège	4.893—	244.795—	50 Foix, 6.7.	Pamiers, 8.7. St-Girons, 4.7	XII	Pamiers.	Toulouse.	Toulouse.	Bordeaux.		
	Hautes-Pyrénées	4.529—	258.057—	53 Tarbes, 16.4.	Argelès, », ». Bagnères, 7.5.	XIV	Tarbes.	Pau.	—	Toulouse.	16. Bordeaux.	
	Gers	6.290—	283.546—	45 Auch, 11.5.	Condom, 5.2. Lectoure, 5. Lombez, », ». Mirande, 3.5.	XIV	**AUCH.**	Agen.	—	—		Rodez.
	Tarn-et-Garonne	3.720—	221.564—	59 Montauban, 18.9.	Moissac, 5.4. Castel-Sarrasin, 5.4.	XIII	Montauban.	Toulouse.	—	Montpellier.		
	Aveyron	8.743—	415.824—	47 Rodez, 12.1.	Espalion, 3.8. Milhau, 45.1. Saint-Afrique, 7.3. Villefranche, 9.3.	VI	Rodez.	Montpellier.	—	Toulouse.		
GUYENNE ET GASCOGNE	Lot	5.211—	276.512—	53 Cahors, 15.1.	Gourdon, 2.9. Figeac, 5.6.	XII	Cahors.	Agen.	—	Limoges.	17. Périgueux.	
	Dordogne	9.182—	480.848—	55 Périgueux, 21.9.	Nontron, 5.3. Ribérac, 5.6. Sarlat, 6.2. Bergerac, 11.7.	XV	Périgueux.	Bordeaux.	Bordeaux.	Bordeaux.		Bordeaux.
	Lot-et-Garonne	5.358—	516.920—	59 Agen, 16.6.	Marmande, 5.4. Villeneuve-d'Agen, 8.5. Nérac, 5.1.	XV	Agen.	Agen.	—	—		
	Gironde	9.740—	735.242—	75 Bordeaux, 215.4.	Lesparre, 2.2. ⊡ Blaye, 5.8. Libourne, 12.7. La Réole, 5.5. Bazas, 2.8.	XV	**BORDEAUX.**	Bordeaux.	—	—		
	Landes	9.521—	305.508—	55 Mt-de-Marsan, 7.4	Dax, 8.1. Saint-Sever, 2.2.	XIV	Aire.	Pau.	—	—		

56 PROVINCES	86 DÉPARTEMENTS	SUPERFICIE POPULATION Habitants sur 1 kil. c.	86 PRÉFECTURES avec leurs hab. par mille	284 SOUS-PRÉFECTURES avec leurs habitants par mille. Les places fortes sont indiquées par ⊞	1er des 17 archevêchés	17 ARCHEVÊCHÉS 67 ÉVÊCHÉS	27 COURS D'APPEL	16 ACADÉMIES	18 RÉGIONS TERRITORIALES	17 ARRONDISSEMENTS DES MINES
BÉARN	BASSES-PYRÉNÉES	7.622— 451.523—	57 Pau, 25.6	⊞ Bayonne, 22.6. Orthez, 4.8. Oloron, 7.4. Mauléon, *.*.	XIV	BAYONNE.	Pau.	Bordeaux.	Bordeaux.	Bordeaux.
ANGOUMOIS	CHARENTE	5.952— 375.350—	65 Angoulême, 23.9	Ruffec, 5.2. Confolens, 2.8. Cognac, 15.7. Barbezieux, 5.9.	XV	ANGOULÊME.	Bordeaux.	Poitiers.	Limoges.	Poitiers.
AUNIS & SAINTONGE	CHARENTE-INFÉRIEURE	6.825— 465.628—	68 ⊞ La Rochelle, 19.5	Marennes, 4.5. ⊞ Rochefort, 28.5. Saint-Jean-d'Angély, 6.8. Saintes, 12.5. Jonzac, 5.5.	XV	LA ROCHELLE.	Poitiers.	—	Bordeaux.	—
POITOU	VENDÉE	6.705— 411.781—	61 La Roche-s-Yon, 8.4	Les Sables-d'Olonne, 8.4. Fontenay-le-Comte, 6.4.	XV	LUÇON.	—	—	Nantes.	Nantes.
	DEUX-SÈVRES	5.991— 335.635—	56 Niort, 20	Bressuire, 5.1. Parthenay, 5.9. Melle, 2.2.		POITIERS.	—	—	—	—
	VIENNE	6.970— 350.916—	47 Poitiers, 35.2	Loudun, 4.1. Châtellerault, 15.4. Montmorillon, 4.1. Givray, 2.9.	XV		—	—	Tours.	—
TOURAINE	INDRE-ET-LOIRE	6.415— 324.875—	55 Tours, 48.5	Loches, 5.5. Chinon, 0.5.	XVI	TOURS.	Orléans.	—	Orléans.	—
ORLÉANAIS	LOIR-ET-CHER	6.350— 272.634—	45 Blois, 17.5	Vendôme, 7.9. Romorantin, 7.	IV	BLOIS.	—	Paris.	Le Mans.	—
	EURE-ET-LOIR	5.874— 285.075—	48 Chartres, 19.5	Dreux, 6.7. Nogent-le-Rotrou, 6.4. Châteaudun, 5.9.	IV	CHARTRES.	—	—	Orléans.	Paris.
	LOIRET	6.771— 360.905—	55 Orléans, 52.1	Pithiviers, 4.5. Montargis, 8.2. Gien, 6.5.	IV	ORLÉANS.	Orléans.	—		
BERRI	CHER	7.193— 345.615—	48 Bourges, 55.7	Sancerre, 5.7. Saint-Amand, 8.2.	XVII	BOURGES.	Bourges.	Poitiers.	Bourges.	Clermont-Ferrand.
	INDRE	6.795— 281.248—	41 Châteauroux, 16.9	Issoudun, 11.9. La Châtre, 4.5. Le Blanc, 4.4.	XVII	—	—	—	Tours.	Périgueux.
MARCHE	CREUSE	5.568— 278.425—	50 Guéret, 5.7	Boussac, *.*. Aubusson, 5.4. Bourganeuf, 5.6.	XVII	LIMOGES.	Limoges.	Clermont.	Limoges.	—
LIMOUSIN	HAUTE-VIENNE	5.516— 356.061—	61 Limoges, 59	Bellac, 9.7. Rochechouart, 1.8. St-Yrieix, 5.5.	XVII	—	—	Poitiers.	—	—
	CORRÈZE	5.866— 311.325—	55 Tulle, 15.7	Ussel, 5.8. Brive, 10.8.	XVII	TULLE.	—	Clermont.	—	—
AUVERGNE	CANTAL	5.741— 231.086—	40 Aurillac, 11.1	Mauriac, 7.2. Murat, 2.9. Saint-Flour, 5.	XVII	SAINT-FLOUR.	Riom.	—	Clermont.	Clermont-Ferrand.
	PUY-DE-DÔME	7.950— 570.907—	72 Clermont-Ferrand 41.7	Riom, 10. Thiers, 41.6. Ambert, 5.7. Issoire, 5.7.	XVII	CLERMONT-FERRAND.	—	—	Tours.	—
BOURBONNAIS	ALLIER	7.508— 405.785—	55 Moulins, 20.4	Montluçon, 21.2. Gannat, 5.7. La Palisse, 2.8.	VII	MOULINS.	Riom.	—	Limoges.	—
NIVERNAIS	NIÈVRE	6.816— 346.822—	54 Nevers, 22.5	Cosne, 5.1. Clamecy, 4.7. Château-Chinon, 2.	VII	NEVERS.	Bourges.	Dijon.	Bourges.	—
ALSACE	⊞ TERRITOIRE DE BELFORT	608— 63.690—	115	*	*	*	*	*	*	Dinan.

(EMPIRE) ALLEMAGNE [Deutschland] (CAP. BERLIN)

SITUAT. ASTR.	47° 10' — 55° 40' lat. nord et 3° 30' — 20° 50' long. est.
CLIMAT	Température moy. à Berlin, + 8° 89, à Kœnigsberg, + 6° 42; à Ratibor, + 7° 69; à Cologne, + 10° 07. PLUIE. La moy. de pluie qui tombe annuellement à Berlin, 59,74 centim. ; à Kœnigsberg, 60,58; à Ratibor, 57,86, et à Cologne, 59,07
GOUVNEMENT **CHEF DE L'ÉTAT** **POUV. EXÉCUT.** **POUV. LÉGISLAT** **BUNDESRATH** **REICHSTAG**	CHEF DE L'ETAT. FRÉDÉRIC-GUILLAUME I, empereur d'Allemagne, roi de Prusse, né en 1797, proclamé empereur en 1871 (Maison de Hohenzollern), avènem. sur le trône de Prusse 1861 (Augusta, impératrice, reine, née en 1811 ; Frédéric-Guillaume, prince impérial, né en 1831). LE POUVOIR EXÉCUTIF est entre les mains de l'empereur. L'empire n'a pas de ministère, mais seulement un chancelier responsable. Le pouvoir impérial exerce exclusivement le droit de législation sur les affaires militaires de terre et de mer, sur les finances de l'Empire, sur la douane et sur le commerce allemand, sur les postes et télégraphes et sur les chemins de fer, en tant qu'ils sont jugés nécessaires dans l'intérêt de la défense du pays, sur les modifications et les développements successifs de la constitution de l'Empire. LE POUVOIR LÉGISLATIF est exercé en commun par le *Bundesrath* (Conseil fédéral) et par le *Reichstag* (diète de l'Empire). L'accord des décisions de la majorité des deux assemblées est nécessaire et suffisant pour faire une loi de l'Empire. L'empereur n'a pas le droit de *veto*. La présidence (*das Präsidium*) appartient au roi de Prusse qui porte, en cette qualité, le titre d'Empereur allemand. — Le *Bundesrath* (Conseil fédéral) se compose des représentants des Etats, membres de la Confédération. Chaque Etat a un nombre de voix, qui n'est qu'approximativement en rapport avec la population. Total des voix 58 (voir la *Table*). Chaque membre (Etat) de la Confédération peut envoyer au Bundesrath autant de représentants qu'il a de voix, mais les voix des divers représentants ne peuvent être données que dans le même sens (*einheitlich*, unitairement). — Le *Reichstag* (diète de l'Empire) est composé de membres élus par le suffrage universel direct et au scrutin secret. La loi électorale accorde un député par 100.000 âmes, l'excédant de 50.000 âmes au moins donne également droit à un député (voir la *Table*). Tout Allemand âgé de 25 ans, habitant l'Allemagne et jouissant de ses droits civils et politiques, est électeur et éligible.
JUSTICE	Le pouvoir impérial exerce la juridiction suprême en cas de contestations entre les Etats fédéraux, en cas de délits commis par des consuls dans l'exercice de leurs fonctions, en cas de haute trahison et de trahison envers la patrie.
INTÉRIEUR **ÉTATS**	L'Empire allemand comprend les différents ÉTATS désignés dans la Table, ainsi que ceux que des lois postérieures pourraient y ajouter (voir la *Table*). L'Allemagne forme une unité internationale qui doit une égale protection à tous les sujets de l'Empire ; mais l'Allemagne constitue aussi une unité intérieure, en ce sens que les lois de l'Empire priment les lois particulières des Etats qui en font partie, et que la nationalité allemande prime la nationalité du pays dans lequel on est né. En qualité d'Allemand on peut s'établir dans tous les pays fédéraux.

EMPIRE D'ALLEMAGNE

	DÉPENSES		**RECETTES**	
FINANCES **DÉPENSES** **RECETTES** **DETTE** **MONNAIES**	Chancellerie fédérale........	5.485.291	Douanes et imp. de consom.......	312.908.550
	Parlement................	402.500	Timbre (lettres de change).......	8.316.575
	Affaires étrangères..........	7.630.819	Postes et télégraphes (brut, 161.183.000).	19.110.310
	Administration militaire.......	405.147.854	Chemins de fer (brut, 47.713.000)...	14.195.000
	— de la marine.....	30.158.150	Banque de l'Empire..........	2.512.500
	Offic. impér. des chemins de fer..	540.940	Divers................	9.587.515
	Intérêts des dettes de l'Empire...	8.476.875	Du fonds des invalides........	40.066.446
	Cour des comptes............	165.140	Excédant des exercices antérieurs...	43.528
	Administration judic. de l'Empire..	1.007.727	Monnayage..............	425.000
	Chancellerie fédérale (Alsace-Lorraine)	214.700	Intérêts des capitaux de l'Empire...	9.135.260
	Pensions...............	21.941.526	Recettes extraordinaires.......	145.668.820
	Fonds des invalides..........	40.066.446	Quotes-parts matricul.........	108.951.895
		519.585.948		
	Dépenses extraordinaires (pour l'armée, 54.225.185; p. la marine, 45.225.206; p. les postes et téleg., 16.624.181, p. les ch. de fer, 12.627.925)..........	151.235.056	Total...............	670.620.999
	Total.............	670.624.004	DETTE................	121.856.081

MONNAIES. L'empire d'Allemagne a adopté l'étalon d'or. L'unité monétaire est le *mark*, appelé aussi *neumark* ou *reichsmark*. Le mark a une valeur de F. 1.25c,45. Le mark est divisé en 100 *pfennig* = F. 0,01c,25. — OR : pièces de 20 (= F. 24,69), 10 et 5 marks. ARGENT : pièces de 5 (= F. 5,50), 2, 1 mark, de 50 et de 20 pfennige. NICKEL : pièces de 10 et de 5 pfennige. CUIVRE : pièces de 2 et de 1 pfennige.

GUERRE **ARMÉE** **DIVISION MILIT.**	Les forces militaires de l'empire se divisent en *armée*, *marine* et *landsturm*. Tout Allemand doit le service militaire dans l'ARMÉE pendant 12 ans, dont 3 dans l'armée active, 4 dans la réserve, 5 dans la landwehr. Le LANDSTURM comprend tous les hommes tenus de servir et qui n'appartiennent pas à l'armée ni à la marine. Il n'est convoqué qu'en cas d'invasion du territoire de l'Empire. L'armée active est répartie en 4 inspections et se compose de 18 corps d'armée, dont 16 corps d'armée de la garde prussienne et 12 corps d'armée prussiens (de I à XI et XV) du corps d'armée saxon (n° XII), du corps d'armée de Wurtemberg (n° XIII) et de 2 corps d'armée bavarois (n°s I et II), du corps d'armée badois (n° XIV). DIVISION MILITAIRE : 17 *districts de corps d'armée*. La garde se recrutant de toutes les provinces de l'État prussien ne fait pas partie de cette division. Chaque district de corps d'armée comprend 2 districts de division et 4 districts de brigade d'infanterie, comprenant eux-mêmes 4 districts de bataillons de la landwehr, divisés en districts de compagnies. *Sur pied de paix*. On compte 850 bataillons d'infanterie, 465 escadrons de cavalerie, 301 batteries d'artillerie avec 1.216 canons. — 17.011 officiers ; 401.659 hommes; et 97.547 chevaux. *Sur pied de guerre*. L'armée se répartit : 1° en armée de campagne ; 2° en troupes de dépôts; 3° en troupes de garnison.

EMPIRE D'ALLEMAGNE
TABLE POLITIQUE ET ADMINISTRATIVE

ÉTATS	Kilom. carrés.	Population. (1875)	Habit. par kil.	Voix pour le Bundesrath	Députés au Reichstag
Royaume de PRUSSE...	348.359	25.772.362	74.0	17	236
— de BAVIÈRE...	75.865	5.022.904	66.1	6	50
— de SAXE....	14.995	2.760.512	181.4	4	28
— de WURTEMBERG.	19.504	1.881.505	96.4	4	18
Gd-duché de BADE...	15.075	1.506.551	95.4	3	15
— de HESSE...	7.678	882.349	114.9	3	9
— de MECKL.SCHWÉRIN.	13.504	555.754	41.5	2	6
— de STRÉLITZ.	2.950	95.673	32.6	1	1
— de SAXE-WEIMAR.	3.656	292.955	80.5	1	3
— de OLDENBOURG.	6.400	319.314	49.4	1	3
Duché de BRUNSWICK...	3.690	327.495	88.7	2	3
— de SAXE-MEININGEN.	2.468	194.494	78.5	1	2
— de SAXE-ALTENBOURG.	1.321	145.844	110.4	1	1
— SAXE-COBOURG-GOTHA.	1.968	182.599	92.7	1	2
— de ANHALT...	2.347	213.089	91.0	1	2
Princip. de SCHWARTZ-RUDOLSTADT.	942	76.676	81.4	1	1
— de SCHWARTZ-SONDERSHAU.	862	67.480	78.2	1	1
— de WALDECK...	1.135	54.741	48.2	1	1
— de REUSS (ligne aînée).	316	46.985	148.6	1	1
— de REUSS (lig. cadette).	829	92.375	111.4	1	1
— SCHAUMBOURG-LIPPE.	445	33.155	74.8	1	1
— de LIPPE....	1.135	112.442	99.0	1	1
Ville libre de LUBECK...	285	56.912	201.1	1	1
— de BRÊME...	256	141.848	567.5	1	1
— de HAMBOURG.	407	388.618	954.8	1	1
Pays de l'Emp. ALSACE-LORR.	14.512	1.529.408	105.5	?	15

ALLEMAGNE (SUITE)

GUERRE / MAR. DE L'ÉTAT (suite)

TROUPES DE CAMPAGNE

	Officiers	Hommes	Chevaux	Canons
État-major	865	5.470	5.070	
Infanterie, 445 bat.	10.420	455.620	17.908	
Chasseurs, 26 bat.	572	26.676	1.046	
Cavalerie, 372 escad.	2.144	59.814	65.608	
Artillerie, 300 bat.	2.286	78.120	77.452	1.800
Pionniers, 34 comp.	555	20.917	9.647	
Train	814	58.451	46.017	
Administration	216	2.826	10.864	
Total	17.670	687.594	233.592	1.800

TROUPES DE DÉPOT

	Officiers	Hommes	Chevaux	Canons
État-major	375	1.856	522	
Infanterie, 148 bat.	2.812	179.524	1.056	
Chasseurs, 26 comp.	104	8.008	26	
Cavalerie, 95 escad.	465	25.994	19.716	
Artillerie, 71 bat.	540	13.261	5.307	426
Pionniers, 20 comp.	90	4.930	20	
Train, 37 comp.	240	11.522	5.905	
Total	4.426	243.095	30.550	426

TROUPES DE GARNISON

	Officiers	Hommes	Chevaux	Canons
Bureaux	850	10.000	1.850	
Infanterie, 295 bat.	6.424	250.244	2.044	
Chasseurs, 26 comp.	104	6.500	26	
Cavalerie, 144 escad.	828	22.968	25.580	
Artillerie, 34 bat. et 252 comp.	1.570	54.832	8.114	524
Pionniers, 48 comp.	351	8.558		
Total	10.107	353.102	37.414	524

Total général.. 32.205 | 1.283.791 | 301.556 | 2.550 officiers et soldats et 68 aides d'hôpital. *Infanterie* 40 officiers et 1,411 sous-officiers et soldats. En outre, 12 officiers de réserve et de la seewehr. *Artillerie* 17 officiers et 458 sous-officiers et soldats, en outre 6 officiers de la seewehr.

MARINE DE L'ÉTAT

VAPEURS A HÉLICE	Chevaux	Tonneaux	Can.
8 vaiss. blindés (dont 3 en const.)	48.500	54.872	91
3 corvettes dont 2 en construct.	14.200	12.440	20
2 vaisseaux cuirassés	2.400	2.009	7
5 canonnières cuirassées	3.800	3.920	5
1 vaisseau de ligne	3.000	5.518	25
11 corvettes à pont couvert	27.600	24.194	181
7 corvettes à pont ras	10.800	9.321	56
4 avisos	3.050	2.618	6
2 yachts (dont 1 en construct.)	3.650	1.997	2
16 canonnières (dont 1 en const.)	5.050	5.536	41
4 transports (dont 2 en const.)	520	425	—
63 vapeurs	122.050	100.650	432
NAVIRES A VOILES			
1 frégate		1.052	40
3 bricks		1.708	18
4 navires à voiles		2.760	28
67 bâtim. de guerre dont 20 en c.	122.050	101.410	460

En outre 10 vapeurs et 5 voiliers au service des ports et 9 navires pour la pose des mines sous-marines. *Personnel* 344 officiers (dont 6 amiraux, 17 ingénieurs, 7 aumôniers, 55 officiers d'administration), 82 officiers et cadets de marine de réserve et de la *seewehr*, 2 *divisions de matelots* avec 89 officiers, 608 sous-officiers et 4,628 matelots, 1 *division de mousses* avec 1 officier, 10 sous-officiers et 400 mousses, 2 *divisions de chantiers* avec 154 officiers, 1849 sous-officiers et soldats.

COMMERCE / IMPORTATION / EXPORTATION / POIDS ET MES. / CHEM. DE FER / POSTES / TÉLÉGRAPHES / CANAUX

IMPORTATION : 4,843,500,000 fr. (céréales et farines, denrées coloniales, tabac, fruits et semences, animaux et leurs produits, combustibles, pierres et minerais, métaux bruts, produits chimiques, huiles, graisses, résines, peaux, cuirs, poils, matières textiles, tissus et vêtements, bois d'œuvre, machines et appareils, monnaies et métaux précieux, etc., etc.). EXPORTATION : 5,186,500,000 fr. (céréales et farines, animaux et leurs produits, combustibles, pierres et minerais, métaux plus ou moins travaillés, produits chimiques, peaux, cuirs, poils, matières textiles, tissus et vêtements, bois d'œuvre, bijoux et objets d'art, monnaies et métaux précieux, etc.). POIDS ET MESURES : Le système métrique est adopté dans tout l'empire allemand. Les dénominations de quelques mesures ont été changées, ou du moins on a permis de désigner : le mètre sous le nom de *stab* (aune) ; le centimètre, de *neuzoll* (nouveau pouce) ; le millimètre, de *strickt* (ligne) ; le décamètre, de *kette* (chaîne) ; le mètre carré, de *quadratstab* (aune carrée) ; le mètre cube, de *kubikstab* (aune cube) ; le litre, de *kanne* (pot) ; le demi-litre, de *schoppen* (chopine). CHEMINS DE FER : 30,305 kil., dont 14,182 à l'État ; en Prusse 17.587 kil., dont 4,775 à l'État ; autres lignes dans l'Allemagne du nord 1,709 kil., dont 127 à l'État ; en Oldenbourg 350 kil., dont 269 à l'État ; en Bavière 4,476 kil., dont 3,606 à l'État ; en Saxe 1,892 kil., dont 1,380 à l'État ; en Wurtemberg 1,240 kil., dont 1,225 à l'État ; dans le duché de Bade 1,179 kil., dont 1,049 à l'État ; de la Hesse 721 kil., dont 287 à l'État ; en Alsace-Lorraine 1,073 kil., dont 1.062 à l'État. POSTES : Le ressort de l'administration des postes et des télégraphes de l'empire embrasse tous les États allemands, à l'exception de la Bavière et du Wurtemberg. (Voir ces deux pays.) *Bureaux de postes* : 6,952 ; bureaux des postes et télégraphes réunis 5,194 ; lettres 521,462,190 ; journaux 314,557,790 ; cartes postales 92,964,270, sous bandes 104,100,720 ; échantillons 8,463,070. Total 1,041,548,540. Paquets 62,996,250. TÉLÉGRAPHES : Bureaux 9,109, dont 2,552 à l'État et 2,577 aux chemins de fer. Lignes 54,189 kil. Dépêches 14,197,278, dont 8,995,801 à l'intérieur. CANAUX ET FLEUVES NAVIGABLES : 12,630 kilomètres dont 7,866 kil. en fleuves et rivières navigables, 2,656 en rivières flottables et 2,108 kil. en canaux.

VILLES
(Voir les différents États.)

SUPERFICIE
540,631 kil. carrés, dont terres cultivées 364,508 et forêts 138,270 (79 hab. par kil. carré).

POPULATION
42,759,554 habitants, dont Allemands 37,820,000, Polonais 2,450,000, Wendes 140,000, Tchèques 50,000, Lithuaniens et Courlandais 130,000, Danois 150,000, Français et Wallons 220,000. Selon les cultes (1871) : protestants 25,580,615, catholiques romains 14,868,608, catholiques grecs 2,660, israélites 512,160, autres cultes 96,652. *Naissances* (1876) 1,851,218. *Mariages* 366,912. *Décès* 1,207,114.

ALSACE-LORRAINE

CLIMAT
La température moyenne est de + 8° 52 ; moyenne de l'été + 16° 89 ; de l'hiver + 0° 85.
PLUIE : La moyenne de pluie qui tombe annuellement est de 67 cent. 25 m.

GOUVERNEMENT / POUVOIR EXÉC. / POUVOIR LÉGIS.
Les deux provinces sont gouvernées immédiatement par les organes de l'empire auquel elles appartiennent d'après le traité de paix signé à Francfort, le 10 mai 1871. LE POUVOIR EXÉCUTIF appartient à l'empereur. LE POUVOIR LÉGISLATIF est exercé par l'empereur, le conseil fédéral et le Reichstag. Le nombre des députés au parlement allemand est fixé à 15. L'administration du pays est placée sous la direction d'un président supérieur, assisté d'un conseil impérial siégeant à Strasbourg.

JUSTICE
6 Tribunaux civils de première instance, la cour d'appel siège à Colmar ; pour les matières commerciales on peut en appeler à la cour suprême fédérale de Leipzig (troisième instance).

CULTES
Le *culte catholique* a 2 évêques à la tête de l'Église (à Strasbourg et à Metz). Le *culte évangélique* a un directoire de la confession d'Augsbourg à Strasbourg, et pour l'*Église réformée* il existe 5 consistoires à Markirch, à Mulhouse, à Bischwiller, à Strasbourg et à Metz ; le *culte israélite* a 3 consistoires à Strasbourg, à Colmar et à Metz.

INSTR. PUBL.
L'instruction primaire est obligatoire.

ALLEMAGNE — ALSACE-LORRAINE (SUITE)

INTÉRIEUR	Le pays est divisé administrativement en 5 districts (départements : Haute-Alsace, Basse-Alsace, Lorraine), subdivisés en cercles (arrondissements). Le préfet qui administre le département est secondé par le conseil administratif, composé des fonctionnaires supérieurs. À la tête de chaque arrondissement est un directeur ayant provisoirement les attributions d'un sous-préfet.

	DÉPENSES	fr.	RECETTES	fr.
FINANCES DÉPENSES RECETTES	Administ. et frais divers (dont 4,846,500 pour l'instruction publique)	41.159.640	Impôts directs	15.145.900
	Dépenses extraordinaires (dont 1.270.575 pour l'instruction publique)	8.032.004	indirects	18.526.295
			Manufactures de tabac	5.494.680
			Divers	14.526.671
	Total	49.191.644	Total	49.191.644

GUERRE	Le service militaire est obligatoire.
VILLES PRIN. HAB. PAR MILLE	Strasbourg 94 habitants, Metz 46 habitants, Mulhouse 59 habitants, Hagueneau 12 habitants, Markirch 12 habitants, Gebweiler 12 habitants.
SUPERFICIE	14,512 kil. carrés, dont Haute-Alsace 3,505, Basse-Alsace 4,774, Lorraine 6,233, forêts 4,380 kil. carrés (environ 103 hab. par kil. carré).
POPULAT.	1,529,408 hab., dont Haute-Alsace 452,642, Basse-Alsace 597.850, et Lorraine 478,916. Selon les cultes (1871) 1,235,195 catholiques, 270,752 protestants, 40.928 israélites et 2.865 autres sectes.

TABLE ADMINISTRATIVE

PAYS	kil. car.	populat.	hab. k.
Haute-Alsace	3.505	452.642	129.1
Basse-Alsace	4.774	597.850	125.2
Lorraine	6.233	478.916	76.8

DUCHÉ ANHALT (CAP. DESSAU)

CLIMAT	La température moyenne est de + 8° 81 ; moyenne de l'été + 17° 79, de l'hiver — 0° 81. PLUIE : la moyenne de pluie qui tombe annuellement est de 62 cent. 15.
GOUVERNEMENT CHEF DE L'ÉTAT POUVOIR EXÉC. POUVOIR LÉGIS.	CHEF DE L'ÉTAT. Léopold-Frédéric, duc, né en 1831, avènement en 1871 (Antoinette, duchesse, née en 1838 ; Léopold, prince héréditaire, né en 1855). Le duché d'Anhalt est une monarchie constitutionnelle et héréditaire. LE POUVOIR EXÉCUTIF est entre les mains du duc, assisté par un ministre d'État. LE POUVOIR LÉGISLATIF est exercé par le duc et la diète (représentation du peuple), qui se compose de 56 membres, dont 12 représentent l'ordre équestre (noblesse et grands propriétaires), 12 les villes et 12 les campagnes. Les représentants de l'ordre équestre sont élus à vie par leurs pairs ; les députés des villes sont les bourgmestres des 4 principales villes et 8 bourgeois nommés, pour 6 ans, par un conseil urbain ; les députés des campagnes sont également élus, pour 6 ans, par les maires des villages. Tout citoyen âgé de 30 ans, appartenant à l'un des cultes chrétiens et habitant le pays depuis 3 ans, est éligible.
JUSTICE	La troisième instance est la cour d'appel supérieure de Iéna (en commun avec le grand-duché de Saxe, les 5 duchés de Saxe, les principautés de Reuss et de Schwarzbourg). 2ᵉ instance : tribunal supérieur. 1ʳᵉ instance : les tribunaux des cercles.
CULTES INSTR. PUBL.	Les cultes jouissent de la plus entière liberté. INSTRUCTION PUBLIQUE. Il existe 4 gymnases, 5 écoles supérieures de filles, 1 école de commerce, 3 écoles normales primaires, 555 écoles primaires et collèges municipaux.
INTÉRIEUR	Les communes s'administrent elles-mêmes, par le corps municipal, composé du bourgmestre et du conseil urbain ou rural, auquel s'ajoute, pour les affaires importantes, une assemblée de délégués.
GUERRE	L'armée se compose d'environ 2,000 hommes incorporés dans l'armée impériale.
FINANCES	DÉPENSES 18,775,000 francs. RECETTES 18,931,250 francs. DETTE 7,277,715 francs.
VILLES H. P. M.	Dessau 20, Bernbourg 17, Cœthen 15.
SUPERFICIE	2.347 kilom. carrés (91 habitants par kil. carré).
POPULAT.	213,689 habitants ; selon les cultes 118,105 protestants, 5,550 catholiques, 465 juifs et 284 d'autres cultes.

GRAND-DUCHÉ BADE [Baden] (CAP. CARLSRUHE)

CLIMAT	La température moyenne est de + 10° 57 ; moyenne de l'été + 19° 04 et moyenne de l'hiver + 0° 48. PLUIE : la hauteur de la pluie qui tombe annuellement est de 72 cent. 51.
GOUVERNEMENT CHEF DE L'ÉTAT POUVOIR EXÉC. POUVOIR LÉGIS.	CHEF DE L'ÉTAT : Frédéric, grand-duc, né en 1826, avèn. en 1852 (Louise, grande-duchesse, née en 1838 ; Frédéric-Guillaume, grand-duc héréditaire, né en 1857). Le duché de Bade est une monarchie constitutionnelle et héréditaire. LE POUVOIR EXÉCUTIF est confié au grand-duc, assisté d'un ministère responsable. LE POUVOIR LÉGISLATIF est partagé entre le grand-duc et la représentation du pays ou « les États » divisés en 2 chambres. *La première chambre* se compose des princes du sang, des chefs des maisons médiatisées, de l'archevêque de Fribourg, des prélats protestants, de 8 représentants de la noblesse territoriale, de 2 représentants des Universités et de 8 membres nommés à vie par le grand-duc. *La deuxième chambre* se compose de 63 membres, 22 élus par les villes et 41 par les campagnes. L'élection est à 2 degrés. Tout citoyen, âgé de 25 ans, est électeur au premier degré et est éligible comme électeur du deuxième degré. Tout citoyen, âgé de 30 ans, est éligible comme député. Le mandat de député est de 4 ans ; la Chambre est renouvelée par moitié tous les 2 ans. 4 DÉPARTEMENTS MINISTÉRIELS : les départements de la justice et des affaires étrangères, de l'intérieur, des finances et du commerce.
JUSTICE	La justice a 3 instances : 1 *cour suprême* à Manheim, 5 *cours d'appel* à Constance, Fribourg, Oldenbourg, Carlsruhe et à Manheim. Dans chaque bailliage il y a 1 *tribunal de première instance* (Amtsgericht).
CULTES INSTR. PUBL.	La liberté des cultes est reconnue. Le culte protestant est dirigé par le conseil supérieur de l'Église protestante, le culte catholique a pour chef l'archevêque de Fribourg. Le conseil supérieur israélite est chargé des affaires de ce culte. INSTRUCTION PUBLIQUE : L'instruction primaire est obligatoire. La direction de l'instruction publique est exercée par l'État. On compte 1826 *écoles primaires ordinaires* (Volksschulen) avec environ 200,000 élèves ; 19 écoles secondaires, dont 17 confèrent une instruction principalement classique ; les 8 premières possèdent le droit de délivrer des certificats de maturité pour l'Université. Pour l'instruction supérieure 2 universités, 1 protestante à Heidelberg et 1 catholique à Fribourg, qui ont chacune 4 facultés. La plupart des villes possèdent des *écoles d'industrie* (Gewerbschulen), et chaque cercle a une école agricole ; école polytechnique et école des beaux-arts à Carlsruhe.

ALLEMAGNE — BADE (SUITE)

INTÉRIEUR / DISTRICTS
Le pays est divisé en 4 DISTRICTS (voir la Table). Dans chaque district il y a un *commissaire général* (Landescommissaire) qui surveille les administrations des bailliages et des cercles.
Administrativement, le pays est divisé en 11 *cercles* chargés de pourvoir aux affaires communes à plusieurs bailliages; ceux-ci sont subdivisés en 54 *bailliages*. Dans chaque bailliage un conseil de district (*Bezirksrath*) élu par la représentation du cercle, assiste le bailli. Le nombre des communes est de 1.584; elles ont chacune une administration communale qui est entre les mains du bourgmestre et du conseil municipal, élus par les habitants.

FINANCES / DÉPENSES / RECETTES / DETTE

DÉPENSES	fr.	RECETTES	fr.
Ministères (dont liste civile, 2.255.457, et instruction publique, 3.282.174)... 15.414.808		Impôts (dir. 10.858.354; indir. 8.355.661)	21.214.015
(Dépenses pour les chemins de fer, 61.412.996).		Ministères	20.485.096
DETTE... { Dette générale ... 58.406.690		Douanes et droits divers	1.567.177
{ Dette des chemins de fer ... 539.445.191		Total	42.766.288
Total... 417.854.881		(Recettes des chemins de fer, 77.504.557)	

GUERRE
L'armée badoise forme, avec 2 régiments prussiens d'infanterie et 1 de cavalerie, le XIVe corps d'armée de l'Empire allemand dont le *commandant en chef* réside à Carlsruhe. Le pays fournit en temps de paix 1 0/0 de la population, soit 14.550 hommes; en temps de guerre 48.000 hommes (6 régim. d'infant., 3 de cavalerie, 1 d'artillerie, 1 bataillon du génie et 1 bataillon du train).

VILLES PRINCIP. / HAB. PAR MILLE
Carlsruhe, 45; Mannheim, 47; Fribourg, 31; Pforzheim, 24; Heidelberg, 22; Rastadt, 12.

SUPERFICIE
15.257 kilomètres carrés, dont la partie badoise du lac de Constance, 182 kilom. carrés (99 habitants par kilom. carré).

POPULATION
1.506.554 hab.: dont selon les cultes (1871) 491.098 protest., 942.560 catholiques, 25.705 juifs, et 2.291 d'autres sectes. — *Naissances*, 60.600; *mariages*, 14.899; *décès*, 41.152.

TABLE ADMINISTRATIVE

DISTRICTS	kil. c.	populat.	hab. kil.
CONSTANCE	4.351	276.578	65.5
FRIBOURG	4.740	441.369	93.0
CARLSRUHE	2.575	387.514	150.5
MANHEIM	3.594	401.475	111.7

(ROYAUME) BAVIÈRE [Bayern] (CAP. MUNICH (Munchen))

CLIMAT
La température moy. est de + 8°50; moyenne de l'été + 17°01; de l'hiver — 2°08.
PLUIE. La moyenne de pluie qui tombe annuellement est de 85 centimètres 22 millim.

GOUVERNEMENT / CHEF DE L'ÉTAT / POUV. EXÉCUT. / POUV. LÉGISL.
CHEF DE L'ÉTAT. Louis II, roi, né en 1845 (Maison de Wittelsbach), avén. 1864. La Bavière est une monarchie constitutionnelle et héréditaire dans la Maison de Wittelsbach de mâle en mâle par ordre de primogéniture. Lors de l'extinction de la ligne masculine, si aucun traité de succession n'a été conclu avec une maison princière de l'Allemagne, la couronne passe à la ligne féminine. LE POUVOIR EXÉCUTIF est entre les mains du roi. LE POUVOIR LÉGISLATIF s'exerce par le roi et la diète (*landstag*) formée de 2 chambres: *la Chambre des pairs* (*Reichsræthe*), qui comprend des membres héréditaires et des membres à vie, nommés par le roi; et *la Chambre des députés* qui comprend 154 membres élus pour 6 ans par l'assemblée de la population (1 député par 31.500 hab.). Tous les citoyens majeurs qui payent une contribution directe sont électeurs primaires. Il y a un électeur secondaire par 500 hab.; ce sont les électeurs secondaires qui nomment le député. Tous les citoyens de 30 ans au moins sont éligibles. 6 MINISTÈRES. Les ministères de la maison du roi et des affaires étrangères, de l'intérieur, des cultes et de l'instruction publique, de la justice, des finances, de la guerre. Le *Conseil d'État* se compose du roi (comme président) et de 12 membres du service ordinaire, dont les 6 ministres et 16 membres en service extraordinaire.

JUSTICE
Il y a une *Cour d'appel supér.*, en même temps *Cour de cassation* pour le Palatinat. 1 Cour d'appel commerciale siégeant à Nuremberg. 6 Cours d'appel à Munich, Passau, Deux-Ponts, Bamberg, Nuremberg et Augsbourg. Le nombre des ressorts de première instance est de 4 à 7 par Cour d'appel.

CULTE
La liberté religieuse est reconnue, la protection de l'État ne peut être retirée à personne pour cause de religion. Les cultes reconnus par l'État sont: les cultes catholique, luthérien et réformé; les autres cultes ne peuvent être exercés publiquement que par l'autorisation du roi; les communions grecque, anglicane, israélite, etc., ne forment que des associations privées.

INSTRUCT. PUBLIQUE
La fréquentation de l'école est obligatoire à partir de l'âge de 6 ans jusqu'à 13 ans; les enfants doivent ensuite fréquenter l'école du dimanche jusqu'à leur 16e année révolue. L'instruction primaire est donnée par *les écoles allemandes* que les communes sont obligées d'établir et d'entretenir. On compte actuellement 7.200 de ces écoles. Les instituteurs sont formés dans 10 écoles normales primaires. L'instruction secondaire est donnée en premier degré dans les *écoles latines* au nombre de 96, dont 72 renferment les 4 classes normales, les autres n'en ont que 2 ou 3; et, en deuxième degré, dans les 28 gymnases qui n'ont que les 4 classes supérieures. Pour l'instruction supérieure il y a 3 universités, à Munich, Wurzbourg et Erlangen.

INTÉRIEUR / CERCLES / BIENFAISANCE
Administrativement, la Bavière est divisée en 8 CERCLES (*Kreise*), dont 7 situés sur la rive droite du Rhin et 1 sur la rive gauche (le Palatinat — voir la table). Ces cercles sont subdivisés en *districts*, et les districts en *communes locales*. Il y a 225 communes urbaines et 7.890 communes rurales.
Les cercles sont administrés par un *gouvernement* et un *comité gouvernemental*; les districts, par un conseil élu pour 5 ans, choisi parmi les membres des corps municipaux. — BIENFAISANCE. Le bien-être est assez général, puisque 2 p. 100 seulement de la population sont à la charge de la bienfaisance publique.

FINANCES / DÉPENSES / RECETTES / DETTE / TÉLÉGRAPHES / POSTES

DÉPENSES	fr.	RECETTES	fr.
Liste civile et apanage	6.678.460	Contrib. (dir. 27.030.624; ind. 59.135.000)	86.205.624
Enseignement et cultes	24.485.950	Domaine et droits divers	59.359.155
Ministère, dette publique, frais, etc. (dont chemins de fer, 66.315.008; postes, 12.186.754; télégraphes, 1.597.922)... 245.877.575		Rég. et établ. de l'État (dont chemins de fer, 106.941.650; postes, 12.174.691; télégraphes, 1.705.081)	131.276.626
		Total	277.041.685
Total	277.041.685	DETTE { Dette générale	459.065.281
		{ Dette des chemins de fer	1.020.114.421
		Total	1.459.179.702

POSTES: Bureaux 1.245. Lettres, etc. 165.947.651. TÉLÉGRAPHES. Bureaux 779. Lignes 7.770 kil.

GUERRE
L'armée bavaroise forme une partie à part et distincte dans l'armée de l'Empire allemand, ayant une administration indépendante qui est placée sous la souveraineté militaire de S. M. le roi de Bavière. L'armée bavaroise forme le Ier et le IIe corps d'armée fédérale, divisée chacun en 2 divisions (16 régiments d'infant., 10 bat. de chasseurs, 32 bat. de landwehr, 10 rég. de cavalerie, 4 rég. d'artillerie, 2 rég. d'artillerie à pied, 2 bat. de pionniers, 2 bat. de train). En temps de paix: infanterie, 32.687 h.; caval., 7.092; artill., 5.585; pionniers, 1.585; train, 1.424. Total: 47.853 homm. — En temps de guerre: inf., 112.016 h.; caval., 11.562 h.; artill., 18.106 h.; pionn., 5.554; train, 5.450. Total: 150.488 hommes.

TABLE ADMINISTRATIVE

DISTRICTS	kil. carr.	populat.	hab. kil.
HAUTE BAVIÈRE	17.046	894.404	52.4
BASSE BAVIÈRE	10.768	629.577	57.8
PALATINAT	5.957	617.167	108.0
HAUT PALATINAT ET REGENSBURG	9.661	505.422	52.0
HAUTE FRANCONIE	6.999	555.045	80.0
MOYENNE FRANCONIE	7.550	607.088	80.5
BASSE FRANCONIE ET ASCHAFFENB.	8.598	597.156	71.0
SOUABE ET NEUBOURG	9.491	604.950	64.2

ALLEMAGNE — BAVIÈRE (SUITE)

VILLES PRIN. HAB. PAR MILLE	Munich 195, Nuremberg 91, Augsbourg 57, Wurzbourg 45, Ratisbonne 52, Furth 27, Bamberg 27, Kaiserslautern 25, Bayreuth 19.
SUPERFICIE	75,864 kil. carrés, dont 54,140 en terre arable, 1,298 en jardins, 11,578 en prés, 7,507 en pâturages, 21,741 en forêts (66 habitants par kil. carré).
POPULAT.	5,022,904 hab. La population se compose principalement de Bavarois, de Franconiens et de Souabes. Selon les cultes le pays comptait (1871) 3,464,364 catholiques, 1,542,592 protestants, 50,662 israélites et 3,832 d'autres cultes. *Naissances* 201,476. *Mariages* 52,045. *Décès* 159,564.

(VILLE LIBRE) BRÊME [Bremen] (HANSÉATIQUE)

CLIMAT	La température moyenne est de + 8°90 ; moyenne de l'été + 16°90 ; de l'hiver + 0°57. PLUIE : La moyenne de pluie qui tombe annuellement est de 70 cent. 95.
GOUVERNEMENT **POUVOIR EXÉC.** **POUVOIR LÉGIS.**	LE POUVOIR EXÉCUTIF est exercé par le Sénat. LE POUVOIR LÉGISLATIF se partage entre le Sénat et la *bourgeoisie*. Le Sénat se compose de 18 sénateurs dont 10 au moins doivent être des légistes et 5 des négociants ; ils sont élus à vie par le concours du Sénat et de la bourgeoisie. Deux des membres du Sénat, élus pour 4 ans par ce corps, ont le titre de bourgmestre et de président alternativement. La bourgeoisie est l'assemblée des 150 représentants des citoyens ou bourgeois, 14 sont élus par les lettrés, 42 par les négociants, 22 par les industriels et 44 par les autres habitants, 28 par les villes, dont 8 pour Bremerhafen, 4 pour Vegesack et 16 pour les campagnes.
JUSTICE	La justice est exercée par des tribunaux qui n'ont aucune attribution administrative, 1 cour suprême d'appel (voir Lubeck, page 24), 1 tribunal supérieur et 1 tribunal de commerce.
CULTES	Tous les cultes sont libres, 97 p. 100 sont protestants.
INTÉRIEUR	Le territoire de Brême comprend, outre la ville même, les 2 petites villes maritimes de Vegesack et de Bremerhafen et une banlieue d'env. 60 kil. carrés. Brême est une des plus anciennes villes du nord de l'Allemagne ; on en parle déjà en 785, sous Charlemagne, qui y fonda le siège d'un diocèse.
FINANCES	DÉPENSES : 18,818,838 francs. RECETTES : 16,489,482 francs. DETTE : 104,008,779 francs.
GUERRE.	L'armée fait partie du IXe corps de l'armée impériale.
MARINE MAR.	259 nav. jaugeant 186,582 tonnes, dont 49 vap. d'une force de 17,450 chevaux, jaugeant 65,070 tonnes.
COMMERCE	IMPORTATION : 519,500,000 francs. EXPORTATION : 548,875,000 francs.
SUPERFICIE	250 kilom. non compris la superficie du Weser qui est d'environ 5 kilom. carrés (567 hab. par kil. carré.)
POPULAT.	141,848 habitants.

(DUCHÉ) BRUNSWICK [Braunschweig] (CAP. BRUNSWICK)

CLIMAT.	La température moyenne est de + 8°70 ; moyenne de l'été + 16°72, de l'hiver + 0°46. PLUIE : La moyenne de pluie qui tombe annuellement est de 72 cent. 05.
GOUVERNEMENT **CHEF DE L'ÉTAT** **POUVOIR EXÉC.** **POUVOIR LÉGIS.**	CHEF DE L'ÉTAT : Guillaume, duc, né en 1806 (Maison des Guelfes ou de Brunswick-Lunebourg, ligne aînée), avénem. 1831. LE POUVOIR EXÉCUTIF est exercé par le duc qui est assisté d'un ministère responsable. LE POUVOIR LÉGISLATIF est confié à une chambre unique (*Landesversammlung*, assemblée du pays), composée de 46 membres, nommés pour 6 ans, dont 21 choisis parmi les personnes les plus imposées, 10 élus par les villes, 12 par les communes rurales et 3 par le clergé. Pour être éligible, il faut avoir âgé de 30 ans et remplir des conditions de cens ; dans les villes l'élection est directe ; dans les campagnes elle est à deux degrés. 5 membres ordinaires de la commission ministérielle : Intérieur et police, finances et commerce, justice, cultes et instruction publique, affaires militaires.
JUSTICE	Il y a une *cour suprême* siégeant à Wolfenbüttel. Dans chacun des cercles il y a un tribunal qui fonctionne, selon les affaires, comme première instance ou comme instance d'appel pour les tribunaux locaux.
CULTES **INSTR. PUBL.**	Le consistoire évangélique siège à Wolfenbüttel et se compose d'un président et de 5 membres. Dans chacun des cercles il y a une inspection générale qui ressort au consistoire, et chacune d'elles a pour chef un superintendant général. Les catholiques font partie du diocèse de Heldesheim. Tous les cultes sont libres. INSTRUCTION PUBLIQUE : *L'instruction primaire* est obligatoire. Il existe 596 écoles primaires publiques et 2 écoles normales ; pour l'instruction secondaire 396 écoles primaires superieures et 3 gymnases. Il y a en outre une école polytechnique (*collegium Carolinum*) à Brunswick, 1 école agronomique à Schoppenstedt, 1 séminaire évangélique à Wolfenbüttel et 1 école d'architecture à Holzminden. Le Brunswick contribue à l'entretien de l'Université de Goettingue.
INTÉRIEUR	Le pays est divisé en 6 CERCLES (voir la table) subdivisés en communes ; celles-ci jouissent de l'autonomie municipale.
FINANCES	RECETTES 9,625,167 fr. Revenu des domaines 3,051,935 fr. DÉPENSES 9,625,167 fr. Liste civile 1,051,652 fr. ENSEIGNEMENT et CULTES 1.272.750 — DETTE 114,842,016 fr.
GUERRE	L'armée fait partie du Xe corps d'armée de l'empire allemand ; en temps de paix elle comprend 2,700 hommes, et sur pied de guerre environ 5,400 hommes.
VILLES H.P.M.	Brunswick 66, Helmstedt 8, Schöningen 6.
SUPERFICIE	3,690 kil. carrés (89 hab. par kil. carré).
POPULAT.	327,493 hab. selon les cultes (1871), protestants 502,989, catholiques 7,050, israélites 1,171, autres cultes 374.

TABLE ADMINISTRATIVE

CERCLES	kil. c.	populat.	hab. k.
BRUNSWICK	543	100.592	186
WOLFENBUTTEL	763	62.584	82
HELMSTEDT	788	54.437	69
GANDERSHEIM	548	43.290	79
HOLZMINDEN	574	42.752	75
BLANKENBURG	475	24.058	51

VILLE LIBRE HAMBOURG (HANSÉATIQUE)

CLIMAT	La température moyenne est de + 8°98 ; moyenne de l'été + 17°85, de l'hiver + 0°09. PLUIE : La moyenne de pluie qui tombe annuellement est de 75 cent. 28.
GOUVERNEMENT **POUVOIR EXÉC.** **POUVOIR LÉGIS.**	LE POUVOIR EXÉCUTIF est exercé par le Sénat. LE POUVOIR LÉGISLATIF par le Sénat et la bourgeoisie. Le Sénat se compose de 18 membres, dont 9 doivent avoir étudié le droit ou les finances ; des 9 autres, 7 doivent appartenir au commerce. Le Sénat choisit au scrutin secret pour la présidence un premier et un second bourgmestre, nommés pour 2 ans.

ALLEMAGNE — HAMBOURG (SUITE)

GOUVNEMENT (SUITE)	La bourgeoisie se compose de 196 membres, dont 88 sont choisis aux élections générales par scrutin secret; les 108 autres se composent de 48 propriétaires choisis par les propriétaires fonciers et de 60 représentants des tribunaux et des administrations. 10 administrations (mini-tères) : des Cultes, des Finances, du Commerce, des Travaux publics, Militaire, de l'Instruction publique, de la Justice, de la police et de l'Intérieur, de la Bienfaisance publique, des Affaires étrangères.
JUSTICE	Un tribunal de 1re instance juge toutes les affaires civiles et criminelles ; l'appel de ces affaires est porté à la cour supérieure, dont les arrêts sont définitifs toutes les fois que le jugement en première instance est confirmé ; dans le cas contraire, les affaires sont jugées en dernier ressort par la cour suprême d'appel, commune aux trois villes libres (voir Lubeck, page 24). 1 tribunal de commerce.
CULTES	Les affaires concernant l'Église évangélique (luthérienne) sont traitées par le Sénat et le collège des soixante. Tous les cultes sont libres.
INST. PUBL.	Il y a dans la ville environ 200 écoles et pensions particulières. Parmi les institutions publiques : 1 gymnase académique (johanneum), comptant env. 1.000 élèves ; les écoles paroissiales et celles des bureaux de bienfaisance, au nombre d'env. 60, où 4.500 enfants des deux sexes, reçoivent une instruction gratuite ; en outre, un très-grand nombre d'établissements consacrés aux arts, aux sciences et à la bienfaisance.
FINANCES	DÉPENSES : 55.534.575 fr. (Instr. 2.567.500 fr.). — RECETTES : 55.265.750 fr. — DETTE : 156.421.662 fr.
GUERRE	L'armée fait partie du IXe corps d'armée fédérale à la ville lui fournit 2.500 hommes dont 300 cavaliers. La garde civique : infanterie, chasseurs et artillerie, comprend 10.000 hommes.
MARINE	MARINE MARCHANDE : 468 nav. jaug. 225.910 ton., dont 102 vap. d'une force de 20.268 chev., jaug. 84.155 ton.
COMMERCE	IMPORTATION : 2.750.000.000 fr.
SUPERFICIE	407 kilom. carrés y compris les faubourgs Saint-Georges et Saint-Paul et les deux dépendances : Ritzebuttel et Cuthaven (la superficie de l'Elbe. 236 kilom. carrés, n'est pas comprise dans ce chiffre).
POPULATION	388.618 hab. dont Hambourg avec les faubourgs 264.675 hab.; les communes limitrophes comptent 83.772, et le reste du territoire 40.471 hab. Selon les cultes, on compte 366.535 protest., 7.771 cathol., 13.796 israélites et 10.834 d'autres cultes.

(GRAND-DUCHÉ) HESSE [Hessen] (CAP. DARMSTADT)

CLIMAT	La température moy. est de + 8° 74'; moy. de l'été + 16° 98'; de l'hiver — 0° 79. PLUIE. La moy. de pluie qui tombe annuellement est de 55 centim. 29 m.
GOUVNEMENT **CHEF DE L'ÉTAT** **POUV. EXÉCUT.**	CHEF DE L'ÉTAT. Louis IV, grand-duc, né en 1837 (Maison de Hesse, ligne cadette), avén. 1877. La monarchie est constitutionnelle et héréditaire. LE POUVOIR EXECUTIF est entre les mains du grand-duc, assisté d'un ministère. LE POUVOIR LÉGISLATIF s'exerce par le grand-duc avec le concours des États, divisés en 2 chambres. La 1re comprend les princes du sang, majeurs, les chefs des familles médiatisées, le doyen de la famille des barons de Riedesel, l'évêque catholique, un prélat protestant, le chancelier de l'université, 2 membres élus parmi la noblesse territoriale et au plus 12 membres nommés à vie par le grand-duc. La 2e chambre comprend 10 députés des huit plus grandes villes, et 40 députés des petites villes et des communes rurales. Les élections ont lieu à 2 degrés. Les membres de la 1re chambre doivent être âgés de 25 ans ; ceux de la 2e, de 30 ans et censitaires. 4 *Ministères* : les ministres de la maison du grand-duc et des affaires étrangères, de la justice, de l'intérieur, des finances. CONSEIL D'ÉTAT.
JUSTICE	1 cour supérieure d'appel et de cassation ; 1 cour de justice dans chacune des 3 provinces ; 1 tribunal de commerce à Mayence. Le Code Napoléon est encore en vigueur.
CULTES	La liberté de conscience est assurée par les lois. Les affaires protestantes sont administrées par un consistoire supérieur siégeant à Darmstadt. L'évêque de Mayence dirige les intérêts du culte catholique.
INST. PUBL.	L'instruction est obligatoire pour tous les enfants entre 6 et 14 ans ; on compte 1.800 écoles primaires, 2 écoles normales primaires, 6 gymnases, plusieurs écoles spéciales et une université à Giessen.
INTÉRIEUR	Administrativement, le pays est divisé en 3 PROVINCES, chacune administrée par un *directeur provincial*. L'organisation communale ressemble à celle de la France ; le gouvernement doit choisir le bourgmestre parmi les membres du conseil municipal. Les conseillers municipaux sont élus pour 9 ans par les habitants de la commune, le renouvellement a lieu par tiers tous les 3 ans. Environ 14.000 habitants.

FINANCES **DÉPENSES** **RECETTES** **DETTE**	DÉPENSES FR.	RECETTES FR.
	Liste civile 1.615.571	Impôts (dont imp. dir. 9.198.419) 12.405.901
	Chemins de fer 3.000.000	Droits divers, dom. et forêts 9.406.693
	Ministères, dette publique, etc. 17.168.468	Total 21.809.594
	Total 21.812.039	DETTE (dont ch. de fer 63.146.916) . . 72.067.545

GUERRE	L'armée fait partie du XIe corps d'armée fédérale (23 divisions), 2 brigades d'infanterie, 1 brigade de caval. et 2 sections d'artill. de 3 batail. dont 1 à cheval (environ 11.000 habitants).
VILLES HAB. PAR MILLE	Darmstadt, 44 ; Mayence, 53 ; Offenbach, 26.
SUPERFICIE	7.678 kilom. carrés, dont 4.140 de terre arable, 1.100 de prés et pâturages, 97 de vignes, 2.511 de forêts (115 habit. env. par kilom. carré).
POPULATION	882.549 hab., selon les cultes (1871) : 584.591 protestants ; 259.088 cathol. ; 23.575 israélites ; 4.012 d'autres cultes.

TABLE ADMINISTRATIVE

PROVINCES	kil. car.	populat.	hab. k.
STARKENBOURG	3.018	369.422	122.4
HESSE-SUPÉRIEURE . .	3.285	253.763	77.2
HESSE-RHÉNANE . . .	1.374	259.164	187.9

(PRINCIPAUTÉ) LIPPE (CAP. DETMOLD)

CLIMAT	La température moyenne est de + 9° 02'; moy. de l'été + 17° 07'; de l'hiver + 0° 50. PLUIE. La moyenne de pluie qui tombe annuellement est de 57 centim. 09 mill.
GOUVNEMENT **CHEF DE L'ÉTAT** **POUV. EXÉCUT.** **POUV. LÉGISL.**	CHEF DE L'ÉTAT. Woldemar, prince, né en 1824, avénem. en 1875 (Sophie, princesse, née en 1834). La principauté de Lippe est une monarchie constitutionnelle et héréditaire. LE POUVOIR EXÉCUTIF est entre les mains du prince, assisté d'un ministère. LE POUVOIR LÉGISLATIF s'exerce par le prince et la diète qui se compose de 21 députés, dont 7 de la classe des contribuables les plus imposés et 14 des deux autres classes d'électeurs. Les élections sont directes. — *Ministères* du ministre, des affaires étrangères, de la maison du prince, de la diète, du contrôle supérieur de la justice, de la police, des cultes, de l'instruction.
JUSTICE	La cour suprême de justice est la cour suprême de Celle (Hanovre). Il y existe une chambre de justice criminelle et un tribunal aulique.

ALLEMAGNE — LIPPE (SUITE)

CULTES	Tous les cultes sont libres.
INSTR. PUBLIQ.	2 lycées, 5 collèges, 124 écoles primaires et 1 école normale primaire.
INTÉRIEUR	La principauté de Lippe possède le bailliage de Lipperode, enclavé dans la province de Westphalie. Administrativement le pays est divisé en cantons.
FINANCES	DÉPENSES : 1.185.190 fr.— Instr. et Cultes : 547.222 fr.— RECETTES : 1.150.592 fr.— DETTE : 1.416.071 fr.
GUERRE	L'armée de la principauté de Lippe fait partie du VIIe corps de l'armée fédérale ; elle compte environ 900 hommes.
CAPITALE	Detmold avec 6.950 habitants environ.
SUPERFICIE	1.134 kilomètres carrés. (99 hab. par kil. carré.) ‖ POPULATION │ 112.442 habitants.

(VILLE LIBRE) LUBECK (HANSÉATIQUE)
(Voir page 24.)

(GRAND-DUCHÉ) MECKLEMBOURG-SCHWERIN (CAP. SCHWERIN)

CLIMAT	La température moyenne est de + 8°,98 ; moyenne de l'été + 16°,80, de l'hiver — 0°,89. ‖ PLUIE │ La moyenne de pluie qui tombe annuellement est de 57 centim. 8.
GOUVERNEMENT CHEF DE L'ÉTAT POUV. EXÉCUT. POUV. LÉGISL. MINISTÈRES	CHEF DE L'ÉTAT, Frédéric-François II, grand-duc, né en 1823, avènement 1842 (Marie, grande-duchesse, née en 1850 ; Frédéric-François, grand-duc héréditaire, né en 1851). Les deux grands-duchés de Mecklembourg-Schwerin et de Mecklembourg-Strelitz ont une Constitution et une Diète communes. La Diète siège tous les ans alternativement dans les villes de Sternberg et de Malchin, situées toutes deux dans le duché de Mecklembourg-Schwerin. Les États de la Diète se composent de deux ordres : les chevaliers et les villes. Les chevaliers possesseurs d'un bien équestre, nobles ou non, sont au nombre d'environ 750 ; ils représentent la population de leurs domaines. Les 45 villes ayant droit de représentation députent à la Diète des membres choisis parmi leurs magistrats ou leurs bourgmestres. Les villes ont le droit de demander que chaque ordre délibère séparément.— LE POUVOIR EXÉCUTIF est entre les mains du chef de l'État, assisté par un ministre d'État.— LE POUVOIR LÉGISLATIF est exercé par la Diète.— 4 MINISTÈRES : les ministères des Affaires étrangères, de la maison du grand-duc et de l'intérieur ; de la Justice, auquel on a réuni les affaires ecclésiastiques ; de l'Instruction publique et tout ce qui concerne le service de la santé publique ; des Finances.
JUSTICE	L'organisation judiciaire est très-arriérée, le magistrat réunit les pouvoirs judiciaire et administratif. La législation civile n'est pas la même dans les diverses parties du pays, mais à Rostock une cour suprême commune aux deux grands-duchés. 3 chancelleries de justice à Schwerin, à Gustrow et à Rostock. Une cour criminelle à Butzow.
CULTES INSTR. PUBLIQ.	La religion dominante est le protestantisme, les autres cultes sont libres. L'INSTRUCTION PUBLIQUE est obligatoire. Il y a 152 écoles primaires, 1 école normale primaire, 46 écoles primaires supérieures et une université à Rostock.
INTÉRIEUR BIENFAISANCE	L'organisation communale n'existe que dans les villes. Dans les seigneuries ou biens équestres, le chevalier réunit tous les pouvoirs entre ses mains. Dans 25 villes le bourgmestre est nommé par le grand-duc ; dans les autres il est élu par les bourgeois. Chaque ville a un conseil municipal. BIENFAISANCE. Il existe un grand nombre de bureaux de bienfaisance (5 salles d'asile).
FINANCES	DÉPENSES. Administration dite du souverain 15 millions de fr.; administration financière, commune (souverain et États) 2.561.452 fr.— DETTE. 25.850.000 fr.
GUERRE	L'armée fait partie du IXe corps d'armée impériale ; elle comprend 5.400 hommes environ et 1.000 chevaux.
MARINE MARCH.	426 navires jaugeant 115.656 tonnes, dont 7 vapeurs d'une force de 508 chevaux, jaugeant 2.827 tonnes.
VILLES PRINC. HABIT. Pr MILLE	Schwerin 27, Rostock 54.
SUPERFICIE	13.505 kilomètres carrés. (41.6 hab. par kil. carré.) ‖ POPULATION │ 555.754 habitants.

(GR.-DUCHÉ) MECKLEMBOURG-STRELITZ (CAP. NEU-STRELITZ)

CLIMAT	La température moyenne est de + 8°,21 ; moyenne de l'été + 16°,91, de l'hiver — 0°,96. ‖ PLUIE │ La moyenne de pluie qui tombe annuellement est de 65 centim. 2.
GOUVERNEMENT CHEF DE L'ÉTAT	CHEF DE L'ÉTAT, Frédéric-Guillaume, grand-duc, né en 1819, avènement 1860 (Augusta, grande-duchesse, née en 1822 ; Adolphe-Frédéric, prince héréditaire, né en 1844). Pour le reste de la constitution voir le duché de Mecklembourg-Schwerin. Ministère d'État et gouvernement (Neu-Strelitz) se compose du ministre d'État et de 4 conseillers intimes.
JUSTICE	(Voir Mecklembourg-Schwerin.)
CULTES	(Voir Mecklembourg-Schwerin.) — L'INSTRUCTION PUBLIQUE est obligatoire. Il existe une école normale primaire, 13 écoles primaires supérieures.
INTÉRIEUR BIENFAISANCE	(Voir Mecklembourg-Schwerin.) — BIENFAISANCE. Il existe un grand nombre de bureaux de bienfaisance. (9 salles d'asile.)
FINANCES	Il n'y a pas de données certaines sur le budget de Mecklembourg-Strelitz. — DETTE. Environ 7.500.000 fr.
GUERRE	L'armée fait partie du IXe corps d'armée impériale.
CAPITALE	Neu-Strelitz, 8.525 habitants.
SUPERFICIE	2.929 kilom. carrés, dont le duché de Strelitz 2.547 et la principauté de Ratzebourg 382 kilom. carrés.
POPULATION	95.675 habit., dont le duché de Strelitz 79.330, et la principauté de Ratzebourg 16.345 (52 h. p. k. c.).

TABLE ADMINISTRATIVE

PAYS	MECKLEMBOURG-STRELITZ		
	KILOMÈTRES CARRÉS	POPULATION	HABIT. PAR KIL. CARRÉ
Duché de Strelitz	2.547	79.330	31.1
Principauté de Ratzebourg	382	16.345	42.7

ALLEMAGNE

(GRAND-DUCHÉ) OLDENBOURG (CAP. OLDENBOURG)

CLIMAT	La température moyenne est de + 8° 51; de l'été + 16° 62; de l'hiver + 0° 56. PLUIE. La moyenne de pluie qui tombe annuellement est de 72 centim.
GOUVNEMENT / **CHEF DE L'ÉTAT** / **POUV. EXÉCUT.** / **POUV. LÉGISL.**	CHEF DE L'ÉTAT. Frédéric-Guillaume-Pierre, grand-duc, né en 1827, avènement 1853 (Elisabeth, grande-duchesse, née en 1826; Auguste, grand-duc héréditaire, né en 1852). Le grand-duché de Oldenbourg est une monarchie constitutionnelle et héréditaire. LE POUVOIR EXÉCUTIF s'exerce par le grand-duc assisté d'un ministère responsable. LE POUVOIR LÉGISLATIF est entre les mains du grand-duc et de la *diète*, qui forme une seule Chambre (1 député sur 6.000 habitants, élu pour 3 ans). L'élection a lieu à deux degrés. Tout citoyen de réputation intacte, et âgé de 25 ans, est électeur primaire; 500 électeurs primaires nomment l'électeur secondaire. 3 MINISTÈRES: les ministères de l'Intérieur, de la Maison du grand-duc et des Affaires étrangères; des Finances; de la Justice, des Cultes et des Affaires militaires.
JUSTICE	Les juridictions sont à 3 degrés. *Cour de justice de l'État* (3ᵉ instance), *Cour d'appel supérieure* (2ᵉ inst.), et *Tribunaux de 1ʳᵉ instance*. La liberté individuelle est garantie. Tout citoyen arrêté doit connaître dans les 24 heures les motifs de son arrestation et être interrogé dans les 56 heures. S'il a été injustement détenu, un recours lui est ouvert contre le coupable et, au besoin contre l'État, qui lui doit des dommages et intérêts.
CULTES / **INSTR. PUBL.**	Tous les cultes sont libres; la plupart des habitants appartiennent à la religion protestante. — INSTRUCTION PUBLIQUE : 4 lycées, 10 collèges, 1 école normale protestante, 1 école normale catholique, 417 écoles primaires protestantes, 135 écoles primaires catholiques et 7 écoles primaires israélites.
INTÉRIEUR / **PROVINCES**	Le pays est divisé en 5 PROVINCES, administrées chacune par un comité dit *gouvernement* (Regierung). Les communes nomment les conseils municipaux qui choisissent les *bourgmestres* pour 12 ans. Dans les grandes villes les *directeurs*, nommés à vie, doivent être légistes. Les communes administrent leurs propriétés et sont chargées de la police locale. Font partie du grand-duché : *les principautés de Birkenfeld et de Lubeck*, administrées chacune par un *conseil municipal*.
FINANCES / **DÉPENSES** / **RECETTES**	Dans le budget central ou commun, le duché d'Oldenbourg contribue pour 80 1/2 0/0; *la principauté de Lubeck*, pour 12, et *la principauté de Birkenfeld* pour 7 1/2. Chacune de ces parties a en outre son budget spécial. DÉPENSES : 7.754.701 fr. (Liste civile 318.750 fr. — Instr. et Cultes 709.754.) — RECETTES : 7.408.875 fr. (imp. dir. 2.558.875). — DETTE : 46.511.932 fr. (dont 22.262.000 fr. pour les chemins de fer).
GUERRE	L'armée fait partie du X° corps d'armée impériale (env. 5.000 hommes infanterie, 500 h. cavalerie, et 500 h. artillerie. — Total, 4.000 hommes).
MARINE	MARINE MARCHANDE : 361 navires, jaugeant 53.167 tonnes, dont 2 vapeurs d'une force de 55 chevaux.
CAPITALE	Oldenbourg, 15.701 habitants.
SUPERFICIE	6.400 kilom. carrés, dont Oldenbourg 5.376 kilom. carrés. Les princip. de Lubeck 521, et de Birkenfeld 503.
POPULATION	319.514 habitants, dont Oldenbourg 248.156; les principautés de Lubeck 34.085 et de Birkenfeld 37.075. Selon les cultes : Oldenbourg, 182.160 protest.; 64.189 cathol.; 879 israélites et 908 d'autres cultes. Principauté de Lubeck, 33.927 protestants; 119 catholiques et 59 d'autres cultes. Principauté de Birkenfeld, 28.967 protestants; 7.435 catholiques et 691 israélites.

TABLE ADMINISTRATIVE

PAYS	kil. car.	populat.	hab. k.
Duché d'Oldenbourg	5.375	248.136	46.1
Principauté de Lubeck	522	34.085	65.3
Princip. de Birkenfeld	503	37.093	73.7

(ROYAUME) PRUSSE (CAP. BERLIN)

CLIMAT	(Voir *Empire d'Allemagne*.)
GOUVNEMENT / **CHEF DE L'ÉTAT** / **POUV. EXÉCUT.** / **POUV. LÉGISL.**	CHEF DE L'ÉTAT. Frédéric-Guillaume I, roi, empereur d'Allemagne (maison de Hohenzollern), né en 1797, avèn. 1861 (empereur 1871) (Augusta, reine, impératrice, née en 1811; Frédéric-Guillaume, prince royal, impérial, né en 1831). La Prusse est un pays constitutionnel et héréditaire. LE POUVOIR EXÉCUTIF est entre les mains du roi qui est assisté d'un ministère. LE POUVOIR LÉGISLATIF est partagé entre le roi et le *Landtag* (parlement), divisé en deux chambres. *La chambre des Seigneurs*, composée de membres héréditaires, appartenant à la haute noblesse, de membres nommés à vie par le roi, de membres nommés par le roi sur la présentation de certaines corporations et associations. *La chambre des Députés*, composée de 433 membres élus par toute la nation. L'élection est à deux degrés. Tout Prussien âgé de 24 ans, jouissant de ses droits civils et *politiques*, est électeur primaire. Il y a un électeur secondaire sur 250 habitants. Les élections sont publiques. Tout Prussien âgé de 30 ans, jouissant de ses droits civils et habitant la Prusse depuis au moins un an, est éligible comme député. Les députés sont nommés pour 3 ans. 7 MINISTÈRES : les ministères de la Justice, de l'Intérieur, des Affaires ecclésiastiques et de l'Instruction publique, des Finances, de la Guerre, de l'Agriculture, du Commerce. — *Le Conseil d'État* se compose des princes de la maison royale, des fonctionnaires de l'État que leur emploi appelle à en faire partie et des fonctionnaires nommés par le roi.
JUSTICE	On distingue les *tribunaux ordinaires* et les *tribunaux spéciaux*. Les premiers sont les tribunaux de première instance (env. 250). Le ressort de la plupart de ces tribunaux comprend un *cercle* (arrondissement), les autres sont établis dans les villes de 50.000 hab. Les Tribunaux de seconde instance sont les *cours d'appel* (26). *Le tribunal suprême* (3ᵉ instance) siège à Berlin. Dans la province rhénane, il y a 125 *justices de paix*. Les tribunaux spéciaux sont les tribunaux de commerce, les tribunaux universitaires, les tribunaux douaniers ou fiscaux, les tribunaux militaires, etc.
CULTES	La liberté des cultes est établie en Prusse depuis le siècle dernier. Les cultes protestant et catholique sont entretenus par l'État. Les catholiques forment la majorité de la population dans la province rhénane, dans la Posnanie et dans la Silésie; dans les autres provinces, les protestants sont les plus nombreux. Le roi est le chef suprême du culte protestant. Le clergé catholique est obligé de reconnaître la suprématie de l'État, depuis 1875. L'ordre des jésuites a été complètement banni de l'Allemagne en 1872. Le culte israélite n'est soumis à aucune surveillance de la part de l'État, qui ne lui a encore accordé aucune subvention. Pour le culte protestant il y a 11 consistoires des provinces, et pour le culte catholique 13 archevêques et évêques.
INSTRUCT. PUBLIQUE	L'instruction n'est pas encore tout à fait gratuite, mais elle est obligatoire. La Prusse comptait (1872) 34.070 *écoles primaires* avec 3.650.000 élèves (tout l'Empire allemand comptait [1876] 60.000 écoles primaires avec 6.000.000 élèves). 76 *écoles normales*, dont 56 protestantes et 20 catholiques. L'enseignement secondaire est représenté par 201 *gymnases* (lycées) fréquentés par env. 60.000 élèves; 55 *progymnases* (collèges) avec env. 4.000 élèves; 76 *Realschulen* (écoles des sciences exactes) avec env. 25.000 élèves, etc. Total d'élèves prenant part à l'enseignement secondaire, env. 115.000 (pour tout l'Empire, 1.058 écoles secondaires avec 200.000 élèves). Pour l'enseignement supérieur il y a des *universités* à Berlin, Königsberg, Greifswald, Breslau, Halle, Bonn, Göttingen, Kiel, Marburg et Munster, comptant ensemble env. 8.000 étudiants. En 1872, ces universités comptaient 404 professeurs ordinaires (titulaires), 166 professeurs extraordinaires (agrégés), 241 professeurs libres, etc.

ALLEMAGNE — PRUSSE (SUITE)

INTÉRIEUR — PROVINCES — La Prusse est divisée en 12 PROVINCES gouvernées chacune par un *président supérieur* (Oberpräsident), qui représente l'organe du gouvernement et dont les attributions sont plutôt politiques qu'administratives. Chaque province est divisée en plusieurs *gouvernements* (Regierungs-Bezirk [voir la table]) qui sont administrés par un *comité de fonctionnaires* chargés chacun d'un service. Les gouvernements se divisent en *cercles*. Le *Landrath* (conseiller du pays), qui administre le cercle, est nommé par le roi sur une liste présentée par les États du cercle, se composant des propriétaires des biens nobles, des députés des villes et de ceux des campagnes. Les communes urbaines administrent les affaires de la ville par un *comité exécutif*, dit *magistrat*, composé d'un bourgmestre et de quelques conseillers, et par un *conseil urbain*; ces deux assemblées sont élues pour 6 ans et renouvelées par tiers tous les 2 ans. Les communes rurales consistent : 1° en villages; 2° en propriétés. Les villages sont administrés par le maire (*schulze*), les échevins (*schöppen*) et l'assemblée des propriétaires. Dans les propriétés qui forment à elles seules une commune, le propriétaire représente l'autorité locale.

FINANCES — DÉPENSES — RECETTES — DETTE

DÉPENSES	FR.	RECETTES	FR.
Frais généraux (dont p. les chemins de fer 145.487.920)	334.461.537	Ministère des Finances savoir : impôts directs 191.328.750, imp. indirects 58.267.875, Dom. et For. 96.637.177	479.020.269
Dot., dette publ., etc.	90.675.000	Ministère du Commerce, de l'Industrie et des Travaux publics (dont Chem. de fer 218.019.470)	340.265.717
Min. du Com., de l'Ind. et des Trav. publ.	24.888.395	Ministère d'État	651.162
Min. des Fin. (dont p. les apan. 435.137)	142.358.931	— de la Justice	60.145.759
— d'État	2.814.654	— de l'Intérieur	4.013.237
— de la Justice	86.820.000	— de l'Agriculture	5.209.600
— de l'Intérieur	46.012.560	— des Cultes et de l'Instruction publique	1.762.324
— de l'Agriculture	13.039.427	— des Affaires étrangères	5.625
— des Cultes et de l'Instr. publ. (dont p. l'Instr. publ. 48.031.567)	57.370.051	**Total**	**891.019.704**
— des Aff. étrangères	514.500	Dette (dont pour les chemins de fer 147.676.000)	1.357.441.516
Total	**799.044.875**		
Dép. extraord. (dont p. les Cultes et l'Inst. publ. 14.779.295, et pour les chemins de fer 12.188.920)	91.974.829		
Total général	**891.019.704**		

GUERRE — ARMÉE — L'ARMÉE prussienne forme le corps de la garde, les Ier, IIe, IIIe, une partie du IVe, les Ve, VIe, une partie du VIIe, le VIIIe, une partie des IXe, Xe et XVe corps d'armée impériale. *Sur pied de paix* : *Infanterie* 543 bat. 201,585 hommes; chasseurs 14 bat. 7,945 hommes; landwehr 227 bat. 5,689 hom. Total infanterie 213,017 h. *Cavalerie* 365 escad. 50,672 h. *Artillerie* 235 batt. et 90 comp. 35,665 h. *Pionniers* 64 comp. 7,984 h. *Train* 31 comp. 3,491 h. Total de l'armée active 310,829 h. *Sur pied de guerre* : *Infanterie*, troupes de camp. 558 bat. 568,212 h.; troupes de dépôt 115 bat. et 14 comp. de chasseurs 143,807 h.; troupes de garnison, landwehr 227 bat. 194.564 h., chasseurs 14 comp. 3,500 h. Total infanterie 710,083 h.; *Cavalerie*, troupes de camp. 292 escadr. 46,954 h.; troupes de dépôt 75 escadr. 18,854 h.; troupes de garn. 112 escadr. 17,864 h. Total cavalerie 83,652 h. *Artillerie* : artil. de camp. 254 bat. 1,404 can. 60,408 h.; artil. de dépôt 56 bat. 336 can. 10,525 h. Réserve 42 bat. 6,804 h. Total artillerie 112,291 h.; *Pionniers*, troupes de camp. 54 comp. 16,871 h.; troupes de dépôt 16 comp. 3,964 h.; troupes de garn. 36 comp. 7,200 h. Total pionniers 28,035. *Train*, troupes de camp. 235 colonnes 30,031 h.; troupes de dépôt 29 comp. 9,046 h. Total train 59,077 h. Total de l'armée sur pied de guerre 975,138 h.

MARINE — MARINE DE L'ÉTAT (voir page 12). MARINE MARCHANDE 5,282 nav. jaugeant 504,067 tonn., dont 134 vapeurs d'une force de 10,571 chev., jaugeant 50.400 tonn.

VILLES — (Voir la table.)

SUPERFICIE — 348,339 kil. carrés, dont terres arables et jardins, 175,169; prés et pâturages 64,507; forêts 81,016 et terrains non cultivés 27,647. (74 hab. par kil. carré.)

POPULAT. — 25,772,562 hab., dont (1867) : Allemands 24,075,000, Polonais 2,432,000, Danois 145,000, Wallons 10,400, Lithuaniens 146,800, etc. Selon les cultes (1871) : Protestants 15,991,824, catholiques 8,268,177, israélites 325,554, etc.

TABLE ADMINISTRATIVE DE LA PRUSSE

PROVINCES	kil. car.	population	hab. k.	dépt. gouv.	VILLES PRINCIPALES, HABITANTS PAR MILLE.
Prusse	62.458	3.200.484	51.2	4	Elbing 54, Königsberg 125, Graudenz 13, Memel 20.
Brandebourg	39.895	3.132.485	78.4	2	Berlin 1.018, Francfort 47, Potsdam 43, Spandau 27.
Poméranie (Pommern)	30.122	1.462.510	48.5	3	Köslin 13, Stettin 81, Stolpe 18, Stralsund 28, Greifswald 18.
Posnanie (Posen)	28.952	1.608.956	55.5	2	Lissa 11, Posen 61, Bromberg 51, Gnesen 11.
Silésie (Schlesien)	40.289	3.851.960	95.6	3	Breslau 259, Königshütte 26, Liegnitz 31, Neisse 20.
Saxe	25.241	2.171.858	86.0	3	Erfurt 48, Halle 61, Magdebourg 125, Halberstadt 28.
Schleswig-Holstein	18.695	1.074.812	57.4	1	Altona 84, Schleswig 13, Flensburg 27, Kiel 37.
Hanovre	38.478	2.018.868	52.4	6	Hanovre 107, Linden 21, Osnabruck 30, Hagen 24.
Westphalie (Westfalen)	20.199	1.907.195	94.5	3	Bielefeld 27, Dortmund 58, Munster 36.
Hesse-Nassau	13.893	1.469.902	92.4	2	Kassel 53, Wiesbaden 44.
Prusse-Rhénane (Rheinprovz)	26.975	3.807.120	141.1	5	Aachen (Aix-la-Chapelle) 80, Dusseldorf 81, Elberfeld 81, Essen 55, Köln (Cologne) 133, Krefeld 63.
Hohenzollern	1.142	66.614	58.3	1	Sigmaringen.

PRINCIPAUTÉ REUSS-GREIZ [Ligne aînée] (CAP. GREIZ)

CLIMAT — La température moyenne est de + 8° 00; moyenne de l'été + 16° 40; moyenne de l'hiver — 1° 21. PLUIE : La moyenne de pluie qui tombe annuellement est de 54 cent. 5.

GOUVERNEMENT — CHEF DE L'ÉTAT — CHEF DE L'ÉTAT : Henri XXII, prince, né en 1846, avènem. 1859 (Ida, princesse, née en 1852). Monarchie constitutionnelle et héréditaire. (Tous les princes, régnant ou non, de cette famille, portent le nom de Henri et ne se distinguent entre eux que par le numéro.) LE POUVOIR EXÉCUTIF appartient au prince. LE POUVOIR LÉGISLATIF est entre les mains du prince et des États, 12 députés, dont 2 de l'ordre équestre, 3 des villes, 4 des campagnes et 3 nommés par le prince. Les députés sont élus pour 6 ans.

CULTES — Tous les cultes sont libres, le protestantisme domine. INSTRUCTION PUBLIQUE : 1 lycée, 1 école industrielle et 1 école normale primaire.

FINANCES — DÉPENSES 679,492 fr. — Instr. et Cultes 9.700 fr. — RECETTES 679,192 fr. — DETTE 1,210 875 fr.

GUERRE — L'armée fait partie du IVe corps d'armée impériale (environ 400 hommes).

VILLES PRINC. — Greiz 12,637 habitants, Zeulenroda 6,900 habitants.

SUPERFICIE — 316 kilom. carrés (149 habitants par kil. carré). **POPULATION** — 46.985 habitants.

ALLEMAGNE. — REUSS-SCHLEIZ
PRINCIPAUTÉ (LIGNE CADETTE) (CAP. GERA)

CLIMAT	La température moyenne est de + 8°.97. — PLUIE — La moyenne de pluie qui tombe annuellement moyenne de l'été + 18°.24, de l'hiver − 1°.08. est de 55 cent. 7.
GOUVNEMENT / **CHEF DE L'ÉTAT** / **POUV. EXÉCUT.** / **POUV. LÉGISLAT**	CHEF DE L'ETAT, Henri XIV, prince, né en 1852, avénement 1867 (Louise-Agnès, princesse, née en 1835; Henri XXVII, prince héréditaire, né en 1858). Monarchie constitutionnelle et héréditaire. — LE POUVOIR EXÉCUTIF est représenté par le prince. — LE POUVOIR LÉGISLATIF appartient au prince et aux Etats composés de 16 députés dont les propriétaires du paragium Reuss-Kœstritz, 5 députés choisis parmi les personnes les plus imposées et 12 députés élus par voie d'élection à 2 degrés par les collèges électoraux. Ils sont nommés pour 5 ans.
CULTES	(Voir Reuss-Greiz.) — INSTRUCTION. 2 lycées, 2 collèges, 1 école de commerce, 1 école industrielle, 2 écoles primaires normales et 101 écoles primaires.
FINANCES	DÉPENSES. — 1.595.960 fr. — RECETTES 1.596.452 fr. — DETTE 1.777.697 fr.
GUERRE	L'armée fait partie du IV° corps d'armée impériale (environ 800 hommes).
CAPITALE	Gera 20.810 habitants.
SUPERFICIE	829 kilomètres carrés (111 habitants par kilomètre carré.) — POPULATION — 92.375 habitants

(ROYAUME) SAXE [Sachsen] (CAP. DRESDE)

CLIMAT	La température moyenne est de + 9°.20; — PLUIE — La moyenne de pluie qui tombe annuellement moyenne de l'été + 17°.96, de l'hiver + 0°.03. est de 55 cent.
GOUVNEMENT / **CHEF DE L'ÉTAT** / **POUV. EXÉCUT.** / **POUV. LÉGISLAT** / **MINISTÈRES**	CHEF DE L'ETAT, Albert, roi, né en 1828, avénement en 1873 (Caroline, reine, née en 1853). La Saxe est une monarchie constitutionnelle héréditaire. — LE POUVOIR EXÉCUTIF est exercé par le roi assisté de ministres responsables. — LE POUVOIR LÉGISLATIF est entre les mains du roi et de la Diète, composée des représentants des divers ordres, et formant deux chambres. *La première* comprend les princes de la famille royale, 5 seigneurs médiatisés, les dignitaires ecclésiastiques, les grands propriétaires (12) de biens équestres élus à vie par leur *ordre*, les bourgmestres des huit principales villes. *La seconde* comprend 80 députés, dont 35 élus par les villes, et 45 pour les communes rurales. Ces députés sont élus pour 9 ans. — 6 MINISTRES. *Les ministres de la justice, des finances, de l'int., des cultes et de l'inst. publique, des affaires étrangères et de la guerre.*
JUSTICE	La justice civile compte comme première instance, soit 121 *bailliages*, soit pour les affaires plus importantes 16 *tribunaux*; au-dessus des tribunaux figurent 4 *cours d'appel*, une dans chaque cercle, enfin la *cour d'appel supérieure* (3° instance) siège à Dresde. Leipzig est le siège de la *cour suprême de commerce* pour toute l'Allemagne.
CULTES	Tous les cultes sont libres, les protestants sont les plus nombreux; le culte protestant est divisé en 57 *circonscriptions de superintendants*, qui sont subordonnées au *consistoire évangélique*.
INSTRUCT. PUBLIQUE	L'instruction est obligatoire, il y a 2.267 écoles primaires avec 438.000 élèves, 70 écoles du dimanche, 8 *écoles normales primaires* pour instituteurs, et 1 pour institutrices, 11 *gymnases* (lycées), 1 *université* à Leipzig, 7 *Realschulen* (écoles des sciences exactes), 2 *écoles polytechniques* et beaucoup d'écoles spéciales. Il est peu de pays aussi riches en institutions d'enseignement élémentaire et supérieur, en musées, collections et autres moyens d'instruction.
INTÉRIEUR / **CERCLES**	Le pays se divise en 4 CERCLES (départements) qui ont chacun à leur tête un DIRECTOIRE chargé des affaires administratives et de celles du culte et de l'instruction. Les cercles sont divisés en *grands bailliages* (Amtshauptmannschaft) au nombre de 15. 48 villes ont des *conseils urbains* (municipaux) et à la campagne les 121 bailliages ont chacun un *juge de paix*.

FINANCES	DÉPENSES	FR.	RECETTES	FR.
DÉPENSES / **RECETTES** / **DETTES**	Liste civ. et apan.	4.095.840	Impôts (Impôts directs 25.554.425 fr.)	28.875.112
	Culte et instr. publ.	8.201.160	Droits rég. (dont ch. de fer est 31.645.000).	33.306.987
	Minist. Dette publ., etc.	65.744.271	Domaines et autres revenus.	15.931.651
	Total	78.059.271	Total	78.113.750
	DETTE (dont pour les chemins de fer 508.742.912) 711.640.784 fr.			

GUERRE / **ARMÉE**	L'armée saxonne forme le XII° corps d'armée impériale *(sur pied de paix)*. *Infanterie :* 27 bat. 15.129 hom.; chasseurs : 2 bat. 1.090 h. Landwehr : 17 bat. Total inf. : 16.463 : *Cavalerie* : 30 escadr. 4.192 h.; *Artil*. 18 bat. : 1.824 h. : 8 comp. : 993 h. *Total :* Artil. 2.819 h. : *Pionniers* : 4 comp. 499 h. *Train :* 2 comp. 225 h. *Total de l'armée sur pied de paix* : 24.200 h. *(Sur pied de guerre) : Inf. :* 55.385 h.; *Cav. :* 6.682 h. : *Art. :* 9.187 h. : *Pionniers* 1.508 h. *Train* : 2.723 h. *Total de l'armée sur pied de guerre :* 76.481 h.
VILLES PRINCIP.	(Voir la table.)
SUPERFICIE	14.993 kilomètres carrés, dont en terres arables 7.500; en jardins 454, en prés 1.756, en forêts 4.800, et en terres incultes 502 kilomètres carrés (184 hab. par kilomètre carré).
POPULATION	2.760.542 habitants. Selon les cultes (1871) : 2.495.422 protestants, 54.196 catholiques; 3.558 israélites et 5.268 d'autres cultes.

TABLE ADMINISTRATIVE

DISTRICTS	KIL. CAR.	POPULATION	HAB. PAR KIL.	VILLES PRINC. HAB. PAR MILLE.
Bautzen	2.470	359.205	145.4	Bautzen 17, Zittau 20.
Dresde	4.537	749.505	175.0	Dresde 197, Freiberg 25, Meissen 15.
Leipzig	5.367	659.731	179.5	Leipzig 209, Dobeln 11.
Zwickau	4.619	1.031.905	223.4	Chemnitz 85, Plauen 29, Zwickau 51.

(DUCHÉ) SAXE-ALTENBOURG (CAP. ALTENBOURG)

CLIMAT	La température moyenne est de + 9°; moyenne — PLUIE — La moyenne de pluie qui tombe annuellement est de 57 cent. de l'été de + 18°.25, de l'hiver − 1°.0°.
GOUVNEMENT / **CHEF DE L'ÉTAT** / **POUV. EXÉCUT.** / **POUV. LÉGISL.** / **MINISTÈRES**	CHEF DE L'ETAT, Ernest, duc, né en 1826, avénement 1853 (Agnès, duchesse, née en 1824). Le duché de Saxe-Altenbourg est une monarchie constitutionnelle et héréditaire. — LE POUVOIR EXÉCUTIF est représenté par le duc qui est assisté d'un ministère responsable. — LE POUVOIR LÉGISLATIF est confié au duc et à la Diète composée de 30 députés, dont 9 représentent les villes, 12 les habitants des campagnes, 9 les personnes les plus imposées. Les représentants des citoyens les plus imposés sont élus par voie du suffrage direct, les autres députés sont nommés par l'élection à 2 degrés. Tout citoyen majeur, jouissant de ses droits civils et politiques est électeur. Pour être éligible, il faut avoir ou avoir eu un revenu dépassé 50 ans. Les députés sont élus pour 3 ans. — 5 MINISTRES. *Les ministres de la maison du duc, des affaires intérieures et étrangères, des affaires de Zollverein, des cultes et de la guerre, des finances, de la justice.*
JUSTICE	La *cour suprême d'appel* siège à Iéna (voir Saxe-Weimar-Eisenach). Le duché a une *cour d'appel* à Altenbourg.

ALLEMAGNE — SAXE-ALTENBOURG (SUITE)

CULTES / INSTR. PUBL.	Presque tous les habitants appartiennent au culte évangélique ou luthérien. Tous les cultes sont libres. INSTRUCTION. Il y a 112 écoles primaires, 1 école primaire normale, 1 gymnase, 1 lycée, plusieurs écoles d'arts et métiers et 1 pépinière centrale.
FINANCES	DÉPENSES (liste civile, 529.100 fr.) : 2.842.953 fr. — RECETTES : 2.842.953 fr. — DETTE : 2.567.420 fr.
GUERRE	L'ARMÉE fait partie du IVe corps d'armée impériale (env. 1.500 h.).
VILLES PRINCIP.	Altenbourg, 22.265 hab., Rounebourg, 6.224 hab., Eisenberg, 5.509 hab.
SUPERFICIE	1.321 kil. carrés dont 744 kil. carrés en terre arable, 107 en prés et 598 en forêts (110 hab. par kil. carré).
POPULATION	145.844 hab. Selon les cultes (1871) : 144.901 protestants, 193 catholiques, 10 israélites et 18 d'autres cultes.

(DUCHÉ) SAXE-COBOURG-GOTHA (CAP. GOTHA ET COBOURG)

CLIMAT	La température moyenne est de + 7°.76 ; moyenne de l'été, + 16°.65 ; de l'hiver, — 1°.49. PLUIE. La moyenne de pluie qui tombe annuellement est de 61 cent.
GOUVERNEMENT / CHEF DE L'ÉTAT / POUV. EXÉCUT. / POUV. LÉGISL.	CHEF DE L'ÉTAT. ERNEST II, duc, né en 1818, avên. 1844 (ALEXANDRINE, duchesse, née en 1820). Le duché est composé de deux territoires séparés (Cobourg et Gotha) et forme une monarchie constitutionnelle et héréditaire. LE POUVOIR EXÉCUTIF s'exerce par le duc, qui est assisté d'un ministère responsable. LE POUVOIR LÉGISLATIF est entre les mains du duc et de la diète. La diète particulière de Cobourg se compose de 11 membres et celle de Gotha de 19 membres. Pour des affaires communes, ces 30 membres forment une diète commune. Tout citoyen âgé de 25 ans, d'une réputation intacte et payant un impôt direct, est électeur. Les électeurs âgés de 30 ans sont éligibles. Les députés sont élus pour 4 ans. La diète commune se réunit alternativement à Cobourg et à Gotha. MINISTÈRES : Ministre d'État en chef et président de la section de Gotha. Président de la section de Cobourg, département de la maison et de la cour du duc, et 3 conseillers d'État.
JUSTICE	La Cour suprême d'appel d'Iéna forme la troisième instance ; la Cour d'appel de Gotha, la deuxième instance. La première est représentée par 2 tribunaux d'arrondissement et par les 17 sous-tribunaux, justices de paix (justizämter).
CULTES / INSTR. PUBL.	Le culte protestant compte 2 superintendants généraux avec 20 éphories dirigées chacune par un superintendant. Les cultes sont libres. Les protestants sont les plus nombreux. INSTRUCTION. Chaque commune possède au moins 1 école primaire. Il y a 2 écoles normales primaires, 1 Realschule, 1 collège, 2 gymnases et 8 écoles industrielles. Pour l'instruction supérieure, on contribue à l'entretien de l'université d'Iéna.
INTÉRIEUR	Le pays est partagé administrativement en 4 préfectures, 7 comités urbains et 5 districts.
FINANCES / DÉPENSES / RECETTES	COBOURG. — DÉPENSES : 1.458.720 fr. — RECETTES : 1.654.457 fr. — DETTE : 4.687.500 fr. GOTHA. — DÉPENSES : 4.617.394 fr. — RECETTES : 5.069.276 fr. — DETTE : 8.711.519 fr.
GUERRE	L'ARMÉE fait partie du XIe corps d'armée impériale (env. 2.000 h.).
VILLES PRINCIP.	Gotha, 22.928 hab.; Cobourg, 14.567 hab.; Ohrdurf, 5.579 hab.; Waltershausen, 4.457 hab.
SUPERFICIE	1.968 kilomètres carrés dont le territoire de Cobourg 562 et celui de Gotha 1.406 (92 hab. par kil. carré).
POPULATION	182.599 hab. savoir : dans Cobourg, 54.517, et dans Gotha, 128.092. Selon les cultes (1871), 172.786 protestants, 1.265 catholiques, 19 israélites et 27 autres cultes.

(DUCHÉ) SAXE-MEININGEN (CAP. MEININGEN)

CLIMAT	La température moyenne est de + 8°.11, moyenne de l'été + 17°.55, de l'hiver — 1°.71. PLUIE. La moyenne de pluie qui tombe annuellement est de 62 cent.
GOUVERNEMENT / CHEF DE L'ÉTAT / POUV. EXÉCUT. / POUV. LÉGISL.	CHEF DE L'ÉTAT. GEORGES II, duc, né en 1826, avên. 1866 (BERNARD, prince héréd., né en 1851). Monarchie constitutionnelle et héréditaire. LE POUVOIR EXÉCUTIF s'exerce par le duc qui est assisté d'un ministère. LE POUVOIR LÉGISLATIF est partagé entre le duc et la DIÈTE qui se compose de 24 membres ; 4 sont élus par les principaux propriétaires ; 4 par les plus imposés, 16 par les autres habitants. Les représentants des propriétaires sont élus directement, les autres à deux degrés ; tous pour 6 ans. Pour être éligible il faut être âgé de 30 ans et appartenir à l'un des cultes chrétiens. 5 MINISTÈRES : les ministères de la maison du duc et des affaires étrangères, des finances, de la justice, des cultes et de l'instruction publique, de l'intérieur.
JUSTICE	La Cour suprême d'appel d'Iéna forme la dernière instance, le tribunal d'appel est à Hildbourghausen.
CULTES	Tous les cultes sont libres. Le culte protestant est le culte dominant.
INSTRUCT. PUBLIQUE	286 écoles primaires chrétiennes et 8 écoles primaires israélites, 2 lycées, 2 collèges. Le pays contribue à l'entretien de l'université d'Iéna.
INTÉRIEUR	Le pays est divisé en 11 DISTRICTS et 380 communes.
FINANCES	DÉPENSES : 4.742.050 fr. (liste civile 192.857) RECETTES : 5.279.550 fr. DETTE : 15.658.057 fr. (dont ch. de fer 9.055.250).
GUERRE	L'ARMÉE fait partie du XIe corps d'armée impériale (env. 2.100 h.).
VILLES PRINCIP.	Meiningen, 8.521 hab.; Saalfeld, 7.428 hab.; Sonneberg, 7.522 hab.; Hildbourghausen, 5.162 hab.
SUPERFICIE	2.468 kil. carrés dont 954 en forêts (79 hab. par kil. carré).
POPULATION	194.494 hab. Selon les cultes (1871). Protestants, 181.964 ; catholiques, 1.565 ; israélites, 1.625 ; autres cultes, 195.

(GRAND-DUCHÉ) SAXE-WEIMAR-EISENACH (CAP. WEIMAR)

CLIMAT	La température moyenne est de + 8°.75 ; moyenne de l'été + 17°.85 ; de l'hiver — 1°.41. PLUIE. La moyenne de pluie qui tombe annuellement est de 57 cent.
GOUVERNEMENT / CHEF DE L'ÉTAT / POUV. EXÉCUT. / POUV. LÉGISL.	CHEF DE L'ÉTAT. CHARLES-ALEXANDRE, grand duc, né en 1818, avên. 1853. (Sophie, grande-duchesse, née en 1824) ; CHARLES-AUGUSTE, grand-duc héréditaire, né en 1844. Monarchie constitutionnelle héréditaire. LE POUVOIR EXÉCUTIF est entre les mains du grand-duc qui est assisté d'un ministère responsable. LE POUVOIR LÉGISLATIF s'exerce par le grand-duc et par la diète qui se compose de 31 membres, dont 1 est élu par l'ordre équestre, 4 par les grands propriétaires, 5 par les personnes les plus imposées et 21 élus par les suffrages de l'ensemble des citoyens. L'élection est à deux degrés. Les électeurs primaires doivent avoir 21 ans, les élec-

ALLEMAGNE — SAXE-WEIMAR-EISENACH (SUITE)

GOUVNEMENT (suite)	teurs secondaires 25 ans, et tous jouir du droit de bourgeoisie. Les députés sont nommés pour 5 ans. 5 MINISTÈRES. Finances; maison du Grand-Duc, cultes et justice ; intérieur et extérieur.
JUSTICE	La justice est rendue par 5 tribunaux et par une *Cour d'appel* à Eisenach, commune pour les duchés de Saxe-Cobourg-Gotha et les principautés de Schwartzbourg et de Reuss; et en 3ᵉ instance par le *trib. suprême d'Iéna*, en commun avec les 3 duchés de Saxe, d'Anhalt, et avec les principautés de Reuss et de Schwarzbourg (les États de la Thuringe).
CULTES	Le culte protestant domine. Tous les cultes sont libres.
INSTR. PUBL.	Chaque commune a une *école primaire* (environ 443, dont 439 écoles prim. protest.). 2 *écoles primaires normales*, 3 *lycées*, 1 *Realschule* à Eisenach, et enfin l'*Université d'Iéna*, commune pour les duchés de Saxe.
INTERIEUR DISTRICTS	Le pays est divisé en 5 DISTRICTS (départements) administrés chacun par un directeur (préfet) secondé par un conseil général élu par les communes.
FINANCES	DÉPENSES (liste civile 1.125.000 fr.) 8.422.109 fr. — RECETTES 8.458.506 fr. — DETTE 10.424.620 fr.
GUERRE	L'armée fait partie du XIᵉ corps d'armée impériale (env. 5.700 h.).
VILLES PRINC.	Weimar 17.522, Eisenach 16.165, Apolda 12.427, Iéna 9.020, Weida 5.404.
SUPERFICIE	3656 kilom. carrés, dont en forêts 909 kilom. (80 hab. par kilom. carré).
POPULATION	292.953 hab. Selon les cultes (1871). Protest. 275.492 ; cath. 9457 ; israélites 1120 ; autres cultes 114.

(PRINCIPAUTÉ) SCHAUMBOURG-LIPPE (CAP. BUCKEBOURG)

CLIMAT	La temp. moy. est de + 9°,01 ; moy. de l'été + 17°,06, de l'hiver + 0°,48. — PLUIE. La moy. de pluie qui tombe annuellement est de 57 centim.
GOUVNEMENT CHEF DE L'ÉTAT POUV. EXÉCUT. POUV. LÉGISL.	CHEF DE L'ÉTAT. Adolphe-Georges, prince, né en 1817, avén. 1860 (Hermine, princesse, née en 1827; Georges, prince héréd., né en 1846). Monarchie constitutionnelle et héréditaire. LE POUVOIR EXÉCUTIF s'exerce par le prince, LE POUVOIR LÉGISLATIF par la diète composée de 15 membres, dont 1 dép. des chevaliers, 5 des villes, 7 des paysans, 1 du clergé, 1 de la classe lettrée et de 2 nommés par le prince. COLLÈGE SUPÉRIEUR (ministère), gouvernement, Chambre des domaines, chancellerie de justice, Consistoire.
JUSTICE	Cour suprême d'appel. (Voir Cour supér. de Brunswick.)
INSTR. PUBL.	Culte protestant dominant, tous les cultes libres. INSTRUCTION : 1 lycée, 4 écoles primaires supérieures, 2 écoles supérieures de filles, 58 écoles primaires et 1 école primaire normale.
FINANCES	DÉPENSES, 880.652 fr. RECETTES, 880.652 fr. DETTE, 450.000 fr.
GUERRE	L'armée fait partie du VIIᵉ corps d'armée impériale (environ 600 hommes).
CAPITALE	Buckebourg, 4832 hab.
SUPERFICIE	445 kilom. carrés, dont forêts 87 kilom. carrés (74 hab. par kilom. carré).
POPULATION	35.135 hab. Selon les cultes (1871) : Protest., 51.216 ; cathol., 586 ; israél., 551 ; autres cultes, 25.

(PRINCIPAUTÉ) SCHWARZBOURG-RUDOLSTADT (CAP. RUDOLSTADT)

CLIMAT	La temp. moy. est de + 8°,75 ; moy. de l'été + 17°,85, de l'hiver — 1°,41. — PLUIE. La moy. de pluie qui tombe annuellement est de 57 centim.
GOUVERNEM. CHEF DE L'ÉTAT POUV. EXÉCUT. POUV. LÉGISL.	CHEF DE L'ÉTAT. Georges-Albert, prince né en 1838, avén. 1869. Monarchie constitutionnelle et héréditaire. LE POUVOIR EXÉCUTIF s'exerce par le prince assisté d'un ministre responsable. LE POUVOIR LÉGISLATIF est entre les mains de la DIÈTE composée de 16 membres, dont 4 élus par les personnes les plus imposées et 12 par le suffrage universel. La durée du mandat est de 6 ans. 5 MINISTÈRES.
JUSTICE	Cour suprême d'appel à Iéna et 1 Cour d'appel à Eisenach. (V. Saxe-Weimar.)
CULTES INSTR. PUBL.	Le culte protestant domine, tous les cultes sont libres. INSTRUCTION : 1 gymnase, 1 Realschule, 1 école supérieure de filles, 2 écoles primaires normales et des écoles élémentaires dans toutes les communes. L'instruction primaire est obligatoire.
FINANCES	DÉPENSES (liste civile et apanages 531.235 fr.) 2.221.415. RECETTES 2.242.595 fr. DETTES 5.621.250 fr.
GUERRE	L'armée fait partie du IVᵉ corps d'armée impériale (environ 1000 hommes).
VILLES PRINC.	Rudolstadt 7.658, Frankenhausen 5.500.
SUPERFICIE	942 kilom. carr., dont 585 kilom. carr. en forêts (81 hab. par kilom. carré).
POPULATION	76.676 hab. ; selon les cultes (1871) Protest., 75.291 ; cathol., 196 ; israélites, 119.

(PRINCIPAUTÉ) SCHWARZBOURG-SONDERSHAUSEN (CAPITALE SONDERSHAUSEN)

CLIMAT	La temp. moyenne est de + 8°,41 ; moyenne de l'été + 17°, de l'hiver — 0°,58. — PLUIE. La moyenne de pluie qui tombe annuellement est de 55 cent.
GOUVERNEM. CHEF DE L'ÉTAT POUV. EXÉCUT. POUV. LÉGISL.	CHEF DE L'ÉTAT : Gonthier-Frédéric-Charles II, prince, né en 1801, avén. 1835 (Charles, prince héréditaire, né en 1830). Monarchie constitutionnelle et héréditaire. LE POUVOIR EXÉCUTIF s'exerce par le prince, le POUVOIR LÉGISLATIF par la diète, composée de 15 membres, dont 5 sont nommés par le Prince, 5 sont élus par les plus imposés et 5 par des élections générales. 5 Ministères.
JUSTICE	(Voir Saxe-Weimar.) Il y a en outre 2 trib. de cercles (Sondershausen, Arnstadt).
CULTES INSTR. PUBL.	Presque tous les habitants sont protestants. Tous les cultes sont libres. INSTRUCTION : 118 écoles élémentaires, 1 école normale primaire, des écoles primaires sup., 1 école sup. de filles, 2 Realschulen et 2 gymnases.
INTERIEUR	Le pays est divisé en 4 DISTRICTS : Sondershausen, Ebeleben, Arnstadt et Gehren.
FINANCES	DÉPENSES, 2.689.182 fr. (Liste civile, 581.700 fr., rente des domaines). RECETTES, 2.705.927 fr. DETTE, 4.505.410 fr.
GUERRE	L'armée fait partie du IVᵉ corps d'armée impériale (environ 850 hommes).
VILLES PRINC.	Sondershausen, 5.725 hab. ; Arnstadt, 9.245 hab. ; Greussen, 5.154 hab.

ALLEMAGNE — SCHWARZBOURG-SONDERSHAUSEN (SUITE)

SUPERFICIE	862 kil. carrés, dont 252 kil. carrés en forêts (78 hab. par kil. carré).
POPULATION	67,480 hab. Selon les cultes (1871). Protest. 66.824 ; cath. 176 ; israél. 186.

(PRINCIPAUTÉ) WALDECK (CAP. AROLSEN)

CLIMAT	La temp. moyenne est de +8°,69 ; moy. de l'été +16°,27, de l'hiver —0°,13. PLUIE. La moyenne de pluie qui tombe annuellement est de 58 cent.
GOUVMENT CHEF DE L'ÉTAT POUV' EXÉCUTIF POUV' LÉGISL.	CHEF DE L'ÉTAT : Georges V, prince né en 1831, avén. 1845, majeur 1852 (Hélène, princesse née en 1831 ; Frédéric, prince héréd., né en 1865). Monarchie constitutionnelle et héréditaire. En vertu d'une convention conclue en 1867, par le prince avec la Prusse, et approuvée par les États, la principauté de Waldeck-Pyrmont est administrée par la Prusse depuis 1868. La DIÈTE se compose de 15 députés élus par le suffrage universel à deux degrés.
JUSTICE	La cour sup.: *Le tribunal de Berlin, la cour d'appel de Cassel.*
CULTES **INST. PUBLIQUE**	Tous les cultes sont libres, presque tous les habitants sont protestants. INSTRUCTION. 127 *écoles primaires*, 1 collège et 4 lycées.
INTÉRIEUR	Le pays est divisé en 4 CERCLES : Twiste, Eisenbourg, Eder et Pyrmont.
FINANCES	DÉPENSES : 1.247.520 fr. (inst. et cultes, 105.715). — RECETTES : 1.247.520 fr. — DETTE : 2.514.300 fr.
GUERRE	L'armée fait partie du XI⁰ corps d'armée impériale (env. 870 hommes).
VILLES PRINC.	Arolsen 2,460 hab., Pyrmont 4,367, Korbach 2,411 hab.
SUPERFICIE	1.155 kil. carrés, dont 441 kil. carrés en forêts (48 hab. par kil. carré).
POPULATION	54.711 hab. selon les cultes (1871). Protest. 52.512, cath. 1.505, israél. 854, et autres cultes 30.

(ROYAUME) WURTEMBERG (CAP. STUTTGART)

CLIMAT	La tempér. moy. est de +10°,19 ; moy. de l'été +18°,89, de l'hiver +0°,71. PLUIE. La moyenne de pluie qui tombe annuellement est de 62 cent.
GOUVERNEMENT CHEF DE L'ÉTAT POUV' EXÉCUTIF POUV' LÉGISL.	CHEF DE L'ÉTAT, Charles I, roi, né en 1823, avén. 1864 (Olga, reine, née en 1822). Le Wurtemberg est une monarchie constitutionnelle et héréditaire pour les deux sexes. LE POUVOIR EXÉCUTIF est entre les mains du roi, assisté d'un ministère responsable. LE POUVOIR LÉGISLATIF s'exerce par le roi et les *États* qui se divisent en deux chambres. *La première (chambre des seigneurs)* se compose des princes du sang, des princes médiatisés, des représentants des territoires ou propriétés dont le possesseur jouissait du droit de vote sous le régime de l'empire germanique, enfin des personnes auxquelles le roi confère la pairie viagère ou héréditaire. Le nombre des pairs nommés par le roi ne peut dépasser le tiers de l'ensemble des membres. *La deuxième chambre (chambre des députés)*, comprend 93 membres, comptant 13 représentants de l'ordre équestre, élus par cet ordre parmi ses membres, les 6 superintendants généraux protestants, l'évêque et 3 prêtres catholiques, le chancelier de l'université de Tubingen, 1 député de chacune des 7 principales villes du royaume et 63 députés des bailliages ou circonscriptions. Les députés élus sont nommés pour 6 ans, ils doivent être âgés de 30 ans, mais il n'y a pas de condition de cens. Tous les citoyens majeurs qui payent une contribution directe sont électeurs primaires ; chaque commune choisit parmi ses habitants, inscrits sur les listes électorales, des électeurs secondaires dans la proportion de 1 électeur secondaire sur 7 citoyens, mais de façon que les deux tiers des électeurs secondaires soient pris parmi les contribuables les plus imposés et un tiers parmi les autres. L'administration du pays est confiée à un *conseil privé* (15 membres, dont les 6 ministres actuels). 6 MINISTÈRES : *les ministères de la Justice, des Affaires étrangères et de la Maison du roi, de l'Intérieur, des Affaires ecclésiastiques et scolaires, des Finances et de la Guerre.*
JUSTICE	La justice est divisée en 3 instances : 1ʳᵉ instance, les bailliages ; 2ᵉ instance, les 4 *trib. d'appel*, (un dans chaque cercle (voir la table) ; 3ᵉ instance, le *tribunal supérieur.*
CULTES	Le roi est l'évêque supérieur. Le culte protestant est administré par le consistoire de Stuttgart qui se constitue en synode par l'adjonction de 6 superintendants généraux. Les catholiques ont un évêque à Rottembourg. Les israélites forment 12 circonscriptions rabbiniques.
INSTRUCT. PUBLIQUE	L'instruction primaire est obligatoire pour les enfants de 6 à 14 ans. Chaque localité ayant 30 familles doit avoir une *école primaire* ; l'État vient en aide aux localités pauvres. 5 *écoles normales primaires*, dont 1 catholique. L'instruction secondaire compte 6 *grands gymnases*, 4 *lycées* (petits gymnases), 8 *Realschulen supérieures*, 55 *Realschulen inférieures*. Pour l'instruction supérieure il y a une *université* à Tubingen qui compte 6 facultés. Il existe en outre un grand nombre d'écoles spéciales.
INTÉRIEUR CERCLES	Le pays est administrativement partagé en 4 GOUVERNEMENTS DE CERCLES subordonnés au conseil privé. Au-dessous de ces gouvernements fonctionnent 65 *grands baillis (Oberamtmann)* ; la ville de Stuttgart a une administration séparée. On compte 1,915 *communes* administrées chacune par un *maire* assisté d'un *conseil municipal* et d'une *députation de la bourgeoisie.*
FINANCES DÉPENSES DETTE RECETTES TÉLÉGRAPHES POSTES	DÉPENSES FR. Liste civile et apanages........ 2.048.622 Cultes et instruction publique.. 7.584.182 Ministères, Dette publique, etc.. 37.373.615 Total....... 47.006.419 DETTE (dont p. les Ch. de fer 361.000.000)............ 424.537.465 RECETTES FR. Impôts directs........ 11.300.357 — indirects........ 9.749.579 Divers............ 3.153.136 Biens de l'État (dont Ch. de fer 12.512.300, Postes 505.527, Télégraphes 2.500)..... 22.601.347 Total...... 47.006.419 POSTES : Bureaux 499. Lettres 66.747.168. TÉLÉGRAPHES : Bureaux 317. Lignes 2.548 kil.
GUERRE ARMÉE	L'armée wurtembergeoise forme le XIII⁰ corps d'armée (26ᵉ et 27ᵉ divisions) dans l'armée impériale. *Sur pied de paix : Infant.* 24 bat., 12,257 hom. ; landw., 17 bat. *Total inf.*, 12,547 hom. *Caval.*, 20 escad., 2,712 h. ; *Artill.*, 14 bat., 4,588 hom. ; 4 comp., 422 hom. *Total artill.* : 1,810 hom. ; Pionniers, 4 comp., 458 hom. ; Train 2 comp., 210 hom. *Total de l'armée sur pied de paix* : 17,737 hom. ; *sur pied de guerre : Infant.*, 48,088 hom. ; *Caval.*, 4,880 h. ; *Art.*, 6,711 h. ; *Pionn.*, 1,508 h. ; *Train.* 2,725 h. *Tot. de l'armée sur pied de guerre* : 63,910 h.
VILLES PRINC. HAB. PAR MILLE	Stuttgart 107, Ulm 50, Heilbronn 24, Esslingen 20, Reutlingen 15, Canstatt 15, Ludwigsburg 15, Gmund 13. Tubingen 10, Ravensburg 10.
SUPERFICIE	19,504 kil. carrés, dont en terre arable 8.279 k. c., en prés et pâturages 3,618 k. c., en jardins et vignes 644 k. c., et en forêts 3.604 k. c. (env. 9 hab. par kil. carré).
POPULATION	1,881,505 habit. Selon les cultes (1871) ; 1,248,860 protest., 555,542 cathol., 25,575 israél. ; 5,858 d'autres cultes.

TABLE ADMINISTRATIVE

Cercles	k. c.	popul.	hab.kil.	trib. d'ap.
Neckar....	3327	587.853	182.1	Esslingen
Forêt-Noire	5159	454.937	88.5	Tubingen
Jaxt.....	4775	390.705	81.8	Ellwangen
Danube...	6263	448.031	71.5	Ulm

ALLEMAGNE (SUITE)

(VILLE LIBRE) LUBECK (HANSÉATIQUE)

CLIMAT	La température moyenne est de + 8°. Moyenne de l'été + 16°; de l'hiver + 0°. ‖ PLUIE : La moyenne de pluie qui tombe annuellement est de 72 centimètres
GOUVNEMENT POUV. EXÉCUT. POUV. LÉGISLAT	Le POUVOIR EXÉCUTIF est exercé par le Sénat composé de 14 membres élus par les citoyens et qui doit compter au moins 6 légistes et 5 négociants. Le POUVOIR LÉGISLATIF est entre les mains du Sénat et de la Bourgeoisie, qui se compose de 120 membres élus par les citoyens; tous les électeurs sont éligibles. Elle se réunit six fois par an; un comité de 30 membres élus dans son sein, pour 2 ans, s'assemble tous les 15 jours pour préparer la discussion et décider des affaires d'administration. Parmi les sénateurs, 12 sont à la tête des départements de l'administration.
JUSTICE	La Cour suprême d'appel pour les 3 villes libres se compose d'un président nommé en commun par le Sénat des 3 villes et par 6 conseillers, nommés : 3 par Hambourg, 2 par Brême et 1 par Lubeck. 1 chambre de commerce. Pour Lubeck, en particulier, on a une Cour suprême pour les causes civiles et criminelles.
CULTES	Tous les cultes sont libres, la plus grande partie des habitants sont protestants (luthériens).
INTÉRIEUR	Lubeck se compose de la ville et des faubourgs, des districts de la campagne et d'une partie de Bergedorf.
FINANCES	DÉPENSES 3.298.322. — RECETTES 3.298.322 — DETTE 30.175.586.
GUERRE	L'ARMÉE fait partie du IX° corps de l'armée impériale (environ 700 hommes).
MARINE MARCH.	42 navires, jaugeant 8.909 tonnes, dont 22 vapeurs, avec 1.200 chevaux, jaugeant 5.202 tonnes.
SUPERFICIE	283 kilom. carrés (201 habit. par kilom. carré). ‖ POPULATION : (1875) 56.912 dont la ville 44.799 habit.

RÉPARTITION ÉGALE DES IMPOTS ET DE LA DETTE
SUR CHAQUE HABITANT

PAYS	TOTAL des IMPOSITIONS	IMPOSITIONS DIRECTES	IMPOSITIONS INDIRECTES	0/0 DES IMPOTS DIRECTS	0/0 DES IMPOTS INDIRECTS	DETTE
	Francs	Francs	Francs	Pour 100	Pour 100	Francs
FRANCE	62.» »	16.28	45.72	26	74	612.5
GRANDE-BRETAGNE	50.73	5.01	45.72	10	90	599.7
ÉTATS-UNIS	44.10	2.45	41.65	6	94	535.5
PAYS-BAS	43.66	13.51	30.15	31	69	535.0
AUTRICHE	35.77	10.78	24.99	30	70	276.5
ITALIE	32.43	14.30	18.13	44	56	372.4
BELGIQUE	26.05	7.95	18.10	30	70	143.0
BRÉSIL	25.57	1.96	23.61	8	92	168.5
DANEMARK	25.99	5.69	18.30	23	77	176.4
PORTUGAL	23.22	6.95	16.27	29	71	608.5
TURQUIE	21.87	4.27	17.60	24	76	254.4
BADE	21.65	7.35	14.50	33	67	254.8
WURTEMBERG	20.77	8.03	12.74	39	61	245.6
SUÈDE	19.60	5.02	14.58	26	74	42.0
HONGRIE	18.81	6.07	12.74	33	67	146.0
PRUSSE	18.70	7.50	11.20	40	60	64.8
RUSSIE	17.93	4.45	13.48	25	75	106.8
BAVIÈRE	17.75	4.50	13.25	26	74	160.7
NORVÈGE	16.87	—	16.87	—	100	24.5
ESPAGNE	16.10	9.29	6.81	58	42	71.5
GRÈCE	15.97	7.35	8.62	47	55	144.0
SUISSE	15.40	4.90	10.50	39	61	65.7
SAXE	15.09	4.50	10.59	30	70	166.6
SERBIE	8.56	6.26	2.30	73	27	—

QUANTITÉ DE TABAC CONSOMMÉ PAR 100 HABITANTS POUR CHAQUE PAYS DE L'EUROPE

SUÈDE	34 kilog.	DANEMARK	100 kilog.
ESPAGNE	49 —	NORVÈGE	102 —
ITALIE	57 —	AUTRICHE	125 —
ANGLETERRE	62 —	ALLEMAGNE	150 —
FRANCE	81 —	PAYS-BAS	200 —
RUSSIE	83 —	BELGIQUE	230 —
HONGRIE	94 —		

AUTRICHE-HONGRIE

(EMPIRE) AUTRICHE [Osterreich] (CAP. VIENNE [WIEN])

| SITUATION ASTRONOMIQUE | 42° 10' — 51° 05' lat. N. / 47° 15' — 21° 10' long. E. | CLIMAT | La température moyenne à Vienne est de + 10°, et à Prague + 9°,40. |

GOUVERNEMENT
CHEF DE L'ÉTAT
POUVOIR EXÉC.
POUVOIR LÉGIS.

CHEF DE L'ETAT, François-Joseph Ier, empereur d'Autriche, roi de Hongrie, né en 1830 (maison de Habsbourg-Lorraine), avènement 1848 (Elisabeth, impératrice-reine, née en 1837; Rodolphe, prince impérial héritier, né en 1858). L'Empire austro-hongrois est une monarchie constitutionnelle et héréditaire. La succession a lieu par ordre de primogéniture et en donnant la préférence aux mâles. L'Autriche et la Hongrie ont pleine et entière autonomie pour toutes les matières qui n'ont pas été expressément déclarées communes. Sont communes : les affaires étrangères et l'armée, ainsi que les finances se rapportant à ces deux services. Le *ministère commun* est donc composé de 3 membres : les ministres des *Affaires étrangères*, de la *Guerre* et des *Finances*. Le ministère commun est responsable. Aucun ministre ne peut faire partie à la fois du ministère commun et d'un ministère territorial. Les affaires communes sont réglées par des *délégations* parlementaires. Chaque parlement nomme tous les ans 60 membres, dont 20 de la chambre des Seigneurs ou des Magnats. (Pour la répartition des 40 membres nommés par la 2e chambre, voir la *Table administrative*.) Le POUVOIR EXÉCUTIF est entre les mains de l'empereur.

Le POUVOIR LEGISLATIF est partagé entre l'empereur et le parlement autrichien, dit *Conseil de l'empire* (Reichsrath), qui se compose de deux chambres (Hauser) : chambre des Seigneurs (pairs), et chambre des Représentants (députés). La *chambre des Seigneurs* est composée : 1° par droit de naissance, des princes impériaux (15) et des chefs des grandes familles auxquelles l'empereur a conféré la dignité de pair héréditaire (54); 2° en vertu de leurs fonctions, des archevêques (10) et des évêques (7) ayant le rang de prince ; 3° en vertu d'une nomination à vie des personnes qui, par leur mérite ou par les services qu'elles ont rendus à l'État, ont acquis des titres à la reconnaissance de l'empereur ou du pays (107), total : 191 membres. La *chambre des Représentants* se compose de 353 membres élus par les chambres provinciales, partagées en 4 classes d'électeurs de chaque pays (grands propriétaires, villes, commerce, districts ruraux). Les représentants des campagnes (districts ruraux) sont seuls élus à deux degrés (1 électeur secondaire pour 500 habitants); les autres sont nommés directement par les électeurs primaires. Tout citoyen autrichien majeur, jouissant de ses droits civils et âgé de 30 ans est électeur. De plus, les électeurs et les éligibles sont soumis à des conditions de cens qui varient selon les pays. CONSEIL DES MINISTRES, 10 membres : le président du conseil, les ministres de la Justice, de l'Intérieur, des Cultes et de l'Instruction publique, de la défense du pays (Guerre et Marine), du Commerce et de l'Économie nationale, des Finances, de l'Agriculture, et 2 ministres sans portefeuille.

JUSTICE

La COUR SUPRÊME DE JUSTICE ET DE CASSATION siège à Vienne (juge en troisième ressort). La seconde instance est formée par 9 *cours d'Appel* (voir la table). La première instance est représentée par des cours composées de plusieurs juges et par tribunaux n'ayant qu'un seul juge. L'Autriche a encore des juridictions spéciales, telles que la cour du *Grand-Maréchal* (Oberstnofmarschallamt), les *tribunaux militaires*, les *tribunaux de commerce*, les *tribunaux maritimes*, les *prud'hommes des marchés*, etc.

CULTES

Toutes les religions reconnues par l'État sont protégées par le gouvernement. Les évêques du *culte catholique romain* sont nommés par le roi, sur la proposition de l'empereur. On compte 13 *archevêques* et 51 *évêques* du rite latin, dont 26 dans l'État autrichien et 25 dans l'État hongrois ; 2 archevêques et 7 évêques du rite grec ; 1 archevêque catholique du rite arménien. En 1861, on comptait 32.562 prêtres séculiers, de plus, 9.784 religieux dans 720 couvents d'hommes, et 5.198 religieuses dans 298 couvents de femmes. L'*Église grecque non unie* a pour chef le patriarche de Carlowitz : elle compte 10 *évêques*, dont 2 en Autriche et 8 en Hongrie, 5.800 prêtres et 40 couvents avec 258 religieux. L'Église protestante évangélique est dirigée par 19 *surintendants*, dont 9 en Autriche et 10 en Hongrie. Les autres cultes reconnus en Autriche-Hongrie sont les *unitaires*, qui habitent surtout la Transylvanie, et les *israélites* dirigés par leurs *rabbins*.

INSTRUCT. PUBLIQUE

L'instruction primaire est obligatoire pour les enfants âgés de 6 à 12 ans, et les dépenses sont supportées par *l'État, les communes* ou *des fondations*, et par la rétribution scolaire des enfants appartenant à des parents aisés. Les *écoles primaires* sont divisées en inférieures, supérieures et urbaines. Il y a au moins 1 école primaire inférieure dans chaque commune rurale ou urbaine. Les écoles primaires supérieures ne se trouvent que dans les villes. L'Autriche compte 15.200 écoles primaires avec 1.829.000 élèves, et 15.400 instituteurs ou institutrices; la Hongrie 14.500 écoles primaires avec 1.255.000 élèves (1872), et 28.000 instituteurs ou institutrices. Sachant lire et écrire, dans la Basse-Autriche 84 %; en Silésie 70 %; en Bohême 61 %; en Moravie 46 %; dans le Tyrol 57 %; en Croatie 15 %; en Transylvanie 9 %; en Galicie 5 %; en Carniole 4 %; en Dalmatie 1 %. Les *écoles secondaires* se divisent en *gymnases* (lycées) et en *Realschulen* qui ont quelque analogie avec les écoles secondaires françaises. L'Autriche compte 145 écoles secondaires (dont 91 gymnases et 51 Realschulen) avec 27.700 élèves ; la Hongrie, 146 écoles secondaires avec 29.400 élèves. L'*instruction supérieure* est donnée dans les universités, dans les écoles polytechniques et dans les écoles spéciales. Il y a 7 universités en Autriche-Hongrie. Celles de Vienne, Prague, Budapest et Cracovie ont 4 facultés (théologie, droit, médecine, philosophie); celles de Lemberg, Gratz et Innsbruck n'ont pas la faculté de médecine. Les universités comptent environ 600 professeurs et 9.000 étudiants. Il y a 7 écoles polytechniques qui comptent environ 240 professeurs et 3.000 élèves. *Écoles spéciales* : 2 facultés de théologie et 120 séminaires avec 5.500 étudiants, etc. De plus, 5 académies administratives; 7 écoles de chirurgie; 16 écoles secondaires d'agriculture avec 5000 élèves; 3 écoles forestières avec environ 100 élèves; 1 institut agricole avec environ 150 élèves; 1 académie forestière; plusieurs écoles des mines (Leoben, Pribram, etc.); 60 écoles industrielles et commerciales avec environ 5.500 élèves; 5 académies de commerce (Vienne, Prague et Budapest); 70 écoles des beaux-arts; 20 écoles militaires et 9 maisons d'éducation militaire, école navale, etc., etc.

INTÉRIEUR
PAYS
PROVINCES
BIENFAISANCE

L'Autriche se compose de 14 pays différents réunis sous la souveraineté de la maison de Habsbourg (voir la table) et formant l'empire d'Autriche. La Hongrie comprend le royaume de Hongrie et les pays de la couronne de Hongrie : ces deux puissances forment l'EMPIRE AUSTRO-HONGROIS. Les provinces du pays sont administrées par des *gouverneurs* (basse et haute Autriche, Bohême, Moravie, Styrie, Dalmatie), et par des *présidents du pays* (Salzbourg, Carinthie, Carniole, Silésie, Bukovine). En Galicie il y a un gouverneur général auquel les autorités provinciales de Lemberg et de Cracovie sont subordonnées. Les provinces sont subdivisées soit seulement en districts (arrondissements), soit en cercles (départements) composés de plusieurs districts. Les communes sont représentées par un conseil municipal élu pour trois ans.

BIENFAISANCE. L'assistance publique est dans les attributions de la commune, et l'État n'intervient que si les ressources locales sont insuffisantes. L'administration de la charité est confiée au bureau des pauvres dans chaque province. On compte 350 hôpitaux civils; 159 hôpitaux militaires; 40 asiles d'aliénés; 40 maisons d'accouchement, 35 hospices d'enfants trouvés. Le système de l'assistance publique comprend encore des maisons de travail qui se divisent en deux classes : dans les unes le travail est volontaire, dans les autres le travail est forcé. Ces établissements sont entretenus par les provinces.

FINANCES
DÉPENSES
RECETTES

BUDGET COMMUN POUR TOUTE LA MONARCHIE

DÉPENSES	Fr.	RECETTES	Fr.
Affaires étrangères	8.250.900	Recettes diverses	10.233.441
Guerre 215.730.027 Marine 21.024.637	237.554.664	— nettes des douanes	20.250.000
Finances	4.599.920	Quotes-parts matriculées	219.765.298
Cour des comptes	265.250		
Total	250.248.739	Total	250.248.739

AUTRICHE (SUITE)

BUDGET POUR L'AUTRICHE

DÉPENSES	Fr.	RECETTES	Fr.
Liste civile	10.462.500	Finances (impôts directs 202.500.000; impôts indirects 521.172.675)	752.177.000
Finances	161.573.400		
Commerce (postes 33.007.500; télégraphes 8.010.000; ch. de fer 7.735.450)	48.552.225	Com⁰ (post⁰ 35 300.000; télég⁰ 7.065.000; chemins de fer 3.172.107)	45.407.122
Agriculture	22.253.352	Agriculture	23.405.265
Intérieur	35.351.325	Intérieur	2.411.775
Défense du pays	17.660.575	Défenses du pays	68.998
Cultes et instruction publique (instruction publique 20.786.164)	32.539.376	Cultes et instruction publique	11.425.934
Justice	44.201.675	Justice	1.295.550
Conseil des ministres	1.963.575	Conseil des ministres	1.311.750
Dette publique	227.127.046	Recettes diverses	85.493.251
Part dans les dépenses communes	172.694.878	Total	902.995.945
Pensions. Dot. Diète, etc.	54.872.736		
Total	809.452.143		
Dépenses extraord. (télégr. 184.500; chemins de fer 4.558.500)	142.613.784	**DETTE COMMUNE POUR TOUT L'EMPIRE**	
Total général	952.045.927	Dette consolidée	6.496.193.871
MONNAIES. Or, pièce de 8 florins = 20 fr.; de 4 fl. = 10 fr. Argent, fl. de 100 neu-kreutzers = 2 fr. 47; pièces de 25, 10, 5 neu-kreutzers en proportion. Cuivre, 4, 1 et 1/2 neu-kreutzers en proportion.		Dette flottante	222.585.561
		Rachat de rentes foncières	456.107.937
		Total	7.174.885.369

FINANCES — DÉPENSES — RECETTES — DETTE — MONNAIES

GUERRE — ARMÉE — DIVISIONS MILITAIRES — MARINE DE L'ÉTAT — MARINE MARCHANDE

Le service militaire est obligatoire pour tout citoyen propre à porter les armes et ayant atteint l'âge de 20 ans. Le remplacement n'est plus admis. La durée du service est de 12 ans, dont 3 dans la ligne, 7 dans la réserve et 2 dans la landwehr. Les jeunes gens qui, à cause de leur numéro élevé, n'ont pas été appelés dans l'armée active, servent pendant 12 ans dans la landwehr, et les jeunes gens qui prouvent avoir reçu une instruction supérieure sont en droit de servir un an seulement dans l'armée active, pour rester 9 ans dans la réserve et 2 ans dans la landwehr. — DIVISIONS MILITAIRES. La monarchie est divisée en 81 DISTRICTS DE RECRUTEMENTS, dirigés par des commandants de districts, lesquels effectuent l'appel aux drapeaux et le recrutement de l'armée. Ils sont subordonnés aux *commandants généraux* ou *militaires* qui sont à la tête de 16 CIRCONSCRIPTIONS TERRITORIALES.

L'armée active	Officiers.	Hommes.	Chevaux.
État-major, etc.	1.622	1.778	—
Gardes	116	540	92
Infanterie, 400 bataillons	6.880	141.440	7
Chasseurs tyrol. 7 bataillons	151	3.612	15
Chasseurs, 33 bataillons	695	16.995	66
Cavalerie, 246 escadrons	1.722	42.271	37.022
Artill. de camp⁰ 169 batt. (696 p.)	1.027	19.890	7.414
— de fort⁰ 12 batteries	356	7.422	74
Génie, 36 compagnies	244	5.484	12
Pionniers, 25 compagnies	129	2.922	6
Train, 36 escadrons	206	2.305	1.271
Troupes de santé	69	2.494	—
Établissements militaires	1.451	9.929	156
Total	14.666	257.082	46.135
La Landwehr			
Infant. et chasseurs, 81 bat.	509	1.629	—
Tireurs indigènes du Tyrol	62	370	24
Cavalerie	1	—	—
Total	572	1.999	24
La landwehr hongroise			
Garde royale	2	58	7
Infanterie	379	5.740	—
Cavalerie	80	6.520	1.580
Total	461	12.318	1.580
Gendarmerie	—	8.808	—
Haras	148	5.093	—
Total de l'armée⁰ pied de paix	15.847	283.302	47.539

L'ARMÉE SUR PIED DE GUERRE compte: dans l'armée de ligne 23.504 officiers, 755.992 h., 148.236 chev., et 1.600 pièces; dans la landwehr 2.916 offic., 118.626 h., et 6.070 chev.; dans la landwehr hongroise 3.028 offic., 127.234 h. et 16.742 chev.; dans la gendarm. 8.800 h.; et dans les haras 148 offic. et 5.095 h. — TOTAL de l'armée sur pied de gu⁰⁰: 29.596 offic., 1.013.755 h. et 171.048 chev.

MARINE DE L'ÉTAT. Les hommes de la marine ont 3 ans de service actif et restent 7 ans dans la réserve. Les recrues sont prises dans les 5 DISTRICTS DE RECRUTEMENT des provinces côtières. — SUR PIED DE PAIX on compte 483 officiers et 5.836 matelots, divisés en 2 dépôts de 6 compagnies. — SUR PIED DE GUERRE: 556 officiers et 11.352 matelots.

Vapeur	Tonneaux.	Chevaux.	Canons.
5 frégates	9.510	1.700	63
5 corvettes à pont couvert	9.500	1.660	55
3 corvettes à pont ras	4.020	690	12
5 canonnières	3.830	1.010	18
5 schooners à hélice	2.590	405	10
5 vapeurs à aubes	1.690	400	7
2 avisos	3.400	800	7
3 transports	3.700	650	6
1 nav. pour la pose de torpilles	900	230	2
1 navire d'atelier	2.150	250	2
2 yachts	1.680	420	2
2 monitors (sur le Danube)	820	160	4
9 vaisseaux école	8.230	—	50
6 hulcks	4.560	—	10
5 tenders	1.060	286	—
1 remorqueur	200	90	—
Navires blindés			
8 vaisseaux à casemates	42.930	6.750	108
4 frégates	16.500	2.600	50
68 Navires Total	117.070	18.101	404

MARINE MARCHANDE. 7.608 *navires* jaugeant 324.898 tonnes avec 27.644 hommes d'équipage, dont 71 *vapeurs* au long cours (15.570 chevaux), jaugeant 55.398 tonnes avec 2.164 hommes d'équipage; 28 *vapeurs* de cabotage (820 chevaux), jaugeant 1.467 tonnes avec 196 hommes d'équipage, et 7.509 *navires* à voiles, jaugeant 268.033 tonnes avec 25.284 h. d'équip.

COMMERCE — IMPORTATION — EXPORTATION — CHEM. DE FER — CANAUX — POSTES — TÉLÉGRAPHES — POIDS ET MES — PORTS

Les données sur le commerce sont communes pour tout l'Empire austro-hongrois. IMPORTATION. 1.163.000.000 fr. (Céréales, denrées coloniales, tabac, animaux, matières textiles, métaux bruts, crins, peaux, cuirs, tissus, corderies, objets métalliques manufacturés, résines, graisses, huiles, métaux précieux, etc). — EXPORTATION. 1.145.000.000 fr. (Objets manufacturés, quincaillerie, porcelaines, verreries, poteries, tissus, corderies, etc.; céréales, semences, denrées coloniales, animaux, etc.) — CHEMINS DE FER en exploitation 17.984 kilom., dont en Autriche 11.211 kilom., et en Hongrie 6.775 kilom. CANAUX et FLEUVES NAVIGABLES pour tout l'empire, environ 8.055 kilomètres. — POSTES. Bureaux, pour tout l'empire, 6.074, dont en Autriche 4.113. Lettres, etc., pour tout l'empire, 335.686.000, dont pour l'Autriche 256.921.000 (lettres particulières 174.159.000; cartes pos-tales 27.484.000; lettres officielles 28.651.000; imprimés 21.388.000). — TÉLÉGRAPHES. Bureaux pour tout l'empire 3.549, dont pour l'Autriche 2.418. Dépêches pour tout l'empire 8.025.862, dont pour l'Autriche 5.558.544. Lignes 48.996 kil., dont pour l'Autriche 34.087. — RECETTES (1877) 9.108.498 fr. pour l'empire, dont 6.607.710 pour l'Autriche. — DÉPENSES (1877) 11.612.272 fr. pour l'empire, dont 8.561.879 fr. pour l'Autriche. POIDS ET MESURES. — (Le système métrique.) — PORTS. Trieste, Zara, Sebenico, Spalato.

VILLES PRINCIP¹ (Voir la table.)

SUPERFICIE — PAYS AUTRICHIENS 300.191 kil. carrés. Tout l'empire compte 624.043 kil. carrés, dont en terres arables 224.656 kil. carrés, et en forêts 205.935 kil. carrés (environ 67 habitants par kilomètre); dans tout l'empire environ 60 habitants par kil. carré.

AUTRICHE (SUITE)

POPULAT. Pays autrichiens 20.594.980 hab. (tout l'empire compte 37.700.000 h.), dont : Allemands 7.800.000; Tchèques Moraves 5.000.000; Ruthènes 2.600.000; Polonais 2.500.000; Croates et Serbes 580.000; Slovènes 190.000; Magyares 20.000; Roumains 200.000; Italiens 650.000; Israélites 860.000, etc. *Selon les cultes*, 1869 : cathol. 18.740.989; protestants 364.262; Orientaux grecs et arméniens 462.719; unitaires 248; autres sectes 4.172; cultes non chrétiens 370, etc. *Naissances* 848.678, *mariages* 189.017, *décès* 662.929.

TABLE ADMINISTRATIVE DE L'AUTRICHE

PAYS.	KIL. CAR.	POPULAT.	HAB. P. KIL.	CH.-LIEUX	COURS D'APPEL	VILLES PRINC. HAB. PAR MILLE.
AUTRICHE (BASSE) . . .	19.824	1.990.708	100.4	Vienne.	Vienne.	Vienne 834.
» (HAUTE) . . .	11.996	736.537	61.4	Linz.		Linz 33. Steyr 15.
SALZBOURG.	7.166	153.159	21.5	Salzbourg.		Salzbourg 20.
STYRIE (STEIERMARK). .	22.454	1.137.990	51.3	Gratz.	Gratz.	Gratz 81. Marburg 13.
CARINTHIE (KÄRNTEN). .	10.575	337.694	32.5	Klagenfurt.		Klagenfurt 15.
CARNIOLE (KRAIN). . . .	9.988	466.334	46.6	Laibach.		Laibach 23.
GAERITZ, etc.	7.989	600.525	75.0	Trieste.	Trieste.	Trieste 109. Pola 10.
TYROL ET VORALBERG. .	29.327	885.789	30.2	Innsbruck.	Innsbruck.	Innsbruck 23. Trient 17.
BOHÈME (BÖHMEN). . .	51.956	5.140.544	98.9	Prague.	Prague.	Prague 190. Reichenberg 22.
MORAVIE (MÄHREN). . .	22.250	2.017.274	90.7	Brünn.	Brünn.	Brünn 74. Iglau 20.
SILÉSIE (SCHLESIEN) . .	5.148	513.352	99.5	Troppau.		Troppau 20. Bielitz 11.
GALICIE.	78.497	5.444.689	76.0	Lemberg.	Lemberg.	Lemberg 87. Brody 19.
BUKOVINE.	10.451	513.404	49.1	Czernowitz.	Cracovie.	Czernowitz 34.
DALMATIE.	12.193	456.961	35.7	Zara.	Zara.	Spalato 12. Zara 8.

ROYAUME HONGRIE [Magyar-Orszag] (CAP. BUDAPEST)

SIT. ASTR. | 44° 08' — 49° 58' lat. nord et 12° 05' — 24° 05' long. est.

CLIMAT | La température moyenne de Budapest est de 10°,90. c.

GOUVNEMENT / CHEF DE L'ÉTAT / POUV. EXÉCUT. / POUV. LÉGISL. CHEF DE L'ÉTAT, FRANÇOIS-JOSEPH Ier, roi de Hongrie, empereur d'Autriche (voir l'*Autriche*). LE POUVOIR EXÉCUTIF est entre les mains du chef de l'État. LE POUVOIR LÉGISLATIF s'exerce par le chef de l'État, et la diète, qui se compose de deux chambres ou *tables*, celle des magnats et celle des représentants ou députés. La *Table des Magnats*, 756 membres, est composée de 3 archiducs royaux qui sont propriétaires dans le royaume, 21 princes, archevêques, évêques, etc. ; 42 bannerets du royaume, 55 palatins supérieurs, 4 capitaines supérieurs, 5 juges supérieurs, 1 comes saxon, 1 gouverneur de finances, 439 comtes, 192 barons, 5 régalistes de Transylvanie et 2 députés de la diète de Croatie. La *Table des Députés* comprend 444 députés, dont 334 représentent la Hongrie, 1 Fiume, 75 la Transylvanie, et 34 la Croatie et l'Esclavonie. Pour être électeur en Hongrie, il faut être âgé d'au moins 20 ans; pour être éligible, d'au moins 24 ans et savoir le hongrois. De plus il faut posséder un immeuble d'une valeur de 730 fr. ou un revenu d'au moins 250 fr. Les députés sont élus pour 3 ans. 7 MINISTÈRES : *les ministères de la justice, des cultes et de l'instruction publique, de l'intérieur, des finances, de la défense du pays (guerre), de l'agriculture, de l'industrie et du commerce, des voies de communication.* La diète de Croatie et d'Esclavonie est composée de l'archevêque catholique-romain, de l'évêque catholique-grec, du prieur d'Aurana, des magnats, comtes et barons et de 77 députés des villes, districts privilégiés, etc.

JUSTICE La cour suprême est formée de la *Table des Septemvirs* qui, avec la *Table royale*, forme la CURIE ROYALE présidée par le ministre de la justice. Elle forme la dernière instance. La *Table royale* (à Budapest et à Maros-Vasarhely) est la seconde instance. Les tribunaux inférieurs sont d'une part ceux des *comitats* (Sedrien) et au-dessous d'eux les *juges de districts*, et de l'autre les *Tribunaux des villes* des districts libres. Une organisation analogue, qui constitue trois instances, est en usage en Croatie, Esclavonie et Transylvanie. Pour la Croatie et l'Esclavonie il y a une *Table septemvirale royale* et une *Table banale royale*, toutes les deux à Agram.

CULTES | Cultes et instruction publique (voir l'*Autriche*).

INTÉRIEUR / COMITATS La Hongrie avec la Croatie, l'Esclavonie et la Transylvanie forment la *couronne de Saint-Etienne*, le ROYAUME DE HONGRIE. La Hongrie est divisée en 46 COMITATS subdivisés en *districts*, en dehors desquels on compte encore 5 arrondissements dits *districts libres*. Les chefs des comitats (*Obergespans*) sont nommés par le souverain. La Croatie est administrée par un *lieutenance*, présidée par le *ban*, elle est divisée en 7 comitats. La Transylvanie est divisée en *comitats* et *districts* dans la partie où les populations hongroises dominent, et en districts (*Stuhle*, sièges) dans les parties où les Allemands sont en majorité.

FINANCES / DÉPENSES / RECETTES / DETTE

DÉPENSES	FRANCS.	RECETTES	FRANCS.
Liste civile.	10.462.500	Contributions directes.	188.114.175
Intérieur.	16.755.401	» indirectes.	181.941.723
Guerre.	13.842.056	Produits des établissements de l'État.	
Cultes et enseignement.	9.217.735	(Postes 12.802.250 et télégraphes	
Justice.	21.939.725	14.905.125).	117.149.789
Agriculture et commerce.	25.135.198	Recettes extraordinaires.	7.447.855
Travaux publics.	27.432.886		494.653.542
Administration de la Croatie et de Fiume.	12.580.571		
Finances.	87.477.836	DETTE HONGROISE	
Dette hongroise.	74.773.649	Dette générale.	708.006.420
Rachat des rentes foncières.	37.129.567	» des chemins de fer.	195.014.925
Part dans les dépenses com.	69.006.303	Rachat des rentes foncières.	535.567.018
Part dans la dette autrichienne.	68.981.001	— de la dîme sur les vins.	46.809.810
Divers, pensions, diète, etc.	52.466.579		1.485.398.173
Dépenses extraordinaires.	16.969.075		
	541.969.902		

BUDGET POUR LES FRAIS DE L'ADMINISTRATION AUTONOME DE LA CROATIE ET DE L'ESCLAVONIE

DÉPENSES		RECETTES	
Affaires intérieures.	3.802.334	Recettes particulières.	326.776
Cultes et instruction.	1.101.735	45 pour 100 des impôts	7.125.750
Justice.	2.543.957		7.452.526
	7.448.026		

GUERRE | (Voir *Autriche*.)

COMMERCE / CHEM. DE FER Les chiffres de l'importation et de l'exportation rentrent dans ceux de l'Empire austro-hongrois (v. *Autriche*). CHEMINS DE FER : 6.438 kilom. CANAUX (voir *Autriche*). POSTES : Bureaux 1,926, lettres 68,673,000.

HONGRIE (SUITE)

COMMERCE (SUITE)	TÉLÉGRAPHES : Bureaux 887. — Lignes 14.556 kil. — Dépêches 2.255.719. POIDS ET MESURES (système métrique). PORT : Fiume.
VILLES PRINCIP.	*En Hongrie.* Budapest 270. Szegedin 70. Marie-Thérésiople 56. Presbourg 47. Debreczin 46. Kecskemet 41. Temesvar 52. Grosswardein 26. Zombor 24. Funf-Kirchen 24. Strihlweissembourg 25. O'denbourg 21. Verscez 21. Raab 20 — *En Transylvanie :* Kronstadt 28. Klauzenbourg, 26 — *En Croatie :* Agram 20.
SUPERFICIE	525.854 kilom. carrés (48 hab. par kilom. carré).
POPULATION NAISSANCES MARIAGES DÉCÈS	15.509.455 hab. : dont Magyares 5.680.000. Croates et Serbes 2.570.000. Allemands 1.800.000. Tchèques Moraves, etc. 2.000.000. Ruthènes 600.000. Slovènes 60.000. Selon les cultes (1869) : Catholiques 9.165.519. Protestants 5.144.731. Orientaux grecs et arméniens 2.589.965. Unitaires, etc. 57.556. Israélites 553.641. — NAISSANCES 570.692. — MARIAGES 135.999. — DÉCÈS 446.085.

PAYS DE LA COURONNE HONGROISE

	KILOM. CARRÉ	HABITANTS	HABIT. PAR KIL.
HONGRIE	325.441	11.550.597	51
TRANSYLVANIE	54.918	2.115.024	38
FIUME	20	17.884	894
CROATIE ET ESCLAVONIE	43.445	1.846.150	42

(PRINCIPAUTÉ) LIECHTENSTEIN (CAP. VADUZ)

SITUAT. ASTR.	47°05' — 47°16' latitude N. et 7°08' — 7°18' longit. E. ‖ **CLIMAT** ‖ La température moyenne est d'environ + 9°.
GOUVNEMENT CHEF DE L'ÉTAT POUV. EXÉCUT. POUV. LÉGISL.	CHEF DE L'ÉTAT. JEAN II, prince, né en 1840, avènement 1858. Le POUVOIR EXÉCUTIF appartient au prince. Le POUVOIR LÉGISLATIF au prince et à la *Diète* qui se compose de 15 membres, dont 3 nommés pour six ans par le prince et 12 élus à deux degrés pour la même période. Tout habitant âgé de 21 ans révolus, jouissant de ses droits civils, exerçant une profession pour son propre compte et demeurant dans le pays, est électeur et éligible. La *Diète* se renouvelle par moitié tous les trois ans. Le souverain est presque toujours au service de l'Autriche ; il demeure à Vienne.
JUSTICE	L'autorité judiciaire suprême est le *Tribunal d'Innsbruck*.
CULTE	La religion catholique romaine.
FINANCES DÉPENSES RECETTES DETTE	DÉPENSES. 109.880 fr. (Le prince ne réclame pour sa personne aucune partie des recettes du pays.) RECETTES. 125.652 fr. (Par suite de son entrée dans l'Union douanière de l'Autriche, l'Autriche paye annuellement environ 40.000 fr. à la principauté.) DETTE PUBLIQUE. 457.500 fr. CHEMINS DE FER : environ 9 kilomètres.
GUERRE	ARMÉE. Contingent fédéral : 100 hommes.
SUPERFICIE	178 kil. carrés. (48 hab. par kil. carré.) ‖ **POPULATION** ‖ (1876) 8.664 habitants, dont Vaduz 921 habitants.

(PRINCIPAUTÉ) MONACO (CAP. MONACO)

SITUAT. ASTR.	43°43' lat. N. et 6°52' longitude E. ‖ **CLIMAT** ‖ La température est une des plus douces de l'Europe.
GOUVNEMENT CHEF DE L'ÉTAT	CHEF DE L'ÉTAT. CHARLES III, prince, né en 1818 (dynastie des Grimaldi), avènement 1856 (ALBERT, prince héréditaire, né en 1848). Monarchie héréditaire. La principauté n'a ni lois constitutives, ni représentation, ni institutions électives ; le prince possède la plénitude de la souveraineté. L'administration est dirigée par un gouverneur général assisté d'un conseil d'État dont il est président.
JUSTICE	Tribunal supérieur à Monaco. Les appels des jugements du tribunal de Monaco sont portés devant un conseil de jurisconsultes siégeant à Paris.
CULTE	Religion catholique, apostolique et romaine.
FINANCES	Le prince reçoit annuellement une indemnité de 20.000 fr. pour un traité d'union douanière fait avec la France.
GUERRE	ARMÉE. Une légion de 80 hommes, formant une garde d'honneur, et un corps de carabiniers de 52 hommes.
COMMERCE	Principaux articles d'exportation : huiles, oranges, citrons, parfumeries, liqueurs, poteries artistiques, etc. POSTES et TÉLÉGRAPHES. Les bureaux de postes et de télégraphes sont établis par la France, leurs revenus sont partagés également entre les deux gouvernements.
SUPERFICIE	Environ 15 kil. carr. (470 hab. par kil. carr.) ‖ **POPULATION** ‖ 7.049 hab. La ville de Monaco 2.865 hab.

(RÉPUBLIQUE) SAN-MARINO (CAP. SAN-MARINO)

SITUAT. ASTR.	43°57' — 44° lat. N. et 10°02' — 10°05' long. E. ‖ **CLIMAT** ‖ La température moyenne est d'environ + 4°.
GOUVNEMENT CHEF DE L'ÉTAT POUV. EXÉCUT. POUV. LÉGISL.	CHEF DE L'ÉTAT. Deux CAPITAINES-RÉGENTS choisis par le Conseil souverain exercent le POUVOIR EXÉCUTIF et restent chacun six mois en fonction. Le POUVOIR LÉGISLATIF est entre les mains du *Grand Conseil souverain* qui est formé de 60 membres : 20 nobles, 20 bourgeois, 20 propriétaires. Le peuple a le droit de pétition à l'assemblée générale, qui se tient deux fois par an à l'ouverture de chaque régence. Parmi les membres du Conseil des 60, on choisit les membres du Conseil des 12, sorte de Chambre haute qui se compose de 8 représentants pour la ville et de 4 pour la campagne.
JUSTICE	La justice est rendue par un juge de première instance et par un juge de Cour d'appel, tous deux nommés pour trois ans, mais pouvant être élus de nouveau.
CULTE	La religion catholique, apostolique et romaine.
FINANCES	DÉPENSES. 109.665 fr. (dont : armée, 8.442 fr., instruction publique, 17.497 fr., régence, 8.229 fr.) RECETTES. 112.565 fr. (dont impôts dir. 5.455 ; impôts indir. 4.182. Il n'y a pas de DETTE publique.
GUERRE	ARMÉE. 53 officiers, 76 sous-officiers, 819 hommes formant 8 compagnies d'infanterie.
SUPERFICIE	62 kilomètres carrés. (126 hab. par kil. carré.) ‖ **POPULATION** ‖ (1874) 7.816 habitants.

BELGIQUE (ROYAUME) (CAP. BRUXELLES)

SITUAT. ASTR. | 49°27′—51°30′ lat. N.; 0°14′—5°44′ long. E. ‖ **CLIMAT.** La pl. haute tempér. observée +38°; la temp. la pl. basse —24°.

GOUVNEMENT / **CHEF DE L'ÉTAT** / **POUV. EXÉCUTIF** / **POUV. LÉGISLAT**	CHEF DE L'ÉTAT. Léopold II, né en 1835, avènem. 1865 (Marie, reine, née en 1836). La Belgique est une monarchie constitutionnelle et héréditaire. LE POUVOIR EXÉCUTIF est représenté par le roi, assisté de ministres responsables. LE POUVOIR LÉGISLATIF est exercé par le roi, le Sénat (62 memb. élus par le peuple pour 8 ans et renouvelés par moitié tous les 4 ans) et par la *Chambre des représentants* (124 membres élus pour 4 ans et renouvelés par moitié tous les 2 ans). SYSTÈME ÉLECTORAL : vote direct pour tous les citoyens belges âgés de 25 ans et payant un impôt de 42 fr. (électeurs, 111.135). 7 MINISTÈRES. Les ministères de la Justice, de l'Intérieur, des Affaires étrangères, des Finances, de la Guerre, des Travaux publics, de l'Instruction publique. Il y a en outre 15 ministres d'État qui n'ont pas en cette qualité entrée au Conseil.
JUSTICE / **PRISONS** / **BIENFAISANCE**	La Belgique se divise en 26 ARRONDISSEMENTS judiciaires, comprenant chacun 1 tribunal de 1ʳᵉ instance, subdivisés en 204 *justices de paix*. 3 *Cours d'appel* (Bruxelles, Gand et Liége). Il y a pour toute la Belgique une *cour de Cassation*, dont le siège est à Bruxelles, 12 *tribunaux de commerce*, et dans les 11 arrondissements où il n'en existe pas les tribunaux civils en remplissent les fonctions. 14 *Conseils de prud'hommes*. PRISONS. Les prisons se divisent en 5 catégories : *prisons centrales*, *maisons de sûreté*, *civiles* et *militaires*, *maisons d'arrêt*. Prisons centrales, 5. *Maisons de sûreté* établies près de chaque Cour d'assises. *Maisons d'arrêt* établies près de chaque tribunal d'arrondissement où il n'existe pas de maisons de sûreté. BIENFAISANCE. Dans chaque commune il existe un bureau de bienfaisance composé de 5 membres. Il y a 284 *hospices civils*, établissements publics destinés à recevoir des individus qui ont besoin de secours.
CULTES	Trois cultes reconnus par l'État et entretenus à ses frais : le *culte catholique*, le *culte protestant* et le *culte israélite*. La Belgique est divisée sous ce rapport en 6 *diocèses* : 1 archevêché (Malines), 5 évêchés. On compte 993 couvents dont 145 d'hommes et 848 de femmes.
INSTRUCT.	L'éducation est entièrement entre les mains du clergé. Les collèges des jésuites ont plus d'élèves que les athénées royaux ; et l'Université catholique de Louvain a 2 fois autant d'élèves que les 2 Universités de l'État ensemble. L'instruction élémentaire n'est pas encore généralement répandue parmi le peuple, et les écoles communales existantes sont soutenues par les communes, les provinces et l'État combinés ; le gouvernement et la province payent chacun 1/6 et la commune les 4 autres. *Enseignement primaire* : 2 écoles normales de l'État, 23 écoles normales agrégées et 5.664 écoles primaires. *Enseignement secondaire* : 10 athénées royaux et 50 écoles moyennes. *Enseignement supérieur* : 2 Universités (Gand, Liége). Il existe en outre un grand nombre d'écoles spéciales.
INTÉRIEUR / **PROVINCES**	La Belgique est divisée en 9 PROVINCES, administrées chacune par un gouverneur, nommé par le roi et par un Conseil provincial élu par les cantons électoraux (194). Les provinces sont subdivisées en 41 *arrondissements*, administrés par un commissaire d'arrondissement, et les arrondissements en 2.572 *communes*.

FINANCES / **DÉPENSES** / **RECETTES** / **DETTE** / **MONNAIES**	DÉPENSES		RECETTES	
	Dette publique	71.785.815 fr.	Impôts directs	44.005.000 fr.
	Dotations (liste civile, 3.500.000 fr.)	4.555.505 —	Contributions indirectes	102.985.000 —
	Justice (établiss. de bienfais. 1.028.800)	16.272.549 —	Péages (doit chem. de fer, 89.500.000);	
	Affaires étrangères	1.905.555 —	télégr., 2.500.000 ; postes, 5.902.500.	100.652.500 —
	Intérieur (Instr. publ. 8.197.682)	20.571.421 —	Capitaux et revenus	9.772.000 —
	Travaux publ. (chem. de fer, 59.072.706 ; postes, 5.682.648 ; télégr. 2.462.215).	81.554.589 —	Remboursements	2.921.560 —
	Guerre	43.985.000 —	Total	260.335.860 —
	Finances	15.274.950 —	DETTE PUBLIQUE	1.521.947.414 fr.
	Remboursements et non-valeurs	4.126.000 —	MONNAIES. La Belgique a adopté le système monétaire franç. et fait partie de l'Union monétaire conclue en 1865.	
	Total	259.606.763 fr.		

GUERRE / **ARMÉE** / **PLACES FORTES** / **MARINE DE L'ÉTAT** / **MARINE MARCH.**	Le recrutement de l'armée a lieu par des engagements volontaires et par des appels annuels. La durée du service est de 8 ans. Tout Belge est tenu de se faire inscrire dans le mois de décembre de l'année où il a 19 ans accomplis, à l'effet de concourir au tirage au sort. L'ARMÉE ACTIVE, en temps de paix, comprend 46.277 hommes, 10.014 chevaux, et 204 canons de campagne. dont infanterie, 19 rég. ; caval., 8 rég. ; gendarm., 3 div. ; artill., 7 rég. ; train, 4 compag. ; génie, 1 rég. — Offic. d'état-major, 125, y compris 53 généraux ; off. d'état-major des prov. et des places fortes. Off. d'intendance, 259 ; off. de santé, 249 ; off. d'infant., 16.668 ; de caval. 296, de gend. 44, d'artill. 494, de train 25 ; de génie 155. PLACES FORTES (21) : Anvers, Ostende, la citadelle de Liége, Oudenarde, Bouillon, Charleroi, Courtrai, Gand, Liége, Mons, Namur, Nieuport, etc. MARINE DE L'ÉTAT. 130 offic., dont 1 capit. de vaisseau ; 20 off. ingénieurs ; 2 off. en disponibilité et 20 off. en congé illimité hors cadre. 2 bateaux qui font le service entre Anvers et la Tête-de-Flandre, 8 vapeurs de 1ʳᵉ vitesse, transportant des passagers et les malles de la poste, entre Ostende et Douvres. MARINE MARCHANDE. Navires à voiles, 25, jaugeant 15.150 tonn. ; vapeurs, 25, jaugeant 29.850 ton. Barques de pêcheurs, 259, jaugeant 8.624 tonnes. Total : 507 navires, jaugeant 55.604 tonnes.
TRAV. PUBL. / **CHEM. DE FER** / **POSTE** / **TELEGRAPHES** / **CANAUX**	CHEMINS DE FER. En exploitation, 2.157 kilom. et 1.487 kilom. concédés. POSTES. Bureaux, 583. Lettres, 72.842.589. Cartes postales, 11.671.296. Journaux et imprimés, 108.411.000. TÉLÉGRAPHES. Bureaux, 656 ; lignes, 6.077 kilom. ; dépêches, 4.104.670, y compris les télégrammes de l'étranger et les dépêches de service. CANAUX : 851 kilomètres ; rivières navigables, 974 kilomètres. — Total, 1825 kilomètres pour la navigation intérieure du pays.
COMMERCE / **IMPORTATION** / **EXPORTATION** / **PORTS** / **POIDS ET MES.**	IMPORTATION : 1.418.500.000 (objets de consommation, matières brutes, objets manuf., diverses marchand.). EXPORTATION : 1.063.800.000 fr. (fer, houille, verreries, dentelles, manufact. de coton, machines, armes). POIDS ET MESURES. (Le système métrique, voir page 84.) PORTS. Anvers, Ostende. VILLES PRINCIPALES. (Voir la Table.)
SUPERFICIE	29.455 kil. carrés (181 hab. env. par kilom. carré).

| **POPULATION** / **NAISSANCES** / **MARIAGES** / **DÉCÈS** | POPULATION : 5.403.006 habitants. Il y avait en Belgique, en 1866, 2.406.491 hab. parlant flamand; 2.041.784 parlant français; 308.561 parlant flamand et français; 35.356 parlant l'allemand; 20.448 parlant le français et l'allemand; 1.625 le flamand et l'allemand; 4.966 parlant les 3 langues. Le nombre des protestants env. 15.000, des juifs env. 3.000, la grande masse est catholique. NAISSANCES : 183.301. MARIAGES : 39.050. DÉCÈS : 130.229. |

TABLE ADMINISTRATIVE (1875)

PROVINCES	kil. c.	habit.	hab. kil.	Arrond.	VILLES PRINC. HAB. PAR MILLE
Anvers	2.852	534.746	188	3	Anvers, 156 ; Malines, 40.
Brabant	3.283	959.782	292	3	Bruxelles, 380 ; Louvain, 34.
Flandre orient.	3.234	696.654	215	8	Gand, 129 ; St-Nicolas, 25.
Flandre occid.	3.060	868.228	289	6	Bruges, 49 ; Ypres, 16.
Hainaut	3.722	905.747	239	6	Mons, 25 ; Charleroi, 16.
Liége	2.894	645.020	223	4	Liége, 118 ; Verviers, 38.
Limbourg	2.412	206.487	85	3	Hasselt, 11.
Luxembourg	4.448	209.472	47	5	Arlon, 5.
Namur	3.660	322.175	88	3	Namur, 25.

ESPAGNE

(ROYAUME)   (CAP. MADRID)

SITUATION ASTRONOMIQUE : 43° 48' — 36° latitude nord. 11° 50' est — 0° 59' longitude ouest.

CLIMAT : Tempér. moyenne. + 15° 37 — plus haute + 40° — plus basse + 10° 5

PLUIE : La moyenne de la Péninsule est de 0m.400 dans l'année.

GOUVERNEMENT — CHEF DE L'ÉTAT — POUV. EXÉCUT. — POUV. LÉGISL. CHEF DE L'ÉTAT, Alphonse XII, roi, né en 1857 (maison de Bourbon); avènement 1875. Le POUVOIR EXÉCUTIF est représenté par le chef de l'Etat. Le POUVOIR LÉGISLATIF est entre les mains du roi et des deux chambres (Cortès) : *Le Sénat*, composé : 1° de sénateurs de droit (princes du sang, grands d'Espagne, etc.); 2° des sénateurs nommés à vie par le roi ; 3° des sénateurs élus par les corporations de l'État. *La Chambre des députés*, chacun des membres élu pour 5 ans, dans la proportion de 1 député par 35.900 habitants. Système électoral : Colléges électoraux. Conseil des ministres : 9 membres.
8 MINISTÈRES. Les ministères de la Grâce et de la Justice, des Affaires étrangères, de l'Intérieur, des Finances, de la Guerre, de la Marine, des Colonies, du Commerce et de l'Agriculture (du fomento).

JUSTICE. L'administration judiciaire est instituée sur le même modèle que celle de la France. La hiérarchie des tribunaux comprend : 9.400 *justices de paix* (une par commune); environ 500 *tribunaux de première instance*, 15 *cours d'appel*, 1 *cour suprême*, siégeant à Madrid.

CULTES. La religion catholique, apostolique et romaine est la religion de l'État ; seulement, dans les grandes villes, les autres cultes sont plus ou moins tolérés. La hiérarchie administrative se compose de 9 *archevêques* et de 54 *évêques*. Les archevêchés sont : Tolède, siège primatial, Grenade, Santiago, Saragosse, Séville, Tarragone, Valence et Valladolid. Le nombre des prêtres est d'environ 40.000.

INTÉRIEUR — PROVINCES. L'Espagne se divise en 49 PROVINCES, y compris les îles africaines des Canaries. Chaque province est administrée par un gouvernement civil et se divise en DISTRICTS (6 à 7 en moyenne). Les communes sont administrées par des *alcades* ou maires, assistés des conseils municipaux ou ayuntamientos, composés de 4 à 28 membres suivant l'importance de la commune.

FINANCES — DÉPENSES — RECETTES — DETTE — MONNAIES

DÉPENSES		RECETTES	
Liste civile	9.500.000	Contributions directes	287.221.528
Corps législatif	1.007.428	— indirectes	209.017.500
Dette publique	249.724.415	Timbre et entreprise en régies	219.265.027
Justice	2.985.940	Recettes des biens nationaux	12.864.792
Présidence du conseil des ministres	1.081.709	Revenus des colonies	5.000.000
Pensions	41.695.752	Indemnité du Maroc	2.500.000
Ministère des affaires étrangères	3.253.118	**Total**	**735.868.647**
Grâce et justice	52.629.307	DETTE	
Ministère de la guerre	122.291.918	Dette consolidée	7.641.558.361
— de la marine	25.984.774	Rentes inscrites non converties	760.862.740
— de l'intérieur	40.831.924	Dette amortissable	401.311.459
— des finances	133.156.680	Obligations de chemins de fer, etc.	607.154.750
— des travaux publics	48.857.209	Dettes convertibles en dette consolid.	211.575.670
Dépenses extraordinaires	2.775.000	**Total**	**9.622.442.980**
Total	**735.765.184**	Intérêts	100.317.067

MONNAIES : Le système monétaire de l'Espagne est basé sur la convention conclue en 1865, entre la France, la Belgique, l'Italie et la Suisse ; l'unité porte le nom de *peseta* au lieu de celui de franc ; elle se divise en 100 cent.

GUERRE — DIV. MILITAIRES — ARMÉE — PLACES FORTES

DIVISIONS MILITAIRES. L'Espagne se divise en 14 capitaineries générales, y compris les Baléares et les îles africaines des Canaries, Nouvelle-Castille, Catalogne, Aragon, Andalousie, Valence et Murcie, Galice, Grenade, Vieille-Castille, Estramadure, Burgos, Navarre, provinces Vascongades, les Baléares et les Canaries. Cuba, Puerto-Rico et les Philippines forment séparément 3 autres capitaineries générales. Les capitaineries sont subdivisées en commandements militaires.

L'ARMÉE se compose de l'armée active et de la réserve provinciale :

ARMÉE ACTIVE : *Garde*. 2 compagnies de gardes-hallebardiers (chacune 113 hommes). 1 escadron du cortège du roi. — *État-major général*. 9 capitaines-généraux, 79 lieutenants-généraux, 129 maréchaux de camp (majors-généraux); 305 brigadiers. Total 522 hommes. — *État-major*. 163 officiers. 256 pour les places fortes, 24 officiers surnuméraires, 366 officiers du corps du génie, 818 officiers d'administration. Corps d'officiers de santé : 1 directeur général, 59 inspecteurs, 278 médecins et 175 pharmaciens. — *Infanterie*. 41 régiments de ligne, 20 bataillons de chasseurs et 40 bataillons de réserve (chaque bataillon 1.200 hommes). — *Cavalerie*. 12 régiments de lanciers, 9 de chasseurs, 2 de hussards, 12 escadrons de chasseurs indigènes (sueltas), 2 commissions de réserve. — *Artillerie*. 5 régiments à pied, 5 régiments montés (24 pièces), 1 régiment de position à 4 pièces, 3 régiments de montagne (36 pièces) et 1 escadron de remonte. — *Génie*. 4 régiments de 2 bataillons.

RÉSERVE PROVINCIALE : 51 bataillons de 6 compagnies et 8 bataillons sédentaires; outre cela il y a 6 bataillons et 2 sections de miliciens dans les Canaries. — Corps de carabiniers (douaniers) répartis entre 6 districts et 31 commandements. (542 officiers, soldats 12.912).

L'effectif de l'armée est de 230.000 hommes en Espagne ; 70.000 dans les colonies.

PLACES FORTES. Gerona, Ceuta (Afrique), Tarragona, Lérida, Tortosa, Cadix, Badajoz, Olivenza, Alcantara, Ciudad Rodrigo, Vigo, San-Sebastian.

MARINE — MARINE DE L'ÉTAT — MARINE MILITAIRE — COLONIES — ILES — SUPERFICIE — POPULATION

MARINE DE L'ÉTAT	Can.	Chevaux
Navires 1re classe.		
6 frégates blindées	89	5.100
9 frégates à hélice	249	5.020
2 vapeurs à aubes	15	1.000
Navires 2e classe.		
8 vapeurs à aubes	30	2.450
10 navires à hélice	45	2.055
2 transports à hélice	»	600
Navires 3e classe.		
17 navires à hélice	38	2.420
31 canonnières	37	1.550
5 vapeurs à hélice	9	627
5 transports à hélice	»	410
Navires non classés.		
2 vapeurs (commiss. hydrogr.)	4	250
30 petits vapeurs	40	1.250
Total	**555**	**22.472**

5 vaisseaux-écoles (54 canons). — 2 navires à voiles.
Personnel : 398 officiers (20 amiraux, 250 enseignes), 14.000 matelots — 6 bataillons infanterie de marine. 5.500 hommes.

MARINE MARCHANDE. En 1877, le nombre de navires de long cours était de 2.904, jaugeant 557.320 tonnes, dont 250 vapeurs de 176.250 tonnes et 2.074 navires à voiles de 509.767 tonnes.

COLONIES. Cuba — Porto-Rico } V. Amérique.

ILES. Philippines — Carolines — Palaos — Mariannes } V. Asie et Océanie.

— Canaries — C. Guinée } V. Afrique.

SUPERFICIE. 504.511 kilomètres carrés.

POPULATION. 8.096.800 habitants.

ESPAGNE

TABLE POLITIQUE ET ADMINISTRATIVE

	IMPORTATION
COMMERCE	Boissons fermentées, café, sucre, vanille, animaux, houilles, matières textiles, machines, vaisseaux, filets, tissus, couleurs. IMP. (1873) 333.500.000 fr. pour toute l'Espagne; 1874, 582.000.000 fr. pour les provinces non occupées par les carlistes.
IMPORTATION	**EXPORTATION** Vins, eaux-de-vie, fruits, soie, coton, safran, céréales, légumes, mercure, liège, huile, sparterie, farine, poissons, riz, sel, cuivre, etc. Exp. 378.200.000 fr. pour toute l'Espagne; 1874, 403.000.000 fr. pour les provinces non occupées par les carlistes.
EXPORTATION	**PORTS.** S. Sébastien, Santander, La Corogne, Vigo, Cadix, Malaga, Carthagène, Alicante, Valence et Barcelone.
PORTS	**POIDS ET MESURES.** Le système métrique.
POIDS ET MESURES	**INSTRUCTION PUBLIQUE.** Les écoles primaires, publiques ou privées, sont au nombre de 24.353, soit une pour 147 familles ; on comptait, en 1860, 1.252.000 élèves, soit 1 sur 57 habitants. Les écoles coûtent en ressources ordinaires et extraordinaires 3.600.000 fr. Ne sachant Hom. 5.055.000 à peu près lire ni Fem. 6.803.000 30 sur 100 qui écrire. Tot. 11.858.000 savent lire. La surveillance des écoles appartient exclusivement à l'Eglise.
INSTRUCTION PUBLIQUE	**TÉLÉGRAPHES.** Longueur des lignes 13.618 kilom. (1876); nombre de bureaux 280 ; nombre de dépêches expédiées 1.560.897 ; nombre des dépêches reçues de l'étranger 75.357. Recettes 2.949.310 fr.
TÉLÉGRAPHES	**POSTES.** Nombre de bureaux, 2.358 (1874); nombre de lettres, 80.632.911.
POSTES	**CHEMINS DE FER.** En exploitation au 1er janvier 1876, 5.796 kilom.
CHEMINS DE FER	**CANAUX.** Environ 500 kil. sans compter la canalisation de l'Ebre par laquelle Saragosse se trouve en communication navigable avec la mer.
CANAUX	
SUPERFICIE	Espagne 494.946 kilom. carrés ; les Baléares, 4.817 ; les Canaries, 7.275 ; — total, 507.036 kil. c. (33 hab. par kil. c.)
POPULATION	Espagne : 16.262.422 habit.; les Baléares, 289.225 ; les Canaries, 283.859 ; — total, 16.835.506 hab. (Nombre approximatif de la langue basque, 556.000 ind. (1875).) Naissances (1870) 598.347 ; mariages 103.807; décès 512.249.

16 ANCIENNES PROVINCES.	48 PROVINCES NOUVELLES DIVISIONS depuis 1845.	PRINCIPALES VILLES avec leurs habitants par mille.	SUPERFICIE POPULATION hab. par kil. carré.
NUOVA CASTILLA	MADRID	7.762—487.482— 63	Madrid, 352.
	CIUDAD REAL	20.305—264.649— 13	Ciudad Real, 12.
	CUENCA	17.419—258.731— 14	Cuenca, 7.
	GUADALAJARA	12.610—208.638— 17	Guadalajara, 6.
	TOLEDO	14 468—342.272— 24	Toledo, 175.
ESTRAMAD.	BADAJOZ	22.500—431.922— 19	Badajoz, 22.
	CACERES	20.755—302.455— 15	Caceres, 12.
LEON	LEON	15.971—350.092— 22	Léon, 7.
	PALENCIA	8.097—184.668— 23	Palencia, 13.
	SALAMANCA	12.794—280.870— 22	Salamanca, 135.
	VALLADOLID	7.880—242.584— 31	Valladolid, 60.
	ZAMORA	10.711—250.968— 23	Zamora, 9.
ANTIQUA CASTILLA	AVILA	7.722—175.219— 23	Avila, 6.
	BURGOS	14.655—333.560— 24	Burgos, 14.
	SEGOVIA	7.028—150.812— 21	Segovia, 7.
	SORIA	9.955—158.699— 16	Soria, 15.
ANDALOUSIA	ALMERIA	8.553—361.535— 42	Almeria, 27.
	CADIZ	7.276—426.499— 59	Cadiz, 62. Jerez, 55.
	CORDOBA	13 442—382.632— 28	Cordoba, 45.
	GRANADA	12.787—485.346— 38	Granada, 65.
	HUELVA	10.676—196.469— 18	Huelva, 7.
	JAEN	13.426—592.100— 29	Jaen, 18.
	MALAGA	7.313—505.010— 69	Malaga, 92.
	SEVILLA	13.714—515.011— 58	Sevilla, 80.
MURCIA	ALBACETE	15.466—220.973— 14	Albacete, 13.
	MURCIA	11.597—439.067— 38	Murcia, 55.
VALENCIA	ALICANTE	5.434—440.470— 81	Alicante, 51.
	CASTELLON	6.536—296.222— 47	Castellon, 20.
	VALENCIA	11.272—665.141— 59	Valencia, 108.
CATALOGNA	BARCELONA	7.731—762.535— 98	Barcelone, 180.
	GERONA	5.884—325.110— 55	Gérona, 8. Olot, 10.
	LERIDA	12.365—350.548— 27	Lérida, 12.
	TARRAGONA	6.549—350.383— 55	Tarragona, 56.
ARAGONA	HUESCA	15.224—274.623— 18	Huesca, 10.
	TERRUEL	14.229—252.201— 18	Terruel, 7.
	ZARAGOZA	17.112—401.894— 23	Zaragoza, 56.
BISCAYA	AVALA	3.122—103.380— 33	Vitoria, 123.
	GUIPUZCOA	1.885—180.743— 96	Saint-Sébastien, 15.
	LOGRONO	5.038—182.941— 36	Logroño, 12.
	VISCAYA	2.198—187.926— 85	Bilbao, 30.
NAVARRA	NAVARRA	10.478—318.687— 30	Pamplona, 22.
GALICIA	CORUNA	7.973—630.504— 79	Coruna, 20.
	PONTEVRADA	4.504—480.145— 107	Pontevedra. 42.
SANTANDER	LUGO	9.808—475.836— 49	Lugo, 6.
	ORENSE	7.093—402.790— 57	Orenze, 5.
	SANTANDER	5.471—241.584— 44	Santander, 21.
ASTURIA	OVIEDO	10.596—610.883— 58	Oviedo, 9, Gijon, 6.
BALEARES	BALÉARES	4.317—289.225— 60	Palma, 40.

(RÉPUBLIQUE) ANDORRE (CAP. ANDORRE-LA-VIEILLE)

SITUATION ASTRONIQUE	42° 25' — 42° 40' lat. nord. 0° 40' — 0° 50' long. ouest.
CLIMAT	La vallée d'Andorre, entourée de hautes montagnes, et arrosée par plusieurs ruisseaux qui y prennent leur source, jouit d'un bon climat.
GOUVERNEMENT	La République est gouvernée par un *Conseil général* de 24 membres élus pour 4 ans. Ce Conseil a pour président un *premier syndic* assisté d'un second syndic; ils sont nommés tous les deux ans par les membres du Conseil. Le POUVOIR EXÉCUTIF appartient au premier syndic, le POUVOIR JUDICIAIRE est exercé par deux viguiers et un juge civil. La France et l'évêque d'Urgel nomment chacun un viguier.
JUSTICE	Le juge civil est nommé alternativement par la France et par l'évêque d'Urgel. Le juge de paix aux Cabanas (Ariège) remplit actuellement ces fonctions.
CULTES	Religion catholique. Les autorités religieuses sont nommées par l'évêque d'Urgel durant 4 mois de l'année et, proposées par lui, nommées par le Pape durant les 8 autres mois.
INTERIEUR	Andorre est divisée en 6 paroisses : Andorre-la-Vieille, Canillo, En Camp, Massana, Ordino, S. Julian de Loria.
FINANCES	Les revenus consistent dans le produit du fermage des pâturages communaux, en un faible droit sur les bestiaux étrangers, et en un impôt personnel et foncier très-modique. Toutes les fonctions étant gratuites, ces revenus sont destinés à acquitter le tribut biennal dû à la France (960 fr.) et la redevance également biennale (891 fr.) payée à l'évêque d'Urgel, enfin à rémunérer le médecin, le chirurgien et le pharmacien.
GUERRE	ARMÉE. Il n'y a pas d'armée permanente, mais les citoyens doivent se réunir en armes, sur l'appel du viguier, lorsque la sécurité est ou paraît menacée.
COMMERCE	Élevage des mules et de l'espèce ovine et bovine. Récolte et fabrication du tabac.
SUPERFICIE	500 kilom. carrés (10 à 30 hab. par kilom. carré).
POPULATION	Varie entre 4 et 12.000 habitants.

(ROY.) GRANDE-BRETAGNE ET IRLANDE (CAP. LONDRES / LONDON)

SITUATION ASTRONOMIQUE : 50° — 58° 40' latitude nord et 0° 06' — 15° longitude ouest.

CLIMAT
ANGLETERRE. La température varie selon les différents points de la surface : à Londres, la température moyenne est de + 10°25; la plus basse + 5°, la plus haute + 17°48. La partie la plus chaude est la péninsule qui s'étend au S.-O., entre la Manche et le canal de Bristol. La quantité d'eau tombant est de 914 millimètres, dont 126 millimètres sous forme de rosée ou de brume.
ECOSSE. Température moyenne + 8°. Il tombe par an 60 cent. à 70 cent. de pluie sur la côte orientale, et 95 cent. à 98 cent. sur la côte occidentale.
IRLANDE. Température moyenne 8°89 dans le N., et 11°11 dans le S. Il y tombe une grande quantité de pluie, et l'atmosphère est souvent chargée de brouillards : on évalue, en effet, à 1 mètre 50 par an la quantité d'eau pluviale déversée sur le sol.

GOUVERNEMENT — CHEF DE L'ÉTAT — POUV. EXÉCUTIF — POUV. LÉGISL.
CHEF DE L'ETAT. VICTORIA I, reine de la Grande-Bretagne et d'Irlande, impératrice des Indes, née en 1819, avènement 1857. (ALBERT-EDOUARD, prince de Galles, né en 1841.) La GRANDE-BRETAGNE est une monarchie constitutionnelle et héréditaire pour les deux sexes. Le POUVOIR EXECUTIF est exercé par le chef de l'Etat, assisté par des ministres responsables (Cabinet). Le POUVOIR LEGISLATIF est partagé entre le chef de l'Etat, la chambre des Lords et la chambre des Communes, dont la réunion forme le Parlement. La *chambre des Lords* (491 membres) est composée : 1° des pairs héréditaires; 2° des pairs dont la pairie est créée par le roi; 3° des prélats anglais, en vertu de leur dignité (english bishops); 4° des pairs élus à vie (irish peers); 5° des pairs élus pour la durée du Parlement (scottish peers). Il y a aussi 9 dames qui sont pairs de leur droit propre, mais qui n'ont pas siège à la chambre. La *chambre des Communes* composée de 652 membres (487 pour l'Angleterre, 105 pour l'Irlande, 60 pour l'Ecosse), élus par les villes, les comtés et par les universités. La loi électorale est basée sur l'acte de réforme du 15 août 1867 qui a donné le droit de vote à tout chef de ménage. *Cabinet*. Le nombre des membres du Cabinet est variable. En font toujours partie : le premier lord de la Trésorerie, le lord Chancelier, le Chancelier de l'Echiquier, les cinq secrétaires d'Etat, et, au moins 5, au plus 7 à 8 hauts fonctionnaires. — MINISTÈRES. Les ministères de la *Trésorerie*, de *l'Intérieur*, des *Affaires étrangères*, de la *Guerre*, de *l'Inde*, de *l'Amirauté* (de la *Marine*), du *Commerce*, de la *Justice*, Comité du conseil privé pour l'éducation.
ECOSSE. D'après le bill de réforme de 1852, l'Ecosse nomme 53 membres à la chambre des Communes, 30 pour les comtés, et 23 pour les cités, bourgs et villes. Les pairs écossais choisissent 16 d'entre eux pour les représenter à la chambre des Lords. Ces pairs ne siègent, ainsi que les membres des Communes, que pendant le Parlement.
IRLANDE. Le gouvernement local est entre les mains d'un lord-lieutenant nommé par la reine, et assisté dans ses fonctions d'un conseil privé. L'Irlande est représentée au Parlement par 105 membres, dont 64 pour les comtés, 39 pour les villes et les bourgs, et 2 pour l'université de Dublin.

JUSTICE
Il y a dans chaque comté un nombre indéterminé de *juges de paix* pris parmi les propriétaires les plus considérés de la contrée : ils ont des attributions administratives et judiciaires, et leur compétence embrasse le civil et le criminel. On compte environ 18.500 juges de paix. La justice civile inférieure (de 1re instance) est en outre exercée par les 60 *county courts* (tribunaux d'arrondissements). Les tribunaux supérieurs de droit commun sont au nombre de 4, siégeant à Westminster. Il y a aussi dans la cité de Londres 2 tribunaux de police où siègent le maire (à Mansion house) et un alderman (à Guildhall).
La liberté personnelle est assurée par la faculté, à toute personne arrêtée illégalement, de poursuivre devant les tribunaux le juge qui lui a refusé un *writ d'habeas corpus*.

CULTES
L'Eglise d'Angleterre est l'église protestante épiscopale (église anglicane), la reine est le chef suprême de cette église. Il y a deux archevêchés (Cantorbéry et York) et 28 évêchés. L'archevêque de Cantorbéry est le primat de l'Eglise. L'Eglise d'Ecosse est l'église protestante presbytérienne, dont tous les ministres sont égaux. L'Eglise d'Irlande est l'église anglicane, dont les membres forment le sixième de la population; la plus grande partie des dissidents est catholique. Les évêques catholiques sont investis par le pape, sur la présentation de leurs collèges. Il existe en Grande-Bretagne et en Irlande un grand nombre de sectes protestantes dont voici les principales : Indépendants ou Congrégationalistes, Anabaptistes, Quakers ou Sociétés des Amis, Unitaires, Frères moraves, Méthodistes Wesleyens, Chrétiens bibliques, Frères, etc.

INSTRUCTION PUBLIQUE
Des trois royaumes, l'ECOSSE est le plus avancé pour l'éducation populaire, bien que l'instruction soit maintenant obligatoire dans tout le royaume. L'instruction est donnée par les paroisses, les bourgs et les cités, les universités et les établissements particuliers. Pour *l'instruction primaire* on compte en Ecosse environ 1.953 écoles avec 219.444 élèves et en Irlande 6.914 écoles avec 1.024.700 élèves; il y a en outre 135 fermes-écoles annexées à des écoles primaires. On comptait en Angleterre et dans le pays de Galles (1874) : 13.245 écoles avec 2.982.981 élèves. *Instruction secondaire*. Chacun des trois royaumes a son système propre, et c'est l'Ecosse qui obtient les meilleurs résultats. L'enseignement s'y donne dans des collèges communaux dit *burgh schools*, et dans des écoles ou cours spéciaux pour l'industrie et le commerce.
En IRLANDE l'instruction secondaire se donne dans des collèges dépendant des universités, soit dans des écoles fondées par des particuliers. L'ANGLETERRE possède un grand nombre d'écoles publiques secondaires : en première ligne figurent les grandes écoles d'Eton (800 élèves), de Harrow (520) et de Rugby (500); d'autres moins nombreuses sont situées à Londres, à Winchester et à Shrewsbury. *L'instruction supérieure* est donnée par les universités. Les plus célèbres sont celles d'Oxford et de Cambridge, en Angleterre; celles d'Edimbourg, de Glasgow et d'Aberdeen, en Ecosse; l'université de Dublin, l'université de la Reine, les collèges de Belfast, de Cork, Galway, de Rothfarnham et de Maynooth, en Irlande. *Ecoles militaires* : Angleterre, académie royale de Woolwich pour l'artillerie, collège royal de Sandhurst pour la cavalerie et l'infanterie, le Staff collège ou école d'état-major, également situé à Sandhurst.

INTÉRIEUR — BIENFAISANCE
Le royaume uni de GRANDE-BRETAGNE et d'IRLANDE comprend : L'ANGLETERRE avec le PAYS DE GALLES (*Wales*) l'ECOSSE, l'IRLANDE et les îles voisines, les ORCADES, les HEBRIDES, les SHETLAND, MAN, ANGLESEY, WIGHT et les ILES-ANGLO-NORMANDES. La principale division administrative est le *comté*; il y en a 40 en Angleterre, 12 pour le pays de Galles, 33 en Ecosse, et 32 en Irlande. Les comtés se divisent en *hundreds* et ceux-ci en *tithings*. Les principaux fonctionnaires du comté sont : le *lord-lieutenant*, assisté par un ou plusieurs adjoints, le *shérif*, les *juges de paix* et les *coroners*. Le lord-lieutenant est nommé par la couronne, il choisit ses adjoints qui forment avec lui *la lieutenance du comté*. Le shérif est nommé chaque année par la couronne, sur la proposition des juges des cours supérieures et des grands dignitaires de l'Etat. Le shérif est chargé du maintien de la paix publique et de l'exécution de la loi. Les *juges de paix* sont nommés par le chancelier, sur la proposition du lord-lieutenant. Le *coroner* représente dans une certaine mesure le ministère public en Angleterre; il est le mandataire de la couronne, bien qu'il soit élu par les francs tenanciers des comtés. Quelques-uns cependant sont nommés par le souverain et d'autres par quelques villes. Chaque comté a de 3 à 6 coroners.
BIENFAISANCE. On a dans chaque paroisse, ou dans plusieurs paroisses rassemblées en *unions*, des maisons de travail (*workhouse*) surveillées par les *bureaux de gardiens* qui ont à leur tour surveillés par un comité central, composé de commissaires permanents siégeant à Londres. Les pauvres valides qui refusent d'entrer dans les maisons de travail ou d'accepter le travail qu'on leur offre sont privés de tout secours. Dépenses, 258.369.600 fr., dont Angleterre 192.265.475, Ecosse 21.281.125, Irlande 25.022.000.

GRANDE-BRETAGNE ET IRLANDE (SUITE)

FINANCES
DÉPENSES
RECETTES
DETTE
MONNAIES

DÉPENSES	FR.	RECETTES	FR.
Dette publique (intérêts)	710.518.775	Douanes (Customs)	499.225.000
Fonds consolidés (Liste civile et apanages 14.093.875)	41.059.625	Accise (Excise)	686.600.000
Services civils	349.563.825	Timbre (Stamps)	273.900.000
Marine 274.464.800		Impôt foncier	66.750.000
Armée 490.504.100 }	764.788.900	— sur le revenu	145.500.000
Frais de perception des recettes (Postes 79.633.650. Télégraphes 28.480.925)	194.396.275	Postes	153.750.000
		Télégraphes	32.750.000
		Domaines (Crownlands)	10.250.000
		Recettes diverses	125.357.450
Total	2.060.087.400	Total	1.994.082.450

DETTE : Dette consolidée 17.771.075.175
Dette non consolidée 515.075.000
Annuités 1.158.389.725
Total 19.444.559.900

MONNAIES : Or, livre sterling ou souverain = 20 shellings = 25 fr. environ ; 5 shellings ou couronne = 5 fr. 80. Argent, 1 shelling = 1 fr. 16. Cuivre, penny de 4 farthings = 0.10.

GUERRE
ARMÉE

Armée active. L'enrôlement volontaire est de 12 ans dans l'armée active, ou de 6 ans dans cette dernière et 6 ans dans la première réserve. L'armée active a pour auxiliaires la réserve, la milice, la yeomanry et les volontaires. *Milice.* Son service est limité aux Iles Britanniques, et le nombre des miliciens mis sur pied est fixé par le Parlement. Le contingent de chaque comté ou district est fixé par une ordonnance en conseil. S'il ne se présente pas dans un district un nombre suffisant d'hommes de bonne volonté, le secrétaire d'État de la guerre fait procéder à un tirage au sort, comprenant les hommes entre 18 et 35 ans. Dans ce cas, le remplacement est permis pour tout homme qui tombe au sort. *Yeomanry.* Cette milice se compose des propriétaires ruraux et des fermiers, qui, volontairement, forment un corps de cavalerie et supportent tous les frais d'habillement et d'équipement. *Volontaires.* Les volontaires forment des corps de fantassins, d'artilleurs et de cavaliers. Jusqu'en 1863, tout s'était fait par l'initiative individuelle, mais à cette époque le Parlement organisa cette institution sur des bases légales et permanentes.

MARINE
MAR. DE L'ÉTAT
STAT. NAVALES
MAR. MARCH.

MARINE DE L'ETAT : La flotte se compose de 64 navires blindés et d'environ 360 nav. à vapeur et 125 nav. à voiles. Sur ce nombre il y avait en activité, le 1er septembre 1878, 261 vaisseaux. *Personnel : Marine,* total général 81.447; 5.439 officiers, dont 607 à demi-solde, 14.378 sous-officiers, 19.790 marins, chauffeurs, etc., et 7.000 mousses. Total 46.607 personnes. *Les troupes de la marine* comptent 14.000 hommes dont la moitié environ est à flot (1 div. d'artillerie de marine de 16 comp. 100 off. et 2.801 hom. (Portsmouth), 3 div. d'inf. (48 comp.) à Chatham, Portsmouth et Plymouth : 297 off. et 10.794 soldats. La *réserve de la marine* 20.840 hom., dont 440 off. Total 81.447 hom. de personnel. Dans les chantiers de construction et les établissements on compte en outre environ 18.450 hommes, dont 1.345 dans les colonies.
STATIONS NAVALES : *Stations de la Grande-Bretagne,* Sheerness (embouchure de la Tamise), Portsmouth, Devonport (Plymouth). Queenstown (Irlande), escadre de la Manche, garde-côte et 1re réserve. *Stations étrangères,* escadr. détachées, Méditerranée, Amérique du Nord et Antilles, Pacifique, Chine (Hongkong), Indes orientales, Australie, cap de Bonne-Espérance et côte occidentale de l'Afrique.
MARINE MARCHANDE : *Royaume-Uni.* Nombre de vaisseaux (1877), 25.733, jaugeant 6.400,000 tonnes avec 268.355 hommes d'équipage, dont 4.564 vapeurs, jaugeant 2.139.000 tonnes et 21.169 navires à voiles jaugeant 4.261.000 tonnes. *Colonies* (1877), 58.248 vaisseaux jaugeant 8.133.000 tonnes. Total général : 60.981 nav. jaugeant 14.533.000 tonnes avec 621.237 hommes.

ARMÉE	Officiers	Off. sans brevet tamb. et tromp.	Soldats
ARMÉE ACTIVE			
État-major général et départem.	1.379	90	—
Garde à cheval	81	192	1.029
Cavalerie de ligne	558	1.178	9.907
École d'équitation	7	13	205
Artillerie à cheval (garde)	112	208	2.591
Artillerie	735	1.652	17.168
Génie	392	721	4.162
Infanterie de la garde	240	400	5.250
Infanterie de ligne	3.345	7.247	63.040
Régiment de l'Inde	102	150	1.580
Corps colonial	22	61	566
Service des hôpitaux	24	262	1.288
Train, etc.	8	500	2.506
Total	7.005	12.734	109.292
Établissements divers	112	461	89
Brigade de dépôts (en formation)	—	3.191	—
MILICE			
Artillerie et infanterie	3.338	—	136.413
YEOMANRY			
Cavalerie	1.000	—	14.078
VOLONTAIRES			
Cavalerie	—	—	505
Artillerie	—	—	31.825
Génie	—	—	6.295
Infanterie (chasseurs)	—	—	128.069
État-major	269	—	1.189

Il y a en outre dans les colonies environ 25.000 soldats. (Voir les diverses colonies.)

VAISSEAUX DE GUERRE (ACTIFS)	
Vaisseaux de ligne cuirassés	4
Frégates et corvettes cuirassées	11
— non cuirassées	31
Chaloupes et petits vaisseaux	65
Total	111
BATEAUX A VAPEUR DE RÉSERVE ET VAISSEAUX DE NAVIGATION	
Bateaux à vapeur de première réserve	9
— de réception et de dépôt	8
— de navigation	11
— d'arpentage	4
— de transport des troupes	3
— de transport, etc.	43
— de cabotage	33
— de réserve, etc.	8
Total	250

COMMERCE
IMPORTATION
EXPORTATION
CHEM. DE FER
POSTES
TÉLÉGRAPHES
PORTS

IMPORTATION : 9.860.500.000 fr.
EXPORTATION : 6.308.650.000 fr.
IMPORTATION des Colonies : 2.108.325.000 fr.
EXPORTATION des Colonies : 1.621.475.000 fr.
CHEMINS DE FER : En exploitation 27.506 kil., dont Angleterre 19.494, Ecosse 4.467, Irlande 3.545.
POSTES : Bureaux 13.447. Lettres 1.058.000.000 dont l'Angleterre 884.000.000, Écosse 100.000.000, Irlande 74.000.000; journaux et imprimés 318.000.000 dont Angleterre 256.000.000, Écosse 56.000.000, Irlande 26.000.000. Cartes postales 102.000.000.
TELEGRAPHES : Bur., 5.602, dont 1872 des chemins de fer. Lignes, 58.858 kil. Dépêches 21.977.084 (1877).
PORTS : Londres, Liverpool, Hull, Plymouth, Southampton, Bristol, Birmingham, Manchester, Sheffield, Leeds, New-Castle, Bradford, Brighton, Nottingham, Dundee, Édimbourg, Glasgow, Dublin, Belfast, Cork.

GRANDE-BRETAGNE ET IRLANDE (SUITE)

COMMERCE (SUITE) — POIDS ET MES.

POIDS ET MESURES : Depuis le 29 juillet 1864 l'usage du système métrique est facultatif en Angleterre. *Mesures de poids.* Livre avoirdupois (livre commerciale) = 453 gr. 59. Pour les métaux on se sert le foot (pied) troy = 12 onces = 373 gr. 24 ; 144 livres avoirdupois = 175 livres troy 192 onces avoirdupois = 175 onces. *Mesures de longueur.* L'unité est le yard qui se divise en 3 pieds ou 36 pouces = 914.38348 millim. L'unité usuelle est le foot (pied) tiers du yard = 30.479449 cent. et se subdivise en 12 inches ou pouce. L'inch (pouce) = 25.39954413 millimètres. *Mesures itinéraires.* Le mille légal, ou statute mille. On compte 69.042 milles au degré. Le mille = 1.6069 kil. *Mesures de superficie.* L'unité est l'acre = 40.4671 ares. *Mesures de capacité.* L'unité est le gallon impérial = 4,5435 litres.

VILLES PRINC. AVEC LEURS HAB. PAR MILLE.

Londres 3.489, Glasgow 545, Liverpool 522, Manchester 358, Birmingham 372, Dublin 315, Leeds 292, Sheffield 275, Edimbourg 245, Bristol 200, Bradford 174, Newcastle 140, Dundee 159, Hull 137, Portsmouth 125, Leicester 114, Sunderland 108, Brighton 101, Aberdeen 96, Nottingham 94, Oldham 89, Norwich 83, Wolverhampton 73, Plymouth 72, Greenock 70, Paisley 49, Perth 27.

SUPERFICIE

314.951 kilom. carrés sav. : Angleterre 151.020 Ecosse 78.893, Irlande 84.252 (103 hab. env. p. k. c., Angleterre 160 h. par k. c., Ecosse 45 h. par k. c., Irlande 65 h. par k. c.).

POPULATION (1877)

34.160.000 h. savoir : ANGLET*** 24.854.397, ECOSSE 3.593.929, IRLANDE 5.330.950. Selon les cultes : *Angleterre*, anglicans 11.781.000, dissidents 3.971.000 catholiques 1 058.000, israélites 39.000 ; *Ecosse* : anglicans 73.200, Eglise d'Ecosse 1.475000 dissidents 1.486.000, catholiques 520.000, israélites 6.400 env. ; *Irlande* : cath. romains 4.150.867, anglicans 667.979, presbytériens 497.648, méthodistes 43.441, membres d'autres sectes 52.442.
ANGLETERRE (1877): mariages 195.343, naissances 887.035, décès 500.348 ; ECOSSE : mar. 25.790. naiss. 126.824, décès 75.946 ; IRLANDE : mariages 25.078, naiss. 159.498, décès 95.509.

TABLES ADMINISTRATIVES

ÉCOSSE

DIVISION GÉOG. et POLIT.	habitants	kil. car.	hab. kil
1. NORTHERN	127.191	9.152	13
Shetland	31.605		
Orkney	31.272		
Caithness	39.989		
Sutherland	23.686		
2. NORT-WESTERN	168.486	19.181	9
Ross et Cromarty	80.909		
Inverness	87.480		
3. NORTH-EASTERN	595.093	9.816	40
Nairn	10.215		
Elgin	43.598		
Banff	62.010		
Aberdeen	244.607		
Kincardine	34.651		
4. EAST-MIDLAND	557.015	10.702	52
Zorfar	237.528		
Perth	127.741		
Zife	160.310		
Kinross	7.208		
Clackmannan	23.742		
5. WEST-MIDLAND	249.731	10.919	23
Stirling	98.179		
Dumbarton	58.839		
Argyll	73.635		
Bute	16.977		
6. SOUTH-WESTERN	1.183.095	5.935	199
Renfren	216.919		
Ayr	200.745		
Lanark	765.279		
7. SOUTH-EASTERN	469.936	4.802	98
Linlithgow	41.194		
Edinburgh	328.335		
Haddington	37.770		
Berwick	36.474		
Peebles	12.314		
Selkerk	14.001		
8. SOUTHERN	209.471	8.388	25
Roxburgh	53.965		
Dumfries	74.794		
Kirkenbright	41.852		
Wigtown	38.795		

IRLANDE

PROVINCES	habitants	kil. carr.	hab. kil
LEINSTER	1.335.966	19.736	68
MUNSTER	1.390.402	24.554	57
ULSTER	1.830.398	22.189	83
CONNAUGHT	845.993	17.773	47

TABLE DES COLONIES

	kil. carré	habit.
Gibraltar (1873)	5	25.143
Héligoland	5	1.913
Malte (1875)	569	147.506
En Europe	579	174.562
Iles de Bahama	15.960	39.162
Bermudes	106	13.502
Dominion du Canada	8.822.817	3.686.596
Iles Falkland	12.279	1.102
Guyane anglaise	221.242	193.491
Honduras	19.585	24.710
Jamaïque et îles Turks	10.883	508.052
Iles Leeward	1.845	120.786
Newfoundland	104.104	161.374
Trinité	4.543	109.638
Iles Windward	2.150	287.635
En Amérique	9.213.524	4.937.846
Iles Fiji	20.807	1.569
N. Galles du Sud	799.159	606.632
Nouv. Zélande	270.050	375.836
Queensland	1.730.721	181.288
Australie méridionale	985.720	210.442
Tasmania	67.894	105.663
Victoria	229.078	823.272
Australie occidentale	2.527.283	26.709
En Océanie	6.630.692	2.329.251

ANGLETERRE

COMTÉS	kil. car	habitants	hab. kil.
BEDFORD	1.196	146.257	122.2
BERKS	1.826	196.475	107.6
BUCKINGHAM	1.890	175.879	93.0
CAMBRIDGE	2.124	186.906	88.0
CHESTER	2.862	561.201	196.1
CORNWALL	5.355	562.343	102.5
CUMBERLAND	4.035	220.253	54.3
DERBY	2.665	379.394	142.3
DEVON	6.707	601.574	89.6
DORSET	2.558	195.537	76.4
DURHAM	2.519	685.089	271.9
ESSEX	4.292	466.456	108.4
GLOCESTER	3.238	534.640	165.1
HEREFORD	2.164	125.570	57.8
HERTFORD	1.583	192.226	120.1
HUNTINGDON	928	63.708	68.6
KENT	4.207	848.294	201.6
LANCASTER	4.934	2.819.495	591.7
LEICESTER	2.080	269.311	129.4
LINCOLN	7.185	436.599	60.7
MIDDLESEX	729	2.539.765	5621.0
MONMOUTH	1.491	195.448	131.1
NORFOLCK	5.481	438.656	80.0
NORTHAMPTON	2.442	243.891	99.8
NORTHUMBERLAND	5.056	386.646	76.4
NOTTINGHAM	2.129	319.758	150.6
OXFORD	1.913	177.975	93.0
RUTLAND	388	22.073	56.8
SALOP	3.545	248.111	74.5
SOMERSET	4.238	463.483	109.3
SOUTHAMPTON	4.331	544.684	125.7
STAFFORD	2.948	858.326	291.1
SUFFOLK	3.835	348.869	90.9
SURREY	1.958	1.090.635	562.7
SUSSEX	3.792	417.456	110.0
WARWICK	2.282	634.189	278.0
WESTMORELAND	1.964	65.010	33.1
WILTS	3.501	257.177	73.4
WORCESTER	1.911	338.837	177.5
YORK (East Riding)	3.111	241.672	77.8
— (City)	11	64.908	5900.7
— (North Riding)	5.463	234.817	43.0
— (West Riding)	6.918	1.854.172	268.0

PAYS DE GALLES (WALES)

ANGLESEY	783	51.040	66.4
BRECON	1.862	59.901	32.1
CARDIGAN	1.794	73.441	40.8
CARMARTHEN	2.434	116.710	47.5
CARNARVON	1.498	106.121	78.0
DENBIGH	1.562	105.402	67.2
FLINT	748	76.312	102.0
GLAMORGAN	2.216	597.859	179.5
MERIONETH	1.569	46.598	29.0
MONTGOMERY	1.956	67.623	133.5
PEMBROKE	1.626	91.998	55.2
RADNOR	1.101	25.430	23.0

PAYS	kil. carr.	habitants
Ascension	88	27
Colonie du Cap	580.395	720.984
Gambie	179	14.190
Côte d'Or	43.059	408.070
Griqua Land occid.	43.076	45.277
Lagos	15.000	62.021
Ile Maurice	1.847	359.371
Natal	48.560	326.939
Ste-Hélène	122	6.241
Sierra Léone	1.212	55.575
En Afrique	731.517	1.323.140
Aden	20	22.707
Ceylon	63.975	2.459.542
Hong-Kong	80	121.985
Inde anglaise	2.558.935	190.840.848
Labouan	78	4.898
Perim	12	211
Straits Settlements	3.742	308.097
En Asie	2.426.842	193.758.288

POSSESSIONS ANGLAISES EN EUROPE

Gibraltar, Héligoland et Malte, Colonies de la Couronne, c'est-à-dire colonies dans lesquelles la Couronne exerce un contrôle général sur la législation et sur l'administration. GIBRALTAR : *Dépenses,* 1,050,000 fr. *Recettes,* 1,000,000 fr. *Armée,* 4,918 hommes. — MALTE : *Dépenses,* 4,050,000 fr. *Recettes,* 4,575,000 fr. *Importation,* 214,625 fr. *Exportation,* 191,775 fr. *Armée,* 5,143 hommes.

GRÈCE [Hellas]
(ROYAUME) — (CAP. ATHÈNES)

SITUAT. AST. 36° 12′ — 39° 15′ lat. nord. 17° — 25° 48′ long. est.

CLIMAT Le climat au nord appartient aux régions tempérées du centre de l'Europe, le sud et l'est font partie de la zone subtropicale.

GOUVNEMENT CHEF DE L'ETAT. Georges I, roi, né en 1845 (maison de Slesvig-Holstein-Sonderbourg-Glücksbourg), avénement 1863 (Olga-Constantinovna, reine, née en 1851 ; Constantin, prince royal, né en 1868). La Grèce est une monarchie constitutionnelle et héréditaire. LE POUVOIR EXECUTIF est représenté par le roi, LE POUVOIR

POUV. EXÉCUTIF
POUV. LÉGISL. LEGISLATIF est exercé par une seule chambre : *la chambre des députés*, 187 membres élus pour 4 ans, par le VOTE DIRECT de la nation. 7 MINISTERES : *les ministères de la justice, des cultes et de l'instruction publique, des affaires étrangères, de l'intérieur, des finances, de la guerre, de la marine.*

JUSTICE LA COUR SUPRÊME (Aréopage) siège à Athènes. 4 COURS D'APPEL : Athènes, Nauplie, Patras, Corfou. COUR DES COMPTES à Athènes.

CULTES La religion orthodoxe grecque est celle du pays. Elle est indépendante du patriarche de Constantinople ; elle est administrée par un Saint Synode siégeant à Athènes, présidé par un archevêque métropolitain. Le continent et l'Eubée se divisent en 4 archevêchés : Athènes, Chalkis, Phthiotide, Acarnanie et Etolie, et 4 évêchés. Le Péloponèse se divise en 6 archevêchés : Argolide, Patras et Elide, Mantinée et Cynurie, Messène, Morembasie, Sparte, et en 6 évêchés. Dans les îles de la mer Egée, 1 archevêché : Syra et Tenos, et 3 évêchés. Dans les îles Ioniennes, 5 archevêchés : Corfou, Céphalouie, Ste-Maure (Leucades), Zante, Cérigo. Pour les catholiques romains, il y a 2 archevêchés : Naxos et Corfou, et 4 évêchés.

INST. PUBL. Les écoles publiques sont divisées en 4 classes : 1° les écoles communales (1050 avec 1041 maitres et 79.104 élèves dont 12.400 filles) ; 2° les écoles helléniques (136 avec 280 maitres et 7.646 élèves) ; 3° les gymnases (18 avec 120 professeurs et 2.560 élèves) ; 4° l'Université d'Athènes dont l'enseignement est réparti en 4 Facultés : théologie, droit, médecine et philosophie. On y compte 79 professeurs dont 19 suppléants et 8000 étudiants ; 9 écoles spéciales dont 1 école militaire, 1 école polytechnique, 1 école d'agriculture et 5 écoles navales. L'Arsakion, excellent collège pour les filles, est divisé en école primaire et en école hellénique.

INTÉRIEUR
NOMES La Grèce se divise en 15 NOMES ou NOMARCHIES, y compris les Cyclades et l'Eubée, subdivisées en 59 *éparchies*. Les cantons de l'éparchie portent le nom de *dime* ou dimarchies et les diverses communes rurales qui les composent sont administrées par des *parèdres* ou *adjoints du dimarque*. Ils sont tous nommés par le roi et reçoivent une légère rétribution.

FINANCES
DÉPENSES
RECETTES
DETTE
MONNAIES
POSTES
TÉLÉGRAPHES
CHEMIN DE FER

DÉPENSES		RECETTES	
Dette	8.553.749	Impôts directs	11.605.000
Pensions (liste civile, 1.125.000)	4.943.800	Contributions directes	18.155.000
Ministère de la justice	5.016.045	Etabl. publ. (postes, 650,000; télég. 500,000)	1.155.000
— des cultes et instruction	2.111.949	Domaines et vente des domaines	5.580.000
— des affaires étrangères	1.127.196	Recettes	1.252.000
— de l'intérieur	4.802.745	Arrérages	1.500.000
— des finances	1.803.270	Total	39.247.000
— de la guerre	7.637.104		
— de la marine	2.114.705	DETTES Dette extérieure	335.513.422
Frais d'administration, dépenses diverses	4.977.262	Dette intérieure	147.569.480
Total	41.067.825	Total	483.082.902

MONNAIES. L'unité monétaire est le *drachme*, il égale 1 franc, et se divise en 100 *leptas* (centimes). V. France.
POSTES. Bureaux, 140 ; lettres, 5.086.630 ; journaux, 1.995.959 ; dépêches offic., 670.914.
TÉLÉGRAPHES. Bureaux, 69. Lignes, 1600 kilom. Télégrammes (1874) 964.497, (1875) 254.205.
CHEMINS DE FER. En exploitat. la lig. d'Athènes au Pirée, 12 kil.

GUERRE
ARMÉE

Le service militaire est obligatoire. Les forces militaires se composent de l'*armée active* et de *la garde nationale* (1re et 2e réserve). La durée du service est de 12 ans, 3 ans dans l'armée active, 5 ans dans la 1re réserve et 6 dans la 2e. En temps de guerre on compte 30.000 hommes et 50 bouches à feu.

ARMÉE ACTIVE	offic.	soldats
Infanterie (15 bataillons)	380	9.971
Cavalerie (5 escadrons)	25	317
Artillerie (6 batteries à 5 pièces)	49	697
Gendarmerie	90	1.516
Pionniers	21	471
Employés au ministère de la guerre	186	342
Total	749	13.314

TABLE POLITIQUE
Superficie 50.211 kil. c. (29 hab. p. k. c.).

	kil.car.	popul.	hab.kil
Grèce centrale	19.575 —	341.058 —	17
Péloponèse	21.568 —	645.380 —	30
Iles de la mer Egée	6.568 —	205.846 —	32
Iles Ioniennes	2.412 —	219.030 —	91

ILES IONIENNES

	kil.car.	popul.	hab.kil
Corfou	580 —	72.450 —	125
Paxos ou Antipaxos	70 —	3.600 —	51
Leucade	475 —	21.000 —	44
Céphalonie	757 —	67.500 —	89
Ithaque ou Théaki	110 —	10.000 —	91
Zante ou Zakynthos	420 —	44.500 —	107

MARINE
MAR. DE L'ÉTAT
MARINE MARCH.

MARINE DE L'ETAT : 2 frégates blindées ; 7 vapeurs à hélice ; 12 navires à voiles. Personnel, 71 officiers ; 581 hommes.
MARINE MARCHANDE : 5.440 nav. jaugeant 262.032 tonnes, y compris 27 vapeurs, jaugeant 8.241 tonn. et 4.505 nav. jaugeant 4.571 tonn. — Equipage : 26.760 hommes env.

POIDS ET MESURES
Le système métrique. Pour les dénominations voir année 1878.

BIENFAISANCE. Etablissements de bienfaisance 59 dont 12 hôpitaux, 7 dépôts de mendicité, 6 orphelinats, 5 hospices pour les enfants naturels, 2 maisons d'aliénés, 1 hospice pour les ophthalmies, 2 monts-de-piété, 1 crèche, 1 asile pour les vieillards, 1 ladrerie, 1 lèprerie.

COMMERCE
IMPORTATION
EXPORTATION

IMPORTATION : (1875) 146 millions fr. (objets manuf., céréales, peaux, sucre, bois, bétail, riz, etc.).
EXPORTATION : (1875) 89 millions fr. (coton, raisins dit de Corinthe, plomb, huile d'olive, figues, tabac, vin, vallonée (pour teindre), etc.

POPULATION 1.437.026 hab. 1.389.953 Grecs ; 37.598 Albanais (Arnautes) ; 1.217 Moldo-Valaques, etc. (Marins hors du pays, etc., env. 47.000 y compris.) Selon les cultes : chrétiens de rite orthodoxe 1.441.810, chrétiens appartenant à d'autres communions 12.585, non chrétiens 5.499. — (1875) Naissances 410.444, mar. 89.229, décès 105,158.

VILLES PRINCIP. Athènes, 44.510 hab. ; Syra (Hermopie), 21.000 h. ; Patras, 19.641 h. ; Zante, 17.516 h. ; Corfou, 15.452 hab.

TABLE ADMINISTRATIVE DE LA GRÈCE

NOMES	kil. c., popul., hab. kil.	ÉPARCHIES AVEC LEURS HABITANTS PAR MILLE
Arcadie	3.253 — 131.740 — 40	Mantinée, 46.2 ; Kynuria, 26.7 ; Gartynia, 41.4 ; Megalopolis, 17.4.
Laconie	4.546 — 105.851 — 24	Lacédémone, 46.4 ; Gythion, 13.9 ; Itylos, 26.5 ; Epidauros Limera, 18.9.
Messénie	3.176 — 130 417 — 41	Kalamae, 25.0 ; Messénie, 29.5 ; Pylia, 20.9 ; Triphylia, 29 ; Olympia, 25.9.
Argolide et Corinthie	3.749 — 127.820 — 54	Nauplia, 13 ; Argos, 22.1 ; Corinthe, 42.8 ; Spezia, 19.9 ; Hydra et Trézène.
Cyclades	2.399 — 125.493 — 51	Syros, 50.6 ; Kea, 8.7 ; Andros, 19.7 ; Tinos, 11, Naxos, 20 ; Thira, 10.8.
Attique et Béotie	6.426 — 136.804 — 21	Attique, 76.9 ; Egine, 6.1 ; Mégare, 14.9 ; Thèbes (Thiva), 20.7 ; Livadi, 18.1.
Eubée	4.076 — 82.541 — 20	Chalcis, 29 ; Xérochorion, 11.2 ; Karystia, 3.9 ; Skopelos, 8.4.
Phthiotide et Phocide	5.316 — 106.421 — 20	Phthiotis, 26.7 ; Parnasis, 20.4 ; Lakris, 20.9 ; Doris, 49.1.
Acarnanie et Etolie	7.835 — 121.693 — 16	Missolonghi, 19 ; Valtos, 14 ; Trichonia, 14.5 ; Eurytania, 13 ; Naupactia, 22 ; Vonitza, 19.
Achaïe et Elide	4.942 — 149.561 — 50	Patras, 46.5 ; Aegialia, 12.8 ; Kalavryta, 59.2 ; Ilia (Elis), 51.
Corfou	1.107 — 96.940 — 88	Corfou, 77 ; Mes-i.21.8 ; Oros, 25 ; Paxi (Paxos), 5.6 ; Leucade ou Ste-Maure), 20.9.
Céphalonie	781 — 77.582 — 99	Krauccea, 35.4 ; Poli, 17.4 ; Sami, 16.8 ; Ithaque, 9.9.
Zante	719 — 44.557 — 62	Zacynthe (Zante), 44.6.

ITALIE

(ROYAUME) — (CAP. ROME)

SITUATION ASTRONOMIQUE : 46° 41' — 36° 58' latitude. 4° 15' — 16° 10' longitude.

CLIMAT : Palerme, moyenne, 18°; plus haut, 58°; plus bas, 2°. Naples, moy., 16°; pl. h., 40°; pl. b., 5°. Venise, moyenne, 13°; plus haut, 55°; plus bas, 1° 82.

PLUIE : A Palerme, moyenne 0m66; à Naples,1m947; à la base des Apennins, 1m10; au sommet, 2m40.

GOUVERNEMENT — CHEF DE L'ÉTAT — POUV. EXÉCUTIF — POUV. LÉGISLATIF : CHEF DE L'ÉTAT. Humbert 1er, roi, né en 1844 (maison de Savoie), avèn. en 1878. Reine Marie-Marguerite, née le 21 novembre 1851 (Victor-Emmanuel, prince royal, né en 1869). Le POUVOIR EXÉCUTIF est représenté par le chef de l'État. L'Italie est un royaume héréditaire et constitutionnel. LE POUVOIR LÉGISLATIF est représenté par deux chambres : *Chambre des sénateurs*, les membres choisis par le roi (le nombre est illimité). *Chambre des députés*, chacun des membres élu pour 5 ans. *Système électoral*: 508 collèges électoraux comprenant 400.000 électeurs. 9 MINISTÈRES : les ministres *de la justice, de la grâce et des cultes; des affaires étrangères; de l'intérieur; des finances; de la guerre; de la marine; de l'instruction publique; des travaux publics; du commerce, de l'industrie et de l'agriculture*. CONSEIL D'ÉTAT : 1 président, 5 présidents de section.

JUSTICE : Le premier degré est celui de la *judicature de paix*. Chaque commune a au moins un *conciliateur*, nommé pour 3 ans par le gouvernement sur la présentation du *conseil municipal*. Le *préteur* rend la justice dans les chefs-lieux des « mandements, » c'est le *juge de première instance*; il est assisté par un ou plusieurs *vice-préteurs*. Au-dessus du préteur siègent *les magistrats* des 151 *tribunaux civils et correctionnels*, puis viennent les juges des 24 *cours d'appel* et ceux des 4 *cours de cassation* (Florence, Naples, Palerme et Turin), qui prononcent en dernier ressort. Une *cour des comptes* pour tout le royaume. Le pays est divisé en 86 *districts de cours d'assises* et en 25 *districts de tribunaux de commerce*, également subordonnés aux cours d'appel et aux cours de cassation.

CULTES — CH. DE L'ÉGLISE CATHOLIQUE — CARDINAUX : La religion catholique, apostolique et romaine est la religion de l'État. Rome est la résidence du pape Léon XIII, CHEF DE LA RELIGION CATHOLIQUE. Les 70 *cardinaux* sont les grands dignitaires de ce gouvernement des âmes. Ils se divisent en 3 classes : les cardinaux qui résident à Rome (6), les cardinaux-prêtres à Rome et à l'étranger (50), les cardinaux-diacres (14). Lors de la vacance du Saint-Siège, le collège des cardinaux réunis en conclave nomme le nouveau pontife choisi parmi les candidats âgés de plus de 55 ans; il faut en outre l'assentiment des gouvernements de France, d'Espagne, d'Autriche et d'Italie pour que le nouvel élu soit proclamé, et reçoive le pallium et la tiare.
L'Italie se divise religieusement en 47 *archevêchés*, subdivisés en 206 *évêchés* et prélatures indépendantes. La population ecclésiastique se compose d'environ 100.000 prêtres. Les couvents sont supprimés depuis 1866.

INTÉRIEUR — PROVINCES — ARRONDISSEMENTS — COMMUNES : L'Italie se divise en 69 PROVINCES; celles-ci se divisent en 284 *circondarii* (arrondissements ou circonscriptions). Les arrondissements sont subdivisés en 1.779 « *mandamenti* » (mandements) qui sont des divisions purement judiciaires, et en 8.360 *communes*. Les provinces sont gouvernées par un *préfet* et par un *conseil de préfecture*. Le *sous-préfet* agit avec des attributions analogues dans les arrondissements; enfin le *sindaco* qui est le délégué du pouvoir dans la commune.

FINANCES — DÉPENSES — RECETTES — DETTE — MONNAIES

DÉPENSES

1° Ministère de la grâce, de la justice et des cultes; ord. : 27.493.626; extraordinaire : 251.240	27.744.866
2° Ministère des affaires étrangères, ordinaire : 6.051.261; extr. : 143.000	6.194.261
3° Ministère de l'intérieur, ordinaire : 54.367.581; extraord. : 4.157.394	58.524.975
4° Ministère des finances, ordinaire : 113.475.870; extraord. : 1.999.740	115.475.610
5° Ministère de la guerre, ordinaire : 175.717.379; extraord. : 27.206.000	202.923.379
6° Ministère de la marine, ordinaire : 42.063.476; extraord. : 2.287.935	44.351.411
7° Ministère de l'instruction publique, ord.: 26.102.751; extraord. : 1.181.898	27.284.649
8° Ministère des travaux publics, ord. 55.984.595; extraord. : 85.981.595. (Chemins de fer, ord. : 1.978.600 ; extraord. : 3.466.802 ; télégraphes, ord.: 7.054.334; extraord. 50.000; postes, ord. : 22.518.872)	140.998.189
9° Ministère du Trésor, ordinaire : 769.583.871; extraord. : 19.604.085 (intérêts et amortiss., 451.524.592; dette flottante, 57.569.185; pensions, 59.433.316; liste civile et apanages, 15.333.333, etc.)	789.187.926
Total	1.412.685.266

RECETTES

Rentes de l'actif de l'État	28.811.425
Impôts directs (imp. fonc° 123.725.401; impôt sur les revenus de la propriété mobilière 180 322.405)	447.247.806
Impôts indirects et monopoles (Douanes 116.000.000 / monopole du tabac 100.694.894, et du sel 80.500.000)	529.663.948
Loterie	72.400.000
Revenus des Services publics (postes 26.650.000; chem. de fer 36.050.000; télégr. 8.210.000; prisons 3.880.000)	90.083.000
Remboursements	16.246.692
Recettes diverses	4.587.500
Total des recettes ordinaires	1.188.540.571
— extraordinaires	16.526.245
Transformation de capitaux	118.689.354
Compensations	101.827.995
Total général	1.425.583.965

DETTES

Dette consolidée	7.180.815.599
Dettes séparément inscrites	1.183.280.045
— diverses, intérêts arriérés	406.472.540
— flottante	1.115.021.042
Total	9.885.589.226
Billets de la banque à cours forcés	1.484.400.000

MONNAIES. — L'unité monétaire est *la Lire* : 1 franc. (Voir page 84.)

GUERRE — ARMÉE — DIV. MILITAIRES — PLACES FORTES

ARMÉE	Offic.	Sous-officiers et soldats en serv.	en congé	Total
État-major (dont 130 généraux)	»	»	»	»
Administration, etc.	1.430	»	»	»
Infanterie de ligne	4.860	97.458	123.341	220.799
Bersagliers	760	16.245	21.147	37.492
Cavalerie	898	18.669	15.457	34.106
Artillerie	946	20.786	27.462	48.248
Génie	223	4.702	4.916	9.618
Service sanitaire	336	1.152	2.065	3.217
Service sédentaire	127	1.614	»	1.614
A reporter	9.580	160.636	194.368	355.004

ARMÉE	Offic.	Sous-officiers et soldats en serv.	en congé	Total
Report	9.580	160.636	194.368	355.004
Carabiniers (gendarmerie)	606	20.970	»	20.970
« Distretti » militaire	1.458	15.398	10.567	25.965
Instituts et établiss. divers	2.070	7.251	236	7.487
1re Armée perman^{te}	13.694	204.255	205.171	409.426
2e Réserve	1.016	14.786	166.409	181.195
3e Milice mobile	2.610	»	277.265	277.265
4e Offic. de réserve	1.516	»	»	»
Total général	18.836	219.041	648.845	867.886

Tous les hommes valides sont obligés de servir de 21 à 39 ans.

DIVISIONS MILITAIRES : 10 corps d'armée, 20 *divisions territoriales* subdivisées en 64 *districts militaires*.

PLACES FORTES : Mantoue, Peschiera, Legnano, Venise, Malghera, Palma, Rocca-d'Anfo, Alexandrie, Cassale, Gênes, Plaisance, Ferrare, Ancône, Gaëte, Capoue, Tarente, Messine.

ITALIE (UITE)

Marine de l'État

MARINE DE L'ÉTAT.	Nombres	Canons	Chevaux
Navires blindés	18	132	58.881
— à hélice	19	117	17.070
— à aubes	10	46	7.180
Transp. à hélice	13	44	3.072
— à aubes	6	»	854
Total...	66	339	93.063

MARINE DE L'ÉTAT — PERSONNEL : 425 offic. y compris 12 amiraux, 65 offic. mécaniciens, 30 offic. des arsenaux, 93 offic. comptables, 115 offic. de l'inf. de marine, 46 offic. constructeurs, 183 offic. du commissariat, 118 employés civils, 7.260 sous-offic. et matelots, 2.320 sold. de marine.

STATIONS NAVALES : Spezia, Gênes, Naples, Castellamare di Stabia, Venise, Ancône, Tarente.

MARINE MARCHANDE : 142 vap. jaugeant 57.881 tonnes, 10.905 nav. à voiles, jaug. 1.020.488. Pour les services des ports et des côtes, 9.043 navires. Barques de pêch., 13.956, jaug. 48.785 tonnes.

INSTRUCTION PUBLIQUE — Écoles primaires (1875) 45.380. — 1.659.107 enfants. — d'adultes (1869) 4.619. — 153.235 personnes. — second. (lycées, gymn.) 512. 23.408 personnes. Universités, 22. — 10.524 personn. Env. 35 Italiens sur 100 sav. lire.

TRAVAUX PUBLICS — CH. DE FER (1877) en expl. 7.804 k. (privé, 6.079 k., à l'État, 1.625 k.) Id. en construction, 670 k. (privé 529 k., à l'État, 341 k.) CANAUX et RIVIÈRES NAVIGABLES : 2 990 kil.

TÉLÉGRAPHES : 80.609 kil., non compris 178 kil. de câbles sous-marins. Bureaux : 1.292, non compris 33 bureaux sémaphoriques. Dépêches : 5.580.402.

POSTES : Bureaux (1875) 3.010. Lettres (1875) 119.894.126. Imprimés : 113.849.538. L'Italie fait partie de l'*Union générale des postes*.

BIENFAISANCE : 19,835 œuvres et institutions de bienf., 153 hospices de maternité, 32 maisons d'aliénés; 853 salles d'asile, avec 102,818 enfants des deux sexes. Sociétés de secours 443, avec 121,635 membres.

COMMERCE — IMPORTATION.. 1.154.000,000 fr (Céréales, tabac, denrées coloniales, vins, soie, tissus, corderies, matières textiles, etc.) EXPORTATION.. 967.000.000 fr. (Matières textiles, objets manufacturés, marbre, soie, fruits, vins, etc.)

PORTS : Gênes, Venise, Ancône, Brindisi, Bari, Barletta, Malfetta, Reggio, Naples, Civita-Vecchia, Livourne, Castellamare di Stabia, Spezia, Messine, Catane, Palerme, Syracuse, Girgenti, Marsala.

POIDS ET MESURES (Syst. métriq.)

SUPERFICIE — 296.013 kil. carrés dont 133.500 cultivés, 71.000 pâturages et prairies, 51.513 forêts, 40.000 terrains incultes.

POPULATION — 27.482.174 habit. dont 27.022,653 cathol., 58.800 protest., 35.500 israél., 365.221 d'autres cultes. (92 habitants par kil. carré.)

NAISSANCES — Environ 1 million par an (1873 : 1.015.339; 1874 : 978,649; 1875 : 1.055.377.)

MARIAGES — Environ 200.000 par an (1875 : 214.906; 1874, 207.997; 1875 : 230.486.)

DÉCÈS — Environ 840.000 par an (1873 : 842.524; 1874 : 854.244; 1875 : 843 161.)

TABLE POLITIQUE ET ADMINISTRATIVE

DIVISIONS TERRITORIALES.	69 PROVINCES	SUPERFICIE POPULATION Habitants par kilom. c.	PRINCIPALES VILLES avec leurs hab. par mille.
PIEMONTE (Piémont)	Novara (Novare)	6.544— 624.985— 95	Novara, 14.4.
	Torino (Turin)	10 270— 972.986— 97	Torino, 192.5.
	Alessandria (ie)	5.055— 685.361—135	Alessandria, 28.1.
	Cuneo (Coni)	7.136— 618.232— 87	Cuneo, 12.8.
LOMBARDI (Lombardie)	Sondrio	3.260— 111.241— 34	Sondrio, 3.5.
	Como (Come)	2.717— 477.642—276	Como, 11.6.
	Bergamo (Bergame)	2.660— 368.152—138	Bergamo, 22.6.
	Milano (Milan)	2.995—1.009.794—357	Milano, 199.
	Brescia	4.621— 456.023— 99	Brescia, 40.5.
	Pavia (Pavie)	5.350— 448.435—135	Pavia, 28.7.
	Cremona (Cremone)	1.736— 300.595—173	Cremona, 28.
	Mantova (Mantoue)	2.216— 288.942—150	Mantova, 50.
LIGURIA (Ligurie)	Porto Maurizio	1.210— 127.053—105	Port° Maurizio,6.3
	Genova (Gênes)	4.114— 716.739—174	Genova, 130.5.
VENEZIA (Vénétie)	Verona (Vérone)	2.834— 367.437—129	Verona, 60.
	Vicenza (Vicence)	2.696— 365.161—135	Vicenza, 53.3.
	Belluno (Bellune)	3.271— 175.282— 54	Belluno, 18.6.
	Padova (Padoue)	2.086— 364.430—175	Padova, 53.6.
	Rovigo	1.689— 200.835—119	Rovigo, 9.6.
	Treviso (Trévise)	2.431— 352.538—143	Treviso, 22.2.
	Udine	6.431— 481.586— 75	Udine, 25.2.
	Venezia (Venise)	2.199— 357.538—163	Venezia, 128.1.
EMILIA (Emilie)	Piacenza	2.500— 225.775— 90	Piacenza, 34.9.
	Parma (Parme)	3.240— 264.581— 82	Parma, 44.9.
	Reggio	2.288— 240.635—105	Reggio, 21.2.
	Modena (Modène)	2.502— 273.231—109	Modena, 30.9.
	Ferrara (Ferrare)	1.216— 215.569— 97	Ferrara, 28 5.
	Bologna (Bologne)	3.604— 439.252—122	Bologna, 89.1.
	Ravenna (Raven.)	1.922— 221.115—115	Ravenna, 19.1.
	Forli	1.855— 234.090—126	Forli, 17 7.
MARCHES	Pesaro et Urbino	2.965— 213 072— 72	Pesaro, 10.8.
	Ancona (Ancône)	1.916— 262.349—136	Ancona, 28.1.
	Macerata	2.737— 256.994— 87	Macerata, 10.1.
	Ascoli Piceno	2.096— 203.004— 97	Ascoli Piceno.11.1
UMBRIA (Omb.)	Umbria (Ombrie)	9.653— 549.601— 57	Perugia, 14.9.
TOSCANA (Toscane)	Massa et Carrara	1.760— 161.944— 92	Carrara, 6.8.
	Lucca (Lucques)	1.494— 280.399—193	Lucca, 22.
	Firenze (Florence)	5.861— 766.824—131	Firenze, 125.5.
	Livorno	526— 118.831—363	Livorno, 80.9.
	Pisa (Pise)	3.056— 263.939— 87	Pisa, 25.9.
	Arezzo	3.306— 234.645— 71	Arezzo, 41.1.
	Siena (Sienne)	3.795— 206.446— 55	Siena, 28.
	Grosseto	4.435— 107.437— 25	Grosseto, 3.9.
ROMA (Rome)	Roma (Rome)	11.790— 836.704— 71	Roma, 219.6.
ABRUZZO & MOL. (Abruzzes)	Abruzzo Ult. I™	3.325— 246.004— 74	Teramo, 9.6.
	Abruzzo Ult. II	6.500— 332.784— 51	Aquila degli Ab. 12
	Abruzzo Citer.	2.861— 339.986—119	Chieti, 12.9.
	Molise	4.604— 364.208— 79	Campobasso, 13.4
CAMPANIA (Campanie)	Terra di Lavoro	5.975— 697.403—117	Capua, 12.5.
	Benevento	1.752— 232.008—121	Benevento, 16.5.
	Napoli (Naples)	1.111— 907.732—817	Napoli, 415.6.
	Principauté Cit	5.481— 541.758— 99	Salerno, 21.
	Principauté Ult.	3.649— 573.691—103	Avellino, 13.5.
APULIA (Pouilles)	Capitanata	7.652— 322.758— 59	Foggia, 34.2.
	Terra di Bari	5.958— 604.540—102	Bari, 49.4.
	Terra d'Otranto	8.530— 493.594— 58	Lecce, 17.9.
BASILICATA	Basilicata	10.676— 510.543— 48	Potenze. 15.5.
CALABRIA (Calabres)	Calabria Citer.	7.358— 440.468— 60	Cosenza, 11.7.
	Calabria Ult. I™	5.975— 412.226— 69	Reggio, 15.7.
	Calabria Ult. II	3.924— 353.608— 90	Catanzaro, 17.2.
SICILIA (Sicile)	Messina (Messine)	4.579— 420.649— 92	Messina, 70.3.
	Palermo (Palerm°)	5.087— 617.678—121	Palermo, 186.2.
	Trapani	3.146— 236.388— 75	Trapani, 26.9.
	Caltanisetta	3.768— 230 666— 61	Caltanisetta, 21.5
	Girgenti	3.861— 289.018— 75	Girgenti, 15.9.
	Catania (Catane)	5.102— 495.415— 97	Catania, 85.5.
	Noto (Syracuse)	3.697— 294.885— 80	Siracusa, 17.4.
SARDAIGNA (Sardaigne)	Sassari	10.720— 243.452— 23	Sassari, 30.5.
	Cagliari	13.550— 393.208— 29	Cagliari, 29.9.
ILES	ILES : Lipari, 32 kil. carrés, 14.000 habit.; Vulcano, 25 k. c., 100 h.; Panaria et îlots voisins, 20 k. c., 200 h.; Stromboli, 20 k.c., 500 h.; Salina, 28 k. c., 4 500 h.; Felicudi, 15 k. c., 800 h.; Alicudi, 8 k. c., 300 h.; Elbe, 220 k. c., 21.000 h.; Pantelaria, 105 k. c., 6.000 h.; Linosa, 12 k. c., 800 h.; Lampedusa, 8 k. c., 600 h.		

PAYS-BAS

(ROYAUME) — (CAP. LA HAYE)

SITUATION ASTRONOMIQUE : 50° 45' — 53° 37' lat. N.; 1° — 4° 54' long. E.

CLIMAT : Température moy. est de 19°, temp. plus haute 35°, temp. plus basse 11°.

PLUIE : En moy. il pleut 5 jours par sem., la plus gr. quant. de pluie qui tombe annuellem. ne dépasse pas 29 centim.

GOUVERNEMENT

CHEF DE L'ETAT. Guillaume III, roi, né en 1817 (maison de Nassau), avènem. 1849. (Guillaume, prince d'Orange, né en 1840.) La monarchie des Pays-Bas est constitutionnelle et héréditaire. LE POUVOIR EXÉCUTIF est exercé par le roi assisté par des ministres responsables et par un Conseil d'État dont il nomme les membres (présid. le roi ; 17 memb.). *Conseil de cabinet* (présid. le roi ; 9 memb. dont les 7 ministres). LE POUVOIR LÉGISLATIF s'exerce par le roi et les États généraux, divisés en 2 Chambres. 1re *Chambre* (39 memb. choisis parmi les plus imposés, élus pour 9 ans par des Conseils généraux). 2e *Chambre* 80 memb. (1 par 45.000 hab.) élus par tout Néerlandais domicilié, majeur et payant un impôt direct de 20 à 160 flor. — La 1re Chambre se renouvelle par tiers tous les 3 ans ; la 2e, par moitié tous les 2 ans. — 7 MINISTÈRES : les ministères de la Justice, des Affaires étrangères, de l'Intérieur, des Finances, de la Guerre, de la Marine, des Colonies.

JUSTICE

LA HAUTE COUR DE JUSTICE se compose d'un président, d'un vice-président et de 14 conseillers formant 2 chambres (civile et criminelle). Il y a, en outre, 11 *cours provinciales*, 34 *tribunaux d'arrondissement*, 150 *justices cantonales* (juge unique, remplacé en cas de besoin par des suppléants). *Haute cour de justice militaire*; *haute cour de noblesse*.

CULTES

3 CULTES reconnus et entretenus par l'État : *le culte protestant* (1 synode de l'Église réformée, 1 synode de l'Église évangélique luthérienne, société générale des Mennonites), *le culte catholique romain* (1 archevêque à Utrecht et 5 évêques), le culte de l'ancienne Église catholique épiscopale (1 archevêque et 2 évêques), *le culte israélite* et le culte israélite portugais.

INSTRUCT.

Il existe 3.694 *écoles primaires* avec 8.771 *instituteurs*, 1.514 *institutrices* et 422.587 *élèves* (dont 229 489 garçons). De plus 975 *salles d'asile* fréquentées par 28.494 *garçons* et 25.800 *filles*. Les écoles latines (collèges) et les *gymnases* (lycées) sont au nombre de 65 avec 254 *professeurs* et 1.777 *élèves*. Les 3 universités (Leyde, Utrecht, Groningue) comptent 1.285 *étudiants*.

INTÉRIEUR — PROVINCES — CHEM. DE FER

Le pays est divisé en 11 PROVINCES, administrées par des *commissaires du roi et des États provinciaux* élus, qui nomment des comités pour administrer dans l'intervalle de leurs sessions. Les provinces sont subdivisées en communes administrées par des *bourgmestres* nommés par le roi et par des *conseillers municipaux* élus. — CHEMINS DE FER : En exploitation, 1.695 kilom., dont 9.975 kilom. à l'État (1877).

BIENFAISANCE

La BIENFAISANCE publique est régie par la loi du 28 juin 1854, qui fixe le domicile de secours au lieu de la naissance. Les institutions de bienfaisance sont : 1° *les inst. de l'État, des provinces et des communes*; 2° *les inst. des corporations religieuses*; 3° *les inst. particulières*; 4° *les inst. mixtes*. Les premières ne distribuent des secours qu'en cas d'insuffisance des autres. Les institutions étaient en 1869 au nombre de 5.194 dont 3.930 pour secours à domicile, 716 hospices pour vieillards, orphelins, etc., 64 hôpitaux, 11 maisons d'aliénés, 90 maisons ou ateliers de travail. Elles ont secouru en 1869 : 148.931 ménages et 81.089 célibataires ; le montant des secours a été de 22.705.856 fr.

FINANCES — DÉPENSES — RECETTES — DETTE — MONNAIES

DÉPENSES
Maison du roi	1.995.000 fr.
Autorités supér.	1.295.121
Justice	9.261.993
Affaires étrangères	1.542.509
Intérieur	15.376.026
Finances (cultes, 4.236.074)	56.401.556
Guerre	47.376.000
Marine	28.915.606
Dette publique	57.073.836
Com^{ce} et ind. (ch. de fer, 18.609.920)	47.500.816
Colonies	3.573.074
Dépenses imprévues	105.000
Total	248.212.517 fr.

RECETTES
Impôt direct	49.795.248 fr.
Accise	79.635.100
Timbre, etc.	42.745.500
Domaines, douanes, etc.	14.106.204
Postes	7.140.000
Télégraphes	1.680.000
Loterie	903.000
Recettes diverses, droits, etc.	15.764.910
Colonies	20.947.254
Chemins de fer	3.406.200
Total	126.196.162 fr.

DETTES : Dette nationale 1.914.615.789 ; ne portant pas d'int. 21.000.000 ; Total 1.935.615.789.

MONNAIES. *Or* : ducat = fr. 11,83 ; Guillaume d'or = fr. 20,86. — *Argent* : florin de 100 cents = fr. 2,10 ; risdaler = 2 florins et 1/2.

GUERRE — ARMÉE — PLACES FORTES

L'ARMÉE se compose de : *l'armée permanente*, les *scutterijs* (espèce de garde nationale) et le *ban général*. Pour l'armée permanente on est inscrit à l'âge de 19 ans, on tire au sort à 20 ans ; durée du service, 5 ans. Le service est obligatoire, cependant le remplacement est admis. Les *schutterijs* sont formés par tous les citoyens âgés de 25 ans ; durée du service, 10 ans, dont 5 ans en service actif. Le *ban général* comprend tous les citoyens capables de porter les armes jusqu'à 50 ans. Il n'est convoqué que dans le cas de grand danger.

MARINE — MARINE DE L'ÉTAT — MARINE MARCHANDE

MARINE DE L'ÉTAT

VAPEURS
1 frégate à hélice	51 can.
2 béliers à tourelles	16 —
4 — cuirassés	16 —
13 corvettes	25 —
27 canonnières	28 —
35 corvettes } 5 goëlettes }	210 —
14 vapeurs à aubes	—
99 vapeurs avec	400 can.

BATEAUX A VOILES
1 batterie flottante	15 can.
2 frégates	16 —
1 vaisseau de ligne	19 —
5 corvettes	54 —
5 bricks	12 —
4 canonnières	7 —
1 goëlette	4 —
17 bateaux à voiles	107 can.

Équipages : 658 offic. dont 9 amiraux ; 121 offic., médecins et 121 offic. d'administ. 4.996 homm. — *Infanterie de marine*, 52 offic., 2.121 sous-off. et sold.

MARINE MARCHANDE : 79 vapeurs jaugeant 149.142 m. c., et 1.168 nav. à voiles, jaugeant 809.510 m. c. Total, 1247 navires, jaugeant 1.187.964 m. c.

ARMÉE PERMANENTE (Guerre)
	offic.	soldats
Etats-majors	194	»
Infanterie	1.120	43.862
Cavalerie	184	4.522
Génie	26	1.002
Artillerie	442	11.278
Maréchaussée	10	565
Total	1.976	60.827

PLACES FORTES. — Amsterdam, Deventer, Zwolle, Zutphen, Groningue.

COLONIES

Les Pays-Bas possèdent : 1° une grande partie des îles de la Sonde, etc. (voir Malaisie, page 80), qui comptent 24.370.630 hab. et 1.592.551 kilom. carrés ; 2° différentes îles dans les Antilles (voir les Antilles), qui comptent 41.024 hab. et 1.125 kilom. carrés, et 3° Surinam ou Guyane hollandaise, dans l'Amérique du Sud, qui compte 69.529 hab. et 119.521 kilom. carrés.

COMMERCE — IMPORTATION

IMPORTATION. 1.509.576.600 fr. (céréales, denrées colon., semences, fruits, matières brutes, matières textiles, objets manufact., drogueries, huiles, combustibles, minerai, pierres, bois).

TABLE ADMINISTRATIVE

PROVINCES	kil. c.	populat.	h. k.	VILLES PRINC. HAB. PAR MILLE
Brabant Sept.	5.128	451.093	87.9	Tilburg, 19; Bois-le-Duc, 24.
Gueldre	5.087	448.820	38.1	Arnhem, 57; Nymegen, 25.
Hollande Mérid.	2.991	748 162	25.0	La Haye, 100; Rotterdam, 132.
Hollande Sept.	2.750	629.534	25.0	Amsterdam, 290; Haarlem, 34.
Zélande	1.765	185.628	105.5	Middelburg, 16.
Utrecht	1.385	184.084	111.2	Utrecht, 65.
Frise	3.275	315.801	96.4	Leuwarden, 27.
Over-Yssel	3.522	265.144	79.8	Zwolle, 21.
Drenthe	2.665	112.221	42.1	Hoogeveen, 11.
Limbourg	2.205	252.562	105.4	Maëstricht, 29.
Groningue	2.292	258.662	104.5	Groningue, 40.

PAYS-BAS (SUITE)

COMMERCE EXPORTATION	IMPORTATION. 1.408.226.100. — EXPORTATION. 1.119.478.300 fr. (Beurre, fromage, bétail, poissons, etc.)
POSTES	POSTES. Bureaux 1.299 ; lettres 61.780.679 ; journaux et imprimés, 50.723.619 fr. (1877).
TELEGRAPHES	TÉLÉGRAPHES. Bureaux 546, dont 168 à l'Etat ; lignes 5.519 kilom. ; dépêches 2.403.240 fr. (1877).
POIDS ET MES.	POIDS ET MESURES. Les mêmes que ceux de France, sous les noms suivants : *mijl* = kilom., *elle* = mètre, *bunder* = hectare, *wisse* = stère, *mud* ou *zak* = hectog. (30 mudden = 1 last) *vat* = hectolitre, *kan* = litre, *pond* = kilogramme.
PORTS	PORTS. Amsterdam, Rotterdam, La Haye.
VILLES PRINCIP.	(Voir la TABLE ADMINISTRATIVE.)
SUPERFICIE	32.975 kilomètres carrés (119 habitants environ par kilomètre carré).
POPULATION	3.942.792 habitants dont 2.193.281 protestants, 1.313.058 catholiques, 68.003 juifs. — NAISSANCES 150.095. — MARIAGES 31.470. — DÉCÈS 95.764.

(GRAND-DUCHÉ) LUXEMBOURG (CAP. LUXEMBOURG)

SITUATION ASTRONOMIQUE	49° 26' — 50° 11' latitude N. 3° 24' — 4° 11' longitude E.
CLIMAT	La plus haute température observée est + 38° ; la température la plus basse — 24°.
GOUVERNEMENT POUV. EXÉCUT. POUV. LÉGISL.	CHEF DE L'ETAT. GUILLAUME III, grand-duc, roi des Pays-Bas. (Voir ces pays.) Monarchie constitutionnelle et héréditaire. En dehors de la personne du prince, le grand-duché de Luxembourg n'a rien de commun avec le royaume batave. Le souverain est représenté par un prince de sa famille qui porte le titre de : *Lieutenant du roi Grand-Duc*. — Le POUVOIR EXÉCUTIF est entre les mains du Chef de l'Etat et le POUVOIR LÉGISLATIF est entre les mains de la Chambre des députés, sauf la sanction du souverain. La Chambre des députés se compose de 141 membres qui sont élus pour 6 ans par les cantons (au nombre de 15), et dont on renouvelle la moitié tous les 3 ans. Les élections sont directes. — Le Conseil du gouvernement est responsable, il se compose d'un MINISTRE chargé de la direction des *affaires étrangères*, et de 3 DIRECTEURS GÉNÉRAUX : de la *justice*, de l'*intérieur*, des *finances*. — CONSEIL D'ÉTAT, présidé par un président et un vice-président.
JUSTICE	La COUR SUPÉRIEURE DE JUSTICE siège à Luxembourg. La peine de mort est abolie en matière politique.
CULTES	La religion catholique romaine est celle du pays ; tous les autres cultes sont libres. A la tête de l'Église catholique est un vicaire apostolique.
INTÉRIEUR	Le pays est divisé en 4 districts : Luxembourg, Diekirch, Grevemacher, Mersch. Les communes élisent leurs conseils municipaux, hors desquels le roi peut nommer les bourgmestres. Il sanctionne les impositions communales.

FINANCES

DÉPENSES (1878) — Fr.

Liste civile	200.000
Administration supérieure, etc.	206.870
Affaires étrangères	24.100
Justice	298.275
Cultes	402.750
Guerre	490.900
Pensions, travaux publics, etc.	1.138.060
Instruction publique	415.665
Intérieur. (Prisons 214.000 fr.)	655.240
Dette publique	610.000
Dépenses diverses	2.475.955
Total	6.893.795

RECETTES (1878) — Fr.

Excédant de 1877	390.000
Contributions directes, etc.	1.701.500
Douanes	1.056.000
Enregistrement	1.398.500
Domaines	284.000
Postes	335.000
Télégraphes	38.000
Prisons	196.000
Recettes diverses. (Chem. de fer 20.500 fr.)	1.658.800
Total	7.037.800

DETTE PUBLIQUE. 12 millions de francs pour la construction des chemins de fer.
MONNAIES. Les monnaies, poids et mesures en usage, sont ceux des Pays-Bas. On compte aussi en *franc* et en *marck* (Allemagne).

GUERRE	ARMÉE ACTIVE. 1 bataillon de chasseurs de 4 compagnies. Il compte 13 officiers et 500 hommes. La gendarmerie se compose de 5 officiers et 119 sous-officiers et soldats.
COMMERCE CHEM. DE FER POSTES TELEGRAPHES POIDS ET MES.	Le grand-duché fait partie de l'Union douanière allemande (Zollverein). CHEMINS DE FER. En exploitation, 275 kilomètres. POSTES. Lettres environ 700.000 ; journaux 450.000, et mandats de poste 12.000, sans compter les lettres contenant des valeurs. TÉLÉGRAPHES. Environ 50.000 dépêches. POIDS ET MESURES. (Voir plus haut.)
VILLE CAPITALE	Luxembourg (capitale) 15.950 habitants.
SUPERFICIE	2.587 kilomètres carrés.
POPULATION	203.158 habitants. Selon les cultes (1875) 203.623 catholiques, 855 protestants, 661 israélites. Le français et l'allemand sont également parlés dans le grand-duché. Le français seul est parlé dans l'assemblée des États.

ZOLLVEREIN

Le territoire de l'Union douanière et commerciale allemande dite ZOLLVEREIN (union douanière) coïncide depuis l'empire d'Allemagne, avec les frontières de l'empire, à l'exception du grand-duché de Luxembourg et de la commune autrichienne de Jungholz, au sud de Kempten. Restent exclus du Zollverein les territoires ports-francs de Hambourg et d'Altona, de Brême, de Bremerhaven, de Geestemunde et de Braque et de quelques communes du grand-duché de Bade sur la frontière du canton de Schaffouse. Les autorités suprêmes du Zollverein siègent dans chacun des États respectifs ; pour les États de la Thuringe, l'inspecteur général siège à Erfurt.

Pour l'IMPORTATION et l'EXPORTATION voir COMMERCE de l'Allemagne (page 12).

TABLE DE LA SUPERFICIE ET DE LA POPULATION DES PAYS QUI FORMENT LE ZOLLVEREIN

	KILOMÈTRES CARRÉS	HABITANTS
L'empire d'Allemagne sauf les territoires désignés ci-dessus	540.241	42.156.464
Le grand-duché de Luxembourg	5.587	205.158
La commune de Jungholz	6	217
Total	545.834	42.361.839

PORTUGAL (ROYAUME) (CAP. LISBONNE)

SITUATION ASTRONOMIQUE	42° 9' — 37° latitude nord. 11° 50' — 8° 30' longitude ouest.	**CLIMAT**	Moyenne ...... 23° Plus bas .... 2° Plus haut ...... 40°	**PLUIE**	Moyenne, 0m750 dans l'année.

GOUVERNEMENT — CHEF DE L'ÉTAT — POUV. EXÉCUTIF — POUV. LÉGISLAT. : CHEF DE L'ÉTAT. Louis I, roi, né en 1838, avènement 1861. (Marie-Pie, reine, née en 1847 ; leur fils Charles, prince royal. né en 1863.) Le Portugal est une monarchie constitutionnelle et héréditaire pour les deux sexes. LES POUVOIRS EXÉCUTIF et dirigeant appartiennent exclusivement à la couronne ; celle-ci partage en outre le POUVOIR LÉGISLATIF avec les deux chambres : *Chambre des pairs*, nommée à vie par le roi (env. 100 membres); *Chambre des députés* (108 memb.), dont les membres sont nommés par élection. SYSTÈME ÉLECTORAL : tout Portugais qui, dès 25 ans, paye 5 fr. 55 de contributions directes et 27 fr. 75 de contribution foncière, est électeur, excepté les gradés de l'Université, les prêtres et les officiers qui jouissent de ce droit à 21 ans. 7 MINISTÈRES, les ministres *de la justice et des cultes, des affaires étrangères, de l'intérieur, des finances, de la guerre, de la marine et des colonies, des travaux publics, du commerce et de l'industrie*. CONSEIL D'ÉTAT : 12 membres nommés à vie.

JUSTICE : La contrée est divisée en deux grands *districts judiciaires* ou *cours d'appel* (Lisbonne, Porto) qui se subdivisent en juridictions correspondant aux circonscriptions territoriales. 142 juges de droit (*comarcas*) ; 809 juges de paix et 3.958 juges de paroisse. 5 *cours d'appel* pour les colonies (Angola). *Cour suprême de justice* à Lisbonne.

CULTES : La religion catholique romaine est la religion de l'État, mais l'exercice du culte protestant est toléré. Les affaires ecclésiastiques sont administrées par le patriarche de Lisbonne, par les deux archevêques de Braga et d'Evora, et par 14 évêques.

INTÉRIEUR — PROVINCES — INSTRUC. PUBL. : Le Portugal est divisé en 17 PROVINCES ou *districts*, ceux-ci se divisent en *concelhos* (conseils) qui contiennent en moyenne chacun 15 *freguezias* (paroisses), subdivisions à la fois religieuses et civiles. INSTRUCTION PUBLIQUE. 1.788 écoles avec 80.000 élèves env. (1861), 5 facultés avec 46 professeurs et 900 étudiants env., 1 université à Coïmbra. 50 sur 100 env. savent lire et écrire.

FINANCES

DÉPENSES

Dette publique	
Services généraux des ministères :	
De la justice et des cultes	63.707.246
Des affaires étrangères	3.327.934
De l'intérieur (instruction publ., 5.004.742 ; sûreté publ., 2.223.619 ; bienfaisance publique, 1.335.746)	1.610.610
Des finances (liste civile et apanages, 3.497.600)	11.895.565
De la guerre	26.649.420
De la marine	23.482.594
Des travaux publics (chemins de fer, 3.083.970 ; télégraphes, 1.359.929 ; postes, 2.185.731)	8.755.902
	19.470.360
TOTAL	158.599.631

RECETTES

Impôts directs	31.613.288
Enregistrement	15.223.264
Contributions indirectes	75.539.912
Biens nationaux	13.165.790
Intérêts d'obligations de la dette publique au trésor	6.716.091
TOTAL	142.258.345

DETTE	Dette intérieure	1.225.477.280
	Dette extérieure	760.789.260
	Dette à convertir	10.681.434
	TOTAL	1.994.947.974

MONNAIES. L'unité monét. est le *milreis* en or : 5fr. 60c., et en argent : 5 fr. 09 c.

GUERRE — ARMÉE — DIVISIONS MILITAIRES — PLACES FORTES

ARMÉE

	Offic.	Solda⁺⁺
État-major général ...	74	»
Infanterie (18 régim.). .	1.021	25.554
Cavalerie (8 régim.) . .	256	4.272
Artillerie (5 régim.) . .	173	2.935
Génie (1 bataillon) . . .	61	816
Garde municip. (14 comp)	58	1.712
Corps médic. (6). Adminis	16	400
Compag. de discipline. .	12	373
Total	1.671	34.062

On compte en outre : 20 officiers dans les établissements d'instruction ; 135 dans les colonies ; 107 dans diverses commissions ; 18 dans les forts de 1ʳᵉ classe ; 88 en disponibilité.

DIVISIONS MILITAIRES, 5 : chacune commandée par un général. 3 subdivisions par corps ; chacune commandée par un colonel. — Tous les jeunes gens de 21 ans sont obligés de servir ou dans l'armée (5 ans) et dans la 1ʳᵉ réserve (5 ans), ou dans la 2ᵉ réserve (8 ans), c'est le tirage au sort qui en décide. PLACES FORTES : Elvas, Abrantès, Valença, le fort São Julião, citadelle de Peniche.

TABLE POLITIQUE ET ADMINISTRATIVE

6 Anciennes Provinces	17 Provinces et Districts.	Superficie Population habit. par kil. carré.	Villes principales avec leurs habitants par mille.
MINHO	Braga. Porto. Vianna do Castel.	2.758—321.622—118 2.291—459.515—192 2.242—209.864—94	Braga, 19.5. Porto, 89. Vianna do Castello, 9
TRAS OS MONTES	Bragança. Villa-Real.	6.637—153.738—24 4.448—212.095—47	Bragança, 5.1. Villa-Real, 5.1.
ALEMTIJO	Beja. Evora. Portalègre.	10.869—137.784—13 7.085—97.055—14 6.455—95.504—15	Beja, 7.1. Evora, 13. Elvas, 12.
BEIRA	Aveiro. Coïmbra. Viseu. Guarda. Castello-Branco.	2.909—256.541—88 5.884—289.266—74 4.975—370.171—74 5.554—214.365—38 6.620—163.938—25	Aveiro, 7. Coïmbra, 18. Viseu, 7. Lamego, 8. Guarda, 4.2. Castello-Branco, 6.6.
ESTREMADURA	Leiria. Lisbonne. Santarem.	3.478—181.164—51 7.460—451.691—62 6.862—203.836—31	Leiria, 5 4. Lisbonne, 250. Santarem, 3.
ALGARVE	Faro.	4.850—188.422—35	Faro, 10. Tavira, 10.

MARINE — MAR. DE L'ÉTAT — MAR. MARCHAN. — COLONIES

MARINE DE L'ÉTAT

Vapeurs	chev	can.	Navires à voiles	can.
1 corvette blindée.	500	2	1 frégate	25
10 corvettes	2520	102	4 schooners	4
8 canonnières ...	740	30	2 chaloupes canonnières	»
5 vapeurs	200	6		
3 transports ...	495	4	5 transports	»
27 vapeurs	4255	144	12 navires à voiles..	36

MARINE MARCHANDE

59 vapeurs jaugeant 15.681 m. c., et 556 navires à voiles jaugeant 109.845 m. c.

COLONIES : Cap Vert, Sénégambie, St-Thomé et Principe, Angola, Banguela, Massamèdes, Ambriz, Mozambique (voir Afrique), Macao (voir Chine), Goa-Salcète, Damão, Timor (une partie), Kambing (voir Asie).

En construction une canonnière à vapeur. — *Personnel :* 258 officiers (dont 7 amiraux), 22 médecins, 6 aumôniers, 9 ingénieurs, 35 officiers et aspirants d'administration, 68 garde-marine, 5.475 matelots.

TRAV. PUBL. — COMMERCE — IMPORT. EXP. — CHEMIN DE FER — TÉLÉGRAPHES — SUPERFICIE — POPULATION

IMPORTATION : 158.684.600 fr. (Céréales, denrées colon., animaux, matières text., minéraux, métaux, etc.)
EXPORTATION : 128.794.400 fr. (Vin, huile, fruits, soufre, sel, poissons, liège, bois, etc.)
CHEMINS DE FER (1877) : 751 kilom. en exploitation, 968 kil.; en construction, 296 kil.; ligues industrielles pour les mines et les forêts en exploitation, 85 kilom.; et en construction, 77 kilom. (1877).
TÉLÉGRAPHIES : Bureaux, 157. Lignes, 3.608 kilom. Dépêches, 582.827.
POSTES : Bureaux sur le continent, 629 ; lettres, 10.470.152 ; journaux, 6.021.744 ; bureaux dans les colonies, 36. PORTS : Lisbonne, Porto, Setubal, Coïmbra, Ponta, Delgado, Porto-Santo, Funchal, Ribeira Grande.
SUPERFICIE : 89.353 kilom. carrés ; avec les Açores et Madère, 92.751. Les colonies, 1.825.628 kilom. c.
POPULATION : 4.298.881 habitants ; avec les Açores et Madère, 4.677.562 hab. Les colonies, 3.201.833 habitants (46 hab. par kilom. carré).

ROUMANIE

(PRINCIPAUTÉ) — (CAP. BUCAREST)

SITUATION ASTRONOMIQUE	48° 12' — 45° 57' latitude nord. 20° 10' — 27° 50' longitude est.
CLIMAT	Températ. moyenne de Bucarest, 8°, la plus haute, 45°. — la plus basse, — 30° centigrade.

GOUVERNEMENT — POUV. EXÉCUT. — POUV. LÉGISL.
CHEF DE L'ÉTAT. Charles 1er (prince Domnitor), né en 1839 (maison Hohenzollern), avénement en 1866 (Elisabeth, princesse, née en 1843). Le prince gouverne d'après les formes constitutionnelles, le POUVOIR EXÉCUTIF est personnifié en lui. Le POUVOIR LÉGISLATIF est composé de deux Chambres : *le Sénat* (76 membres) et *la Chambre* (157 membres) dont 82 de Valachie et 75 de Moldavie. La Roumanie, formée des deux anciennes principautés-unies de Moldavie et de Valachie, s'est constituée en un État unitaire et semi-indépendant, sous la protection des grandes puissances européennes, et reconnaissant l'ancienne suzeraineté du sultan par un tribut de moins d'un million de francs.
7 MINISTÈRES : Les ministères de la justice, des affaires étrangères, de l'intérieur, des finances, de la guerre, de l'instruction publique et des cultes, de l'agriculture, du commerce et des travaux publics.

JUSTICE
Judiciairement le pays est divisé en 4 circonscriptions de cours d'appel, ayant pour chefs-lieux : Bucarest, Jassi, Fokchani, Craïova. 32 tribunaux de 1re inst. et 32 cours d'assises siégeant aux chefs-lieux des districts. La cour de cassation siège à Bucarest.

INTÉRIEUR
La Roumanie est divisée en 33 DISTRICTS ou départements, ceux-ci en 164 *plasi* (arrondissements), 62 communes urbaines et 3.080 communes rurales.

FINANCES — DÉPENSES — RECETTES — DETTE — MONNAIES

DÉPENSES
Dette publique	45.686.295
Ministère de la justice	3.336.528
— des affaires étrangères	695.528
— de l'intérieur	7.202.765
— des finances (conseil des ministres, 28.808)	7.925.288
— de la guerre	13.376.529
— des cultes et de l'instruction publique	8.929.767
— des travaux publics	6.363.591
Dépenses extraordinaires	536.562
Total	93.372.451

RECETTES
Contributions directes	23.449.784
— indirectes	30.721.179
Domaines et forêts	17.749.518
Postes et télégraphes	3.800.000
Chemins de fer	11.226.870
Recettes diverses	4.425.100
— extraordinaires	28.000.000
Total	121.372.451

DETTE. 494.321.410 fr.
MONNAIES. L'unité monétaire est le *ley* : 1 franc.

GUERRE — ARMÉE — MARINE
L'ARMÉE se compose : 1° de *l'armée permanente* ; 2° de *l'armée territoriale* ; 3° de *la milice* ; 4° de *la garde civique* pour les communes urbaines, et de *la levée en masse* (gloata) pour les communes rurales. Service obligatoire de 20 à 46 ans, dont 8 ans dans l'armée permanente.

I. Armée permanente :	Off.	Troupe	Chevaux
État-major	135	»	106
Intendance et administration	111	679	179
Infanterie (8 rég. de ligne, 4 bat. de chasseurs)	471	10.790	92
Cavalerie (2 rég. de 5 escadrons)	74	1.264	979
Artillerie (2 rég. de 8 batteries à 6 pièces)	84	1.995	934
Génie (1 bat. de sapeurs et 1 rég. de pompiers)	141	2.206	58
Gendarmerie (2 comp. et 2 escad.)	16	525	245
Écoles militaires	21	457	8
Officiers de santé	67	»	4
II. Armée territoriale : Total.	1.118	17.914	3.221
Infanterie (Dorobanzes, 8 rég. de 4 bat.)	585	53.116	59
Cavalerie (Calarasi) 3 rég.	172	11.128	11.508
Artillerie (32 batteries et le corps de pompiers)	140	8.437	6.000
III. Milice : Total.	695	52.681	17.700

Infanterie (32 bat.) ; cavalerie (50 escad.) d'un total de 47.750 hommes.

MARINE. 3 vapeurs, 6 chaloupes canonnières. Équipages : 20 officiers et 246 hommes.

CULTES — INSTRUCTION PUBLIQUE
CULTES. Tous les cultes sont libres, mais la religion grecque orthodoxe est déclarée religion dominante, et les chrétiens seuls peuvent être naturalisés Roumains. Les chefs de l'Église sont les archevêques de Bucarest et de Jassy et 6 évêques. Pour le culte catholique romain il y a un évêque à Bucarest. Le clergé séculier compte 9.800 prêtres et le clergé régulier, 8.750 religieux et religieuses.
INSTRUCTION PUBLIQUE libre, gratuite et obligatoire. Écoles primaires, 2.373, avec 82.651 élèves ; écoles second. 37, avec 4.703 élèves ; établissements d'instruct. supér. 10 (dont 2 universités : Jassi, Bucarest), avec 1.404 élèves.

COMMERCE — IMPORTATION — EXPORTATION — POSTES — TÉLÉGRAPHES — CHEM. DE FER — POIDS & MES.
IMPORTATION (environ 100.854.000 francs) : céréales, animaux, marchandises manufacturées.
EXPORTATION (environ 144.962.000 francs) : grains, semence de navette, farine, etc., etc.
POSTES. Bureaux, 243 ; lettres particulières, 5.336.786 ; lettres officielles, 760.982. — TÉLÉGRAPHES. Bureaux de l'État, 89 ; de chemins de fer, 84 ; lignes, 4.142 kilom. ; dépêches, 247.695.
CHEMINS DE FER en exploitat. 1877 : 1.239 kil. ; en construct., 86 kil.
POIDS ET MESURES (système métrique. Voir page 84).

SUPERFICIE
SUPERFICIE 120.250 kilomètres carrés, dont Valachie 70.150 et Moldavie 50.100 (cultivés 22.750, prairies et pâturages 38.500, forêts 20.000, terrains incultes 38.000) ; 43 habitants par kil. carré ; la Valachie 45, et la Moldavie 39.

POPULATION — NAISSANCES — MARIAGES — DÉCÈS
POPULATION 5.376.000, dont la Valachie 3.220.000 et la Moldavie 1.960.000. Parmi ces habitants on compte 4.760.000 Roumains, 90.000 Bulgares, 40.000 Russes et autres Slaves, 50.000 Hongrois, 150.000 Tsiganes, 100.000 Juifs et 10.000 Arméniens. Étrangers établis en Roumanie : 10.000 Autrichiens de diverses langues, 10.000 Grecs, 5.000 Allemands, 1.500 Français et 6.000 d'autres nationalités. On évalue que le nombre de Roumains dans le monde entier s'élève à 8.995.000 âmes (2.896.000 en Austro-Hongrie, 600.000 en Bessarabie et autres provinces russes, 160.000 en Serbie, 275.000 en Turquie, 4.000 en Grèce, etc.).
NAISSANCES (1876) 166.357. MARIAGES, 31.565. DÉCÈS, 127.047.

TABLE ADMINISTRATIVE

VALACHIE

DÉPARTEMENTS	CHEFS-LIEUX
Ardjeche, 16,7	Pitesti, 13
Braïla, 68	Braïla, 26
Buzco, 144	Buzco, 11
Dimbovitza, 142	Tergovist, 3
Dolje, 250	Craïova, 22
Gordju, 143	Tergutjie
Jalomitza, 84	Calares, 4
Mehedintzi, 193	Tchernctz
Mutchel, 82	Campu-Lungu, 11
Olfoue, 516	Bucarest, 200
Otto, 105	Slatina, 5.5
Prahova, 220	Ploïesti, 30
Romanetzi	Caracal, 5.6
Rimnik-Sarat, 91	Rimnik-Sarât, 7
Rimnik-Valcea, 156	Rimnik-Valcea, 5.2
Sagieni, 556	Bukavii
Toleorman, 148	Limnicea
Vlachka, 141	Giurgiu, 15

MOLDAVIE

DÉPARTEMENTS	CHEFS-LIEUX
Bacau, 181	Bacau, 15
Dorohoi, 122	Mchaileni
Bolochani, 151	Bolochani, 40
Falticni, 88	Hochii, 4
Jassy, 182	Jassy, 90
Covurlui, 117	Galatz, 80
Niamtzu, 154	Piatra, 20
Putna, 161	Fokchani, 20
Roman, 105	Roman, 17
Sutchava, 125	Faltichéni, 15
Tkutch, 115	Tkkutch, 8.1
Tutova, 127	Berlad, 26
Vaslui, 104	Vaslui, 7.8

BESSARABIE-MOLDAVIE

DÉPARTEMENTS	CHEFS-LIEUX
Ismaïl, 42	Ismaïl, 21
Kagoul, 30	Bolgrad, 26

(EMPIRE)	RUSSIE [Rossia] CAP. St-PÉTERSBOURG
SITUATION ASTRONOMIQUE	15° 20' 62° long. est. 40° 70' lat. nord.
CLIMAT	La température de la Russie est beaucoup plus rigoureuse que celle de tout autre pays situé entre les mêmes parallèles. Seul le sud de la Crimée offre un climat doux. *Pluie* : la moyenne de pluie qui tombe annuellement à Saint-Pétersbourg est de 0m42, à Astrakan de 0m15.

GOUV^{NEMENT}
CHEF DE L'ÉTAT

CHEF DE L'ÉTAT Alexandre II Nicolajewitch, empereur, né en 1818, avén. 1855 (Marie-Alexandrowna, impératrice, née en 1824 ; Alexandre Alexandrovitch, césarewitch (prince héréditaire), né en 1845). La Russie est une monarchie héréditaire pour les deux sexes et absolue. L'empereur est le chef et le législateur de la Russie. Ses attributions politiques comprennent toute la législation, toute l'administration et toute la direction intérieure et extérieure des affaires. Il consulte pour les affaires législatives *le Conseil de l'empire*, et pour les affaires administratives *le Comité des ministres*, 1 président et 18 membres. Le Conseil de l'empire est composé de ministres et des membres à vie, choisis par l'empereur. Ce conseil se divise en trois sections ou départements : législation, affaires civiles et économie de l'Etat. Le Comité des ministres est composé des présidents des départements du Conseil de l'empire, des ministres et des personnes nommées par l'empereur. Les affaires extérieures sont réservées au *Cabinet de l'empereur*. La Chancellerie privée de l'empereur s'occupe des affaires soumises directement à l'empereur, et est divisée en 4 sections. *Le Sénat* se compose des membres nommés à vie par l'empereur et choisis parmi les hauts fonctionnaires. Il est divisé en 10 départements dont 5 siègent à Saint-Pétersbourg, 3 à Moscou, 2 à Varsovie. Le Sénat juge en dernière instance les crimes d'Etat, revise les jugements rendus par les tribunaux de province, etc. 10 MINISTÈRES : comité des ministres, les ministres de la cour, des affaires étrangères, de la guerre, de la marine, de l'intérieur, de l'instruction publique, des finances, des domaines, des voies et communications.

JUSTICE

Le pouvoir judiciaire est exercé par les tribunaux de « *Volosth* », par les *tribunaux de police des villes, par les juges de paix, par les assemblées de juges de paix, par les tribunaux de district, par les cours de justice* et *par le Sénat* en qualité de cour suprême de cassation. *La cour de cassation* siège à Saint-Pétersbourg. Les cours de justice correspondent aux cours d'appel en France. Il en existe actuellement 7 : Saint-Pétersbourg, Moscou, Kharkow, Odessa, Saratow, Kasan et Tiflis. A chacune des cours de justice ressortissent plusieurs tribunaux *d'arrondissement* composés de chambres civiles et de chambres criminelles. La juridiction territoriale d'un tribunal d'arrondissement comprend plusieurs districts. *Les juges de paix* sont élus par toutes les classes de la population et confirmés par le gouvernement. Chaque *chef-lieu de gouvernement* et chaque *district* forme un *arrondissement de justice de paix*, qui se divise en *sections*. Le nombre des juges de paix n'est pas déterminé. Il existe dans les deux capitales et dans les grandes villes des *tribunaux de commerce*.

CULTES
SAINT-SYNODE

La religion de l'empire est *le rite grec*, appelé le plus catholique orthodoxe, mais les autres cultes, ainsi que les païens, jouissent d'une égale liberté. L'Église russe est séparée du patriarcat de Byzance depuis 1589. Elle est gouvernée par un collège dit TRÈS-SAINT-SYNODE. Le synode se compose d'un président et de 5 membres sous l'autorité de l'empereur et en vertu de sa délégation. L'Église gréco-russe est divisée en 3 *éparchies* de diocèses de première classe, 20 de deuxième classe et 32 de troisième classe. Le clergé se divise en *clergé séculier ou blanc* et en *clergé régulier ou noir*. Ce dernier est soumis au célibat ; il vit dans les couvents, et c'est dans son sein que sont choisis les prélats. Le clergé séculier se composait en 1872 de 107,736 individus, les couvents étaient au nombre de 552, dont 333 couvents d'hommes et 149 de femmes. Ils renfermaient 5,810 moines et 3,280 nonnes avec 5,617 frères convers et 11,258 sœurs converses.

INSTRUCT.
PUBLIQUE

L'empire est divisé en 10 districts scolaires. Il existe 9 Universités : Saint-Pétersbourg, Moscou, Kharkoff, Kasan, Dorpat, Kieff, Helsingfors, Varsovie et Odessa. Indépendamment de ces grands établissements qui comptent environ 6,800 étudiants et 600 auditeurs libres, les facultés les plus suivies sont celles de droit et de médecine, 2,400 étudiants y sont admis gratuitement. On compte encore *l'Institut impérial d'histoire et de philosophie* fondé à Saint-Pétersbourg en 1867 et encore beaucoup d'autres écoles spéciales. En 1872, l'Etat a fondé des écoles commerciales et industrielles. Il y avait la même année 123 *gymnases* et 23 *progymnases* où l'on enseigne le grec et le latin ; le nombre des élèves était de 42,791. Les dépenses s'élevaient à 17,870,376 fr., dont 12,863,548 à la charge de l'Etat. Pour les filles, il y avait 54 *gymnases*, 108 *progymnases* et 24 autres écoles, on y comptait 23,400 élèves. L'instruction primaire supérieure se donne dans les écoles de district (474), et l'instruction primaire élémentaire dans les écoles paroissiales (1124) et les écoles de village. On évalue le nombre de ces dernières à 43,055 et celui des élèves à 1,525,000. On évalue à 2 sur 100 la moyenne proportionnelle des Russes sachant lire et écrire.

INTÉRIEUR
GOUVERNEM.
POSTES
TÉLÉGRAPHES

La Russie proprement dite est divisée en 50 GOUVERNEMENTS et PROVINCES. Chaque gouvernement ou province se divise en *districts*. Les gouvernements sont administrés par des *gouverneurs* assistés d'un *conseil* ayant voix consultative, composé d'un vice-gouverneur, de conseillers et d'assesseurs. Les provinces frontières sont régies par des *gouverneurs* et par des *gouverneurs généraux*. Les bourgeois des villes, divisés en plusieurs catégories, composent le *conseil municipal* et élisent leurs maires, leurs anciens et les assesseurs dans les divers tribunaux. Les paysans se réunissent en *assemblée communale*, qui administre les biens et fait la police de la commune, leurs décisions sont exécutées par le *starchina* (maire). Des assemblées de canton relient les villes et les communes aux districts. Depuis 1865, il a été créé des *assemblées territoriales* de gouvernements et de districts, composées de propriétaires et de représentants des villes et des communes qui régissent elles-mêmes toutes les affaires locales économiques, telles que redevances, routes, bienfaisance publique, instruction primaire, assurances d'incendie, etc. POSTES : Bureaux 3,678, lettres expédiées 90,704,555, journaux et imprimés 81,150,872, cartes postales 2,490,406. Total 195,087,594. TÉLÉGRAPHES : bureaux (1876) 1,970, dont 844 à l'État, lignes 69,015 kilom. Dépêches (1876) 4,599,904. Dépenses, 18,405,268 fr. Recettes, 22,961,541 fr.

FINANCES
DÉPENSES
RECETTES
DETTE
MONNAIES

DÉPENSES	fr.	RECETTES	
Dette publique	534.766.876	Impôts directs	535.214.464
Grands corps de l'État, Saint-Synode	48.562.560	Impôts indirects	1.206.451.508
Maison de l'empereur	56.189.836	Droit régal. (Postes 43.725,572, Télégraphes 21.564.000)	90.121.484
Affaires étrangères	12.385.992	Biens de l'État	111.389.288
Guerre	727.366.944	Recettes diverses	185.088.288
Marine	100.478.444	Revenus du Transcaucase	28.864.060
Finances	302.047.652	Total	2.155.596.092
Domaines de l'empire	69.799.956	Recette d'ordre	199.652.772
Intérieur (postes et télégr. 9.992.057)	215.809.464	Ressources spéciales (construction de Chemins de fer, etc.)	48.614.836
Instruction publique	63.784.452	Total général	2.401.593.700
Voies et communications	44.262.800	DETTE	
Justice	60.648.924		
Contrôle de l'empire	8.624.548	Dette extérieure	1.851.955.120
Direction des haras	3.272.828	Dette intérieure	1.845.355.444
Administration du Transcaucase	26.567.628	Dette consolidée	3.697.310.264
Total	2.255.308.924	Dette non inscrite	3.338.404.508
Non-valeurs dans les rentes	8.000.000	Dette de la Banque de l'empire	5.111.725.500
Dépenses d'ordre	89.669.940	Dette prov. de l'émanc. des paysans	1.608.209.488
Dépenses extraord. (Ch. de fer, etc.)	48.614.836	Total général	11.755.647.560
Total général	2.401.593.700	Créances	3.184.206.852

RUSSIE (SUITE)

FINANCES (SUITE) MONNAIES : MONNAIES : L'unité monétaire est le *rouble* argent à 100 kopecks = fr. 5,99c 97 (4 fr.). *Monnaies* : OR, demi-ronpériale de 5 roubles = fr. 20,67. Pièce de 3 roubles en proportion. ARGENT, *rouble* de 100 kopecks = 4 fr., *Poltinnik* de 50 kop. et *tchetverlak* de 25 kop. en proportion. *Abassis* de 20 kop., *florin polonais* de 15 kop., *grivenik* de 10 kop. et *pietak* de 5 kop. en proportion.

GUERRE ARMÉE DIVISIONS MIL. PLACES FORTES : L'ARMÉE de l'empire se compose de l'*armée active* et de l'*armée territoriale* (opaltchinie). L'*armée active* comprend l'armée de terre et l'armée de mer. L'armée de terre se compose : 1° des troupes régulières; 2° de la réserve; 3° des Cosaques; 4° des troupes formées d'étrangers. L'*armée territoriale* (opaltchinie) comprend tous les hommes valides entre 20 et 40 ans qui ne servent pas dans l'armée active. Tout Russe en pleine jouissance de ses droits civils est obligé de servir à partir du 1er janvier de l'année dans laquelle il a eu 21 ans révolus. La durée totale du service dans la Russie d'Europe est de 15 ans, dont 6 dans l'armée active; dans la Russie d'Asie 10 ans, dont 7 dans l'armée active. C'est le tirage au sort qui décide de l'entrée des conscrits dans l'armée. Des engagés volontaires sont reçus dans l'armée dès l'âge de 17 ans. DIVISIONS MILITAIRES : l'empire est divisé en 14 régions militaires, dont 10 en Europe, 1 en Finlande, 3 en Asie et 1 au Caucase. (Voir la table.) L'armée étant en voie de réorganisation, nous donnons seulement l'effectif pour l'armée régulière au 1er janvier 1872. 760,000 hommes dont 28,000 off. de tous grades et 732,000 sous-off. et soldats, formant 852 bataillons d'infanterie et 281 escadrons de cavalerie. Les 732,000 sous-off. et soldats se divisent ainsi : Infanterie 572,000, cavalerie 61,700, artillerie 80,500, génie 17,400. A ces chiffres s'ajoutaient 560,000 hommes en congé, lesquels pouvaient être rappelés en cas de guerre. COSAQUES. En cas de besoin, tout Cosaque, depuis l'âge de 20 ans jusqu'à 40 ans, est astreint au service militaire. En temps ordinaire, le nombre varie; en temps de guerre, il est de 154 régiments de cavalerie. Ils ne payent aucun impôt au gouvernement, auquel ils ne doivent que le service militaire. Tout homme est tenu de s'équiper, de s'habiller et de s'armer à ses propres frais. Le nombre des Cosaques en état de porter les armes peut être estimé à 507,000 hommes. PLACES FORTES : Kronstadt 47,166 habitants, Revel, Riga, Nikolaïew 73,684 hab., Orenbourg, Sébastopol.

MARINE MARIN. DE L'ÉT. MARINE MARC. : MARINE DE L'ÉTAT : Les forces navales se composent de 241 navires de tout rang, dont 212 à vapeur et 29 à voiles, portant 548 bouches à feu. Il y a 8 frégates cuirassées, 3 batteries blindées, 13 batteries cuirassées, 5 vaisseaux, 12 frégates et 15 corvettes, dans le total sont compris 6 navires blindés et 2 vapeurs armés en construction. L'escadre de la Baltique comprend 148 navires; de la mer Noire, 44 nav.; de la mer Caspienne, 20 nav.; du lac d'Aral, 13, et de la mer Blanche, 16. L'*effectif* de la marine militaire est de 122 amiraux, vice-amiraux et contre-amiraux, 4,146 off. et 26,920 soldats et matelots. Il y a deux amirautés, l'une à Saint-Pétersbourg pour la flotte de la Baltique, et l'autre à Nicolaïef pour la flotte de la mer Noire. *Les principaux chantiers de construction* sont dans ces deux villes et à Okhta, Kronstadt, Kherson et Arkhangel. MARINE MARCHANDE : 1,785 nav. à voiles, jaugeant 364,000 tonnes et 131 vap. jaugeant 106,000 tonnes.

VOIES ET COMMTIONS CHEMIN DE FER CANAUX : CHEMINS DE FER (1878) : En exploitation 21,465 kilom., dont en Russie d'Europe 19,582 kilom., au Caucase 1,005, et en Finlande 876. En construction 1,709 kilomètres, en Russie d'Europe. CANAUX 1381 kilomètres, fleuves navigables 50,337 kilomètres. Total 31,718 kilomètres pour la navigation intérieure de la Russie.

COMMERCE IMPORTATION EXPORTATION PORTS : IMPORT. (1876) : 1,940,324,000 fr. (coton, laine, machines, métaux ouvragés, tissus, café, boissons, thé, couleurs, huiles, etc.). EXPORTATION : 1,602,800,000 fr. (céréales, lin, laine, suif, chanvre, soies de porc, cuir, bétail, métaux non ouvragés, graines oléagineuses, etc.). PORTS sur la mer Baltique, St-Pétersbourg, Riga (100,000 hab.), Revel sur la mer Noire, Odessa (159,462 hab.), Khersou sur la mer Caspienne, Astrakhan.

SUPERFICIE : Russie proprement dite 4,909,194 kilomètr. carrés. Royaume de Pologne 127,317 kil. c., Grand-duché de Finlande 373,556 kil. c. Lieutenance du Caucase 439,188 kil. c. Sibérie 12,495,110 k. c. Asie centrale 3,381,060 kil. c. Bessarabie 8,480 kil. Arménie 25,769 kil. Total p. l'emp. de Russie 21,759,639 kil. c. Hab. par kil. carré : Russie 13, Pologne 55, Finlande 5, Caucase 11, Sibérie 0,2, Asie cent. 1,3, empire de Russie environ 4.

POPULATION : Russie proprement dite 65,704,559 habitants, Pologne 6,026,421, Finlande 1,881,624, Caucase 4,893,332, Sibérie 3,428,867, Asie centrale 4,650,213. Total pour l'empire de Russie 86,586,000 h. On a dans l'empire 72,463,785 chrétiens, dont 61,138,598 dans la Russie proprement dite, 3,210,317 dans la Pologne, 2,748,681 dans le Caucase, 3,046,068 dans la Sibérie et 3 322,521 dans l'Asie centrale; 2,797,880 israélites, dont 2,759,811 dans la Russie d'Europe; 7,428,658 mahométans, dont 2,364,084 dans la Russie d'Europe; 563,809 païens, dont 238,370 dans la Russie d'Europe. La popul. de Finlande est presque tout entière luthérienne.

TABLE ADMINISTRATIVE

GOUVERNEMENTS	kil. car.	HABITANTS.	hab. kil	CIRCONSCR. MILIT.	CHEFS-LIEUX, H. P. M.
Arkhangel	858.561	281.112	0.52	St-Pétersbourg	Arkhangel, 19.
Astrakhan	224.471	601.514	2.6	Kazan	Astrakhan, 48.
Bessarabie	56.581	1.078.952	29.6	Odessa	Kichinef, 94.
Courlande	27,286	619.134	22.6	Vilna	Mittau, 25.
Provinces du Don	160.352	1.086.264	6.7		
Ekaterinoslaf	67.720	1.552.500	19.9	Odessa	Ekaterinoslaf, 20.
Esthonie	20.247	323.961	15.5	St-Pétersbourg	Revel, 29.
Grodno	38.759	1 008.521	26.0	Varsovie	Grodno, 26.
Iaroslaf	35.613	1.001.748	28.1	Moscou	Iaroslaf, 28.
Kalouga	30.923	996.252	32.2	—	Kalouga, 35.
Kazan	63.715	1.704.624	26.9	Kazan	Kazan, 86.
Kharkof	54.494	1.698.015	31.1	Kharkof	Kharkof, 81.
Kherson	71.282	1.596.809	22.4	Odessa	Kherson, 46.
Kief	50.990	2.175.152	42.6	Kief	Kief, 80.
Kostroma	84.095	1.176.097	25.8	Moscou	Kostroma, 22.
Koursk	46.455	1.954.807	42.0	Kharkof	Koursk, 29.
Kofno	40.641	1.156.044	28.5	Vilna	Kofno, 24.
Livonie	47.029	1.000.876	21.2		Riga, 99.
Minsk	91.357	1.182.250	12.9		Minsk, 30.
Mohilef	48.046	947.625	19.9		Mohilef, 40.
Moscou	35.502	1.913.699	57.5	Moscou	Moscou, 602.
Nijni-Novgorod	51.273	1.271.564	24.7	—	Nijni-Novgorod, 44.
Novgorod	122.337	1.011.445	8.2		Novgorod, 16.
Olonetz	148.761	296.392	1.9	St-Pétersbourg	Petrozavodsk, 2.
Orel	46.726	1.596.881	36.6	Moscou	Orel, 44.
Orenbourg	191.564	900,547	4.6	Orenbourg	Orenbourg, 28.
Oufa	121.812	1.364.925	11.2		
Pensa	38.840	1.175.186	30.2	Kazan	Pensa, 28.
Perm	332.157	2.198.666	6.6		Perm, 20.
Podolie	42.018	1.953.188	46.0	Kief	Kamenez, 21.
Poltava	49.895	2.102.614	42.1	Kharkof	Poltava, 32.
Pskof	44.208	775.701	17.5	St-Pétersbourg	Pskof, 17.
Rjasan	42.098	1.477.433	55.0	Moscou	Rjasan, 25.
Samara	155.914	1.837.081	11.7	Kazan	Samara, 52.
St-Pétersbourg	53.767	1.525.471	24.6	St-Pétersbourg	St-Pétersb., 668.
Saratof	84.492	1.751.268	20.7	Kazan	Saratof, 85.
Simbirsk	49.495	1.203.881	24.4		Simbirsk, 25.
Smolensk	56.041	1.140.015	20.5		Smolensk, 23.
Tambof	66.520	2.150.971	32.3	—	Tambof, 36.
Tauride	63.553	704.801	11.0	Odessa	Simferopol, 17.
Toula	30.965	1.167.878	57.7	Moscou	Toula, 57.
Tschernigof	52.401	1.639.600	31.2		Tschernigof, 12.
Tver	65.530	1.528.881	25.4	Moscou	Tver, 29.
Viatka	153.107	2.406.024	15.7	Kazan	Viatka, 16.
Vilna	42.507	1.001.909	23.5	Vilna	Vilna, 65.
Vitebsk	45.166	888.727	15.0		Vitebsk, 28.
Vladimir	48.856	1.259.923	25.7	Moscou	Vladimir, 13.
Volhynie	71 859	1.704.018	23.7	Kief	Shitomir, 39.
Vologda	402.725	1.003.059	2.4	Moscou	Vologda, 19.
Voronèje	65.885	2.152.696	32.6	Kharkof	Voronèje, 45.

— 44 —

(ROYAUME) RUSSIE — POLOGNE (CAP. VARSOVIE) [Warszawa]

SITUATION ASTRONOMIQUE : 50° 51' — 55° latitude N. et 15° 50' — 22° longitude E.

CLIMAT : La température moyenne est d'env. + 8°. Le froid est très-rigoureux à cause des grandes tempêtes de l'est.

GOUVNEMENT / PROVINCES : Le pays est gouverné par un GOUVERNEUR GÉNÉRAL nommé par l'empereur. La Pologne a cessé d'être un État indépendant, elle appartient maintenant à la Russie à laquelle elle est incorporée et jouit des mêmes droits que les autres pays russes. Le pays est divisé en 10 PROVINCES administrées chacune par un *gouverneur civil* nommé par l'empereur.

TABLE ADMINISTRATIVE

GOUVERNEMENTS	KILOM. CARRÉS	POPULATION	HABIT. PAR KIL.	RÉGION MILITAIRE	VILLES PRINC. HAB. Pr MILLE
Kalisz	11.575	669.261	50.0		Kalitz 15.
Kielce	10.095	518.750	51.5		Kielce 8.
Lomza	12.087	489.699	40.5		Lomza 6.
Lublin	16.858	707.098	42.0		Lublin 19.
Piotrkow	12.249	682.495	55.7	VARSOVIE	Piotrkow 11.
Plock	10.878	471.958	43.4		Plock 13.
Radom	12.352	532.466	43.2		Radom 10.
Siedlce	14.334	504.606	35.2		Siedlce 8.
Suwalki	12.550	534.489	41.7		Suwalki 13.
Varsovie	14.562	925.659	65.5		Varsovie 297

(GRAND-DUCHÉ) FINLANDE (CAP. HELSINGFORS)

SITUATION ASTRONOMIQUE : 60° 25' — 70° latitude N. et 18° 50' — 50° 65' longitude E.

CLIMAT : La température est humide et froide à cause des milliers de lacs marécageux qui couvrent le pays.

GOUVNEMENT / CHEF DE L'ÉTAT / SÉNAT / PARLEMENT : CHEF DE L'ÉTAT. Alexandre II, Nicolajewitch, grand-duc, empereur de Russie. (Voir Russie.) La Finlande a été cédée à la Russie par le traité de Fredrikshamn, 1809; mais elle a conservé son autonomie : elle est administrée par un GOUVERNEUR GÉNÉRAL assisté d'un SÉNAT, composé de 16 membres choisis par l'empereur parmi les habitants du pays. La représentation du pays est confiée au PARLEMENT NATIONAL, composé de 4 États (ancien modèle suédois) : *nobles, clergé, bourgeois et paysans*. SÉNATEURS OU CHEFS DE BUREAU : *Section civile, finances, comptabilité, affaires militaires, cultes, agriculture et travaux publics.* On a en outre 10 sénateurs sans portefeuilles.

JUSTICE : Le grand-duché jouit de ses propres lois. Il existe 3 *cours supérieures de justice* à Abo, à Wasa et à Wiborg. La cour suprême est à Helsingfors.

CULTES / INSTR. PUBLIQ. : La religion protestante luthérienne est celle du pays; cependant tous les autres cultes sont libres. Il y a 1 archevêque à Abo et 2 évêques à Borgo et Kuopio. — INSTRUCTION PUBLIQUE (1877) 495 écoles primaires; inst. secondaire et supérieure : 12 lycées, 18 écoles industrielles, 2 écoles techniques ou professionnelles ; 1 Université à Helsingfors avec 38 chaires; 34 écoles spéciales dont 1 école militaire à Frédrikshamn. En outre 2 institut. p^r les aveugles et 4 p^r les sourds-muets, 7 écoles p^r les filles entretenues par l'État.

INTERIEUR / PROVINCES : La Finlande est divisée en 8 PROVINCES administrées chacune par un GOUVERNEUR; les provinces sont divisées en HÄRAD.

FINANCES / DÉPENSES / RECETTES / DETTE / MONNAIES

DÉPENSES	Fr.	RECETTES	Fr.
Gouvernement, etc.	1.695.065	Impôt foncier	2.704.500
Administration civile, justice	5.566.061	Impôt des manufactures	82.150
Cultes, instruction	3.055.907	Capitations	1.412.000
Hygiène publique, prisons	2.549.724	Impôts indirects	2.940.351
Dette publique	3.073.280	Douanes, timbre, postes	8.612.500
Travaux publics, agriculture	1.954.656	Chemins de fer	7.500.000
Chemins de fer	6.312.000	Recettes diverses	8.748.070
Affaires militaires	2.237.658	Total	31.999.371
Dépenses diverses	2.102.835	DETTE { Dette intérieure	6.746.575
		Dette extérieure	56.373.608
Total	28.403.786	Total	63.119.583

MONNAIES. L'unité monétaire est le marc (*markka*) = 1 fr. divisé en 100 *penni*.

GUERRE / MAR. DE L'ÉTAT / MAR. MARCH. / PLACE FORTE : La Finlande forme une région militaire occupée par des troupes russes. (Voir Russie.) L'armée du pays compte environ 679 hommes d'infanterie (1 bataillon de tirailleurs en garnison à Helsingfors) et 1 équipage de MARINE, environ 100 matelots et 8 pilotes. MARINE MARCHANDE (1876). 1.640 navires, jaugeant 290.415 tonnes, dont 1.506 navires à voiles et 134 vapeurs. Équipage environ 10.000 hommes. — PLACE FORTE, Sveaborg, Willmanstrand.

TRAV. PUB. / CHEM. DE FER / POSTES / TÉLÉGRAPHES / CANAUX : CHEMINS DE FER. En exploitation 876 kilomètres, dont 813 à l'État. POSTES. Bureaux 99 (1878). Lettres et paquets 2.523.588. TÉLÉGRAPHES. Rentrent dans ceux de l'empire russe (1878) 41 Bureaux. CANAUX. Longueur 59 kilom.

COMMERCE / IMPORTATION / EXPORTATION / PORTS : IMPORTATION (1877). 149.500.000 fr. (Céréales, sel, objets manufacturés, tabac, etc.) EXPORTATION. 104.600.000 fr. (Blé, beurre, bois, résine et autres produits des forêts.) PORTS. Abo, Helsingfors, Nystad, Wasa.

SUPERFICIE : 373.336 kilom. carrés, dont 41.671 en lacs et fleuves intérieurs (5 habitants environ par kilom. carré). Environ 100.000 kilomètres carrés en forêts.

POPULATION : 1.912.647 habitants dont 1.654.500 Finnois, 269.200 Suédois, 6.100 Russes. Environ 1.200 Allemands, 1.000 Bohémiens, 600 Lapons. — *Selon les cultes* : 1.875.426 luthériens, 56.655 catholiques grecs, 566 catholiques romains. — Naissances (1876), 70.759; Mariages, 15.807 ; Décès. 42.151.

TABLE ADMINISTRATIVE

GOUVERNEMENTS	KILOM. CARRÉS	POPULATION	HABIT. PAR KIL.	RÉGION MILITAIRE	VILLES PRINC. HAB. Pr MILLE
Nyland	11.872	176.487	14.8		Helsingfors 32
Björneborg	24.171	313.595	12.9		Abo 20.
Tavastehus	21.585	200.307	9.2		Tavastehus 5.
Viborg	43.035	281.786	6.5	FINLANDE	Viborg 13.5.
Saint-Michel	22.841	162.505	7.1		St-Michel 1.
Kuopio	42.731	234.354	5.4		Kuopio 5.6.
Wasa	41.642	321.075	79.2		Wasa 4.5.
Uleaborg	165.644	192.517	1.1		Uleaborg 7.5.

POIDS ET MESURES DE L'EMPIRE RUSSE
Un ukase de 1870 prescrit de faire toutes les opérations de douane à l'aide des unités du système métrique

POIDS		RAPPORTS	MESURES DE LONGUEUR		RAPPORTS	MESURES DE CAPACITÉ		
Poud	= (40 livres)	16.381 kil.	Sachine	= (7 pieds)	2.13 mèt.	Kuhl ou sac	=	262.4 lit.
Livre	= (12 lana)	409.5 gr.	Archine	= (2 1/3 pieds)	711.2 mill.	Tschetwert	=	209.9 »	LIQUIDES
Lana	= (1 1/2 once)	34.1 »	Pied	= (6 6/7 wers.)		Osmin	=	104.9 »	Botschka = 491.9 lit.
Once	= (2 loths)	25.5 »	Werschock	= (1 3/4 pouce)	44.5 »	Pajock	=	52.5 »	Pipe = 442.7 »
Loth	= (3 solotnik)	12.8 »	Pouce	= (10 lignes)	2.5 »	Tschetwerick	=	26.2 »	Oxhoft = 221.4 »
Solotnik	= (96 dolis)	4.5 »	Ligne		0.3 »	Tschetwerka	=	6.5 »	Ohm = 147.6 »
Doli	= »	44 mill.	Werst	= (500 sach)	1.07 kil.	Garnetz	=	3.2 »	Ancre = 56.9 »
									Wedro = 12.2 »

(PRINCIPAUTÉ) SERBIE (CAP. BELGRADE)

SITUATION ASTRONIQUE	45° » — 43° 10' lat. nord. 16° 40' — 20° 27' long. est.	**CLIMAT** Temps moyen à Belgrade, 9°. Plus h., 41°; pl. b.,16°.

GOUV^{NEMENT}, **POUV'EXÉCUTIF**, **POUV'LÉGISLAT** : CHEF DE L'ÉTAT : Milan IV, prince (Kniaz), né en 1854 (maison Obrenovic), avénement 1868, majeur 1872. (Nathalie, princesse, née en 1855; Alexandre, prince héréditaire, né en 1876.) La Serbie est une monarchie héréditaire constitutionnelle. LE POUVOIR EXECUTIF est représenté par le chef de l'Etat. LE POUVOIR LÉGISLATIF est exercé simultanément par le prince et la skouptchina (assemblée nationale) 134 membres, dont 33 sont nommés directement par le souverain, 101 par le peuple. LE SÉNAT est transformé en un CONSEIL D'ÉTAT chargé de l'élaboration des lois. SYSTÈME ÉLECTORAL. Tout homme majeur et payant l'impôt, est électeur. La Serbie a payé à la Turquie un tribut annuel de 300.000 francs.
7 MINISTÈRES : les *ministères de la justice, de l'instruction publique et des cultes, des affaires étrangères, de l'intérieur, des finances, de la guerre*, et *des travaux publics*.

JUSTICE. : 1 cour de cassat. et une cour d'appel (Belgrade). Les tribunaux de première instance siégent aux chefs-lieux des départements. Il y a *une justice rurale* dans chaque commune.

CULTES : La religion catholique grecque est dite religion de l'État, tous les autres cultes sont libres. L'Église est gouvernée par un *synode*, composé de l'archevêque de Belgrade, métropolitain de Serbie, et des trois évêques diocésains d'Onyza, de Negolin et de Chabatz. Tous les couvents sont supprimés.

INSTR. PUBL : INST. PRIM. 484 écoles comm. INST. SECOND. 18 établ. 1 acad. à Belgrade, comp. ensemb. 27.761 élèv. L'instruct. est gratuite et obligat.

INTÉRIEUR DÉPARTEMENT : La Serbie est divisée en 17 DÉPARTEMENTS ou cercles (*okonije*), 62 *cantons* et 1.063 *communes*. (Voir la table.)

FINANCES
DÉPENSES
RECETTES
DETTE
MONNAIES

DÉPENSES
Dépenses générales. (Liste civile, 504.000 fr.). . . . 1.713.522 fr.
Services généraux des Ministères :
Ministère de la justice . . . . 1.529.611 —
— de l'instruction publique et des cultes. . . 1.855.779 —
— des affaires étrangères . . . . 306.178 —
— de l'intérieur . . . . 2.901.245 —
— des finances . . . . 812.235 —
— de la guerre . . . . 6.604.717 —
— des travaux publics . . . . 500.372 —
Total . . . . 16.223.657 fr.

RECETTES
Impôts directs . . . . 7.925.820 fr.
Contributions indirectes . . . . 3.344.880 —
Taxes . . . . 277.200 —
Biens de l'État (télégr. 210.000 f.; postes,147.000 f.). 1.007.244 —
Recettes extraordinaires . . . . 2.520.000 —
Total . . . . 15.075.144 fr.

DETTE. La Serbie n'avait pas eu la guerre contre la Turquie de dette nationale.
MONNAIES. Il n'existe pas en Serbie de monnaies nation^{les}. On compte en piastres à 40 paras = 20 cent.; 1 florin, de convention, de 2,60 fr., vaut env. 12 1/2 piastres (mon. autr.). Le gouvernement compte le ducat autrich. pour 24 piastres, et le speciesthaler pour 10 piastres, ce qui suppose à la piastre une valeur de 49.5 à 50 cent.; c'est ce qu'on appelle le pied de contribution.

GUERRE ARMÉE : L'armée serbe se compose de : 1° *l'armée permanente*; 2° *l'armée nationale du 1er ban*; *l'armée nationale du 2e ban*. Tous les hommes valides font partie de l'armée, de 20 à 50 ans, dont 3 ans dans l'armée permanente. L'armée permanente comprend : 4 bat. d'inf., 2 escadr. de caval., 3 rég. d'artill., 1 bat. de pionn., génie, train, etc. Total, 150 officiers, 4.000 h., 1.000 chev. et 72 canons. En cas de danger national la Serbie pourrait facilement mettre sur pied 150.000 hommes.

TRAV. PUBL.
IMPORTATION
EXPORTATION
POSTES
TÉLÉGRAPHES
POIDS ET MESURES

IMPORTATION, 52.456.362 fr. — EXPORTATION, 59.001.878 fr. (Céréales, 24.350.924 kilogr. Bétail, 24.519; porcs, 567.459. Peaux de mouton et de chèvre, 1.103.726; eau-de-vie, 2.765.800 kilogr.)
POSTES (1872). Lettres particul., 740.838. Lettres officielles, 431.275.
TÉLÉGRAPHES. Bureaux (1874) 37. Lignes, 1461 kil. Dépêches, 165.256.
POIDS ET MESURES. L'*oke* vaut 4 litres à 100 *drachmes* chacun = 1.26 kilogr. Le *tovar* : 100 okes = 126 kilogr. On se sert aussi de la *livre* de Vienne : 560.1 gr. L'*archine* turque : 0.711 mètre. L'*eimer* de Bucarest : 45.28 litres.

SUPERFICIE : SUPERFICIE : 48.657 kilom. carrés (55 hab. par kilom. carré).

POPULATION : POPULATION (1878) 1.720.000 hab. dont 1.100.000 Serbes; 160.000 Roumains-Valaques; 20.000 Roumains-Zinzaves; 50.000 Bulgares; 30.000 Tsiganes; 3.000 Juifs, Magyares, etc. *Naissances* : 63.086. *Mariages* : 15.086. *Décès* : 43.009.

MONTENEGRO
(PRINCIPAUTÉ) — (CAP. CETTIGNE)

SITUAT. ASTRON.	42° 20' — 43° lat. nord. 16° — 17° 30' long. est.	

CHEF DE L'ÉTAT : Nicolas Ier, prince, né en 1841 (maison Petrovich), avénement 1860. (Milem, princesse, née en 1847. Danilo-Alexandre, prince héréditaire, né en 1871.) Le prince concentre tous les pouvoirs en sa personne. LE SÉNAT (*sovjet*) qui assiste le prince dans l'élaboration des décrets est un conseil consultatif, nommé par le prince et composé d'officiers. La *skouptchina* est une simple réunion des doyens des tribus sans aucun pouvoir.

JUSTICE (Voir année 1878).

CULTES. La religion catholique grecque est la religion de l'État. Le chef de l'Église est l'évêque de Cettigne (*vladika*) reconnaissant le czar de Russie comme chef supérieur.

INTÉRIEUR. Le Montenegro est divisé en 8 *nahies* (div. administ. et militaires). Les nahies se divisent en *tribus* constituées par la réunion de plusieurs *parentés*, subdivisées elles-mêmes en *familles*.

FINANCES. — DÉPENSES. Liste civile, 87.500 fr.; ch^{efs} de tribus, 36.250 fr.; sénat,16.500; instr. publique, 103.000; autres dépenses, 79.750. Total 325.000.
RECETTES. Impôts directs, 275.000 fr.; couvents, 50.000 fr.; monopole du sel, 37.500; amendes, 12.500; subventions, 375.000. Total, 750.000.
DETTE. La dette contractée en 1876 a été payée avec de l'argent russe. Outre la liste civile le prince reçoit de la Russie 320.000 fr., et de l'Autriche 50.000 fr.

MONNAIES (Voir année 1878).

GUERRE. — ARMÉE. La *garde du corps du prince* (*perjanici*), composée de 100 hommes, est la seule troupe qui soit payée; mais tous les autres citoyens sont armés et prêts à marcher au premier signal (env. 30.000 hommes).

TRAVAUX PUBLICS, COMMERCE. — IMPORTATION. Sels, poudre et articles manufacturés.
EXPORTATION. Viandes fumées de chèvre et de mouton, environ 200.000 têtes de petit bétail ainsi que des peaux, des graisses, du poisson salé, du fromage, du miel, du sumac, etc. (env. 5.000.000).
POSTES. Les postes sont administrées par le gouvernement autrichien qui a un directeur de postes à Cétinié.
TÉLÉGRAPHES. Bureaux 15; longueur des lignes 338 kilom.

SUPERFICIE. 9.433 kilom. carrés. 31 habitants par kilom. carré.

POPULATION : 286.000 hab. Les seuls étrangers qui résident en groupes sont les *Tsiganes*.

TABLE ADMINISTRATIVE DE LA SERBIE

CERCLES	sup.	popul.	kil.	chefs-lieux	cant.	comm.
ALEXINATZ	2.448	46.910	19	Alexinatz	5	44
BELGRADE	1.707	61.713	36	Belgrade	5	56
CSERNA-RJEKA	2.753	51.966	19	Zaïtchar	2	36
JAGODINA	1.597	61.272	38	Jagodina	3	68
KNJAJEVATZ	1.817	96.626	25	Knjachevatz	2	53
KRAGOUJEVATZ	2.863	67.849	25	Kragoujevatz	4	82
KRAÏNA	2.974	66.065	22	Negotin	4	71
KROUCHEVATZ	2.533	48.176	19	Krouchevatz	4	56
PODRINJE	1.267	142.466	112	Losnitza	3	28
POZAREVATZ	3.634	47.265	13	Pozarevatz	7	150
RUDNIK	1.927	71.192	37	Milanovatz	3	47
CHABATZ	2.313	57.438	25	Chabatz	3	47
SMEDEREVO	1.156	57.969	50	Smederevo	2	54
TCHATCHAK	3.744	54.868	15	Tchachak	4	49
TJUPRIJA	2.092	104.808	50	Tjuprija	2	70
OUJIZA	6.057	81.271	15	Oujiza	6	85
VALJEVO	2.953	20.135	7	Valjevo	4	68
BELGRADE (ville)	»	25.089	»			1

(ROYAUME) SUÈDE [Sverige] (CAP. STOCKHOLM)

SIT. ASTRON. { 69° 3'—55° 20' latitude N. / 8° 46'—21° 50' long. E. **CLIMAT** { Température moyenne : + 5° à Stockholm et + 7° dans le Midi. **PLUIE** { La moy. annuelle est de 522ᵐᵐ.

GOUVERNEMENT
CHEF DE L'ÉTAT
POUV' EXÉCUTIF
POUV' LÉGISLAT

CHEF DE L'ÉTAT. Oscar II, roi, né en 1829 (maison Ponte-Corvo), avènement en 1872 (Sophie-Wilhelmine, reine, née en 1836 ; Gustave, prince royal, né en 1858). La Suède est une monarchie constitutionnelle et héréditaire. LE POUVOIR EXÉCUTIF est entre les mains du roi, assisté d'un ministère responsable composé de *deux ministres* : le ministre d'État et de la Justice (Justitie Stats ministre), le ministre des affaires étrangères et de 8 *Conseillers d'État* (Stats-Rad) dont 3 sont à la tête des départements de l'intérieur, des affaires ecclésiastiques, de la guerre, de la marine, des finances et 3 sans portefeuille. LE POUVOIR LÉGISLATIF est entre les mains du roi et de deux chambres. La 1ʳᵉ chambre compte 128 députés élus pour 9 ans par les conseils généraux (Landsting) et les députés municipaux (Stadsfullmägtige) à raison d'un député pour 30.000 hommes. 2ᵉ Chambre, 194 députés élus pour 3 ans, en partie par les villes (56), en partie par les campagnes (138). Le roi nomme leurs Présidents (Talemàn). Tout citoyen âgé de 25 ans, domicilié depuis un an dans la commune et payant un impôt sur un revenu d'au moins 1120 fr. (800 kronor), est électeur et éligible.

JUSTICE
PRISONS

Cour suprême du royaume, tribunal de dernière instance (Konungens högsta domstol). 16 memb.; ils rendent la justice au nom du roi, qui peut assister aux séances et y donner 2 voix. Dans les causes de justice militaire 2 off. supérieurs sont adjoints aux autres membres. 5 *hautes cours royales*, trib. de 2ᵉ *instance* (Hof rätter) correspondant aux cours d'appel en France, Stockholm, Jönköping et Christianstad, subdivisées en 108 juridictions (Domsagor) comprenant 333 Härad. La cour royale de justice militaire (Krigs hof rätten) juge les causes purement militaires. Tribunaux de 1ʳᵉ instance : 104 tribunaux de districts et les tribunaux des villes. La Suède ne possède ni justices de paix, ni conseils de prud'hommes. Le chancelier de justice ou le procureur du roi surveille au nom de celui-ci l'exercice de la justice et la pratique de l'administration.
PRISONS. Le système cellulaire est adopté dans tout le royaume ; il y a dans chaque gouvernement une de ces prisons. Travaux forcés pour hommes 6 prisons, et pour femmes 3. Il y a en outre 16 prisons de réclusion.

CULTES

La religion luthérienne est celle de l'État ; cependant toutes les autres religions sont tolérées et exercent leurs cultes en pleine liberté. Sous le rapport ecclés., le royaume est divisé en un archev. (Upsala) et 11 év.

INSTRUC. PUBL.

L'instruction publique est gratuite et obligatoire quant à l'instruction primaire. Petites écoles 5.835 avec 186.885 élèves, écoles populaires fixes 2.464 avec 214.784 élèves, ambulantes 1.164 avec 153.928 élèves, écoles populaires supérieures 6, écoles pédagogiques 21, écoles élémentaires 77 avec 12.272 élev., en outre un grand nombre d'écoles spéciales ; universités 2 (Upsala et Lund), 1 école militaire supérieure, l'école militaire et l'école navale. Presque tous les hab. savent lire et écrire (97 %).

INTÉRIEUR
LÄN
CHEM. DE FER
BIENFAISANCE
POIDS ET MES.

Le pays, au point de vue de la géographie physique, est divisé en 3 parties principales : *Svealand* (Suède proprement dite), *Götaland* (Gothie) et *Norrland* avec *Lappland* (Laponie).
Actuellement la Suède est divisée en 23 Län (gouvernements), y compris la capitale, les gouvernements sont subdivisés en 115 « *Fogderier* ». (Les anciennes divisions étaient les *Landskap* (provinces).
Il y a dans chaque commune un ou plusieurs hospices pour secourir les pauvres ; ces hospices montaient en 1870 à 2.501 et le nombre des pauvres secourus à 204.378, dont 167.665 pour les campagnes et 36.713 pour les villes. Les dépenses s'élèvent à env. 8.300.000 fr. sans compter tous les dons en nature qui augmentent fortement cette somme.

FINANCES
DÉPENSES
RECETTES
DETTE
MONNAIES

DÉPENSES		RECETTES	
		Excédant du budget de 1877	8.120.000
Maison du roi	1.703.200	Recettes ordinaires (dont impôt foncier	
Justice	3.268.200	6.279.000, impôt personnel 882.000,	
Affaires étrangères	859.500	amendes 330.000, télég. 1.960.000,	
Guerre	24.205.454	chemins de fer 6.650.000, forêts	
Marine	7.487.200	1.400.000)	26.460.000
Intérieur	5.685.427	Recettes extraordinaires (dont douanes	
Finances (télégraphes 1.960.000, postes 7.000.000)	17.962.980	31.500.000, postes 7.000.000, impôt sur l'alcool 18.410.000, impôt sur le sucre 70.000, impôt sur le revenu	
Cultes et instruction publique	12.776.021	3.600.000)	66.920.000
Dépenses extraordinaires (armée et flotte 4.600.946)	10.235.999	Recettes nettes de la banque de Suède	1.890.000
Dette publique	14.038.800	TOTAL	103.590.000
Pensions et dépenses diverses	3.137.400	DETTE { Dette intérieure	54.488.980
		Dette extérieure	200.530.937
TOTAL	103.590.000	TOTAL	255.019.917

MONNAIES. 1 krona (couronne). — 100 öre — 1 fr. 39.

GUERRE
ARMÉE
DIV. MILIT.
PLACES FORTES

L'ARMÉE se compose : 1° des troupes enrôlées généralement pour 6 ans (värfvade), env. 6.500 h. ; 2° des *troupes cantonnées* (indelta armeen), env. 27.000 h. formés des volontaires qui sont principalement payés par l'usufruit des terres qu'ils habitent et qu'ils cultivent eux-mêmes. Le soldat s'engage à servir pendant tout le temps qu'il est valide ; 3° *troupes de conscription* (tous les hommes valides de 21 à 25 ans, env. 80.000 h.) qui forment 3 classes dont les deux plus jeunes sont exercées annuellement pendant 15 jrs env.; 4° la milice nationale de Gotland (110 offic., et 8000 h. env.) qui n'est tenue qu'au service intérieur de l'île ; 5° *Les tirailleurs volontaires* (skarpskyttar) pour la défense du pays et dont les chefs sont nommés par le roi (14.000 h. env.).
DIVISIONS MILITAIRES : 5 districts militaires commandés chacun par un général.

ARMÉE ACTIVE.	Offic.	S.-offi	Solda
État-major	47	6	
Infanterie, 48 bat	1.693	1.326	22.962
Cavalerie, 47 escad	235	205	4.280
Artillerie, 5 rég	211	127	2.524
Génie, 2 bat. et 1 c	55	57	479
Total	2.241	1.699	30.245

PLACES FORTES ; Carlsborg, Kungsholmen, Carl-sten, Nya-Elfsborg, Waxholm, Fredriksborg.

TABLE ADMINISTRATIVE

LÄN.	TER. F. KIL. C.	EAU KIL. C.	POPUL. (1875)	HAB. P. K.	CH.-LIEUX, V. PR. HAB. PAR MILLE.
STOCKHOLM { ville.	7.059	569	132.582	40	
{ campagne.			136.582		
UPSALA	5.082	155	104.571	20	Upsala 12.6
SÖDERMANLAND	6.471	571	140.922	25	Nyköping 4.4
ÖSTERGÖTLAND	9.717	1.019	264.689	27	Linköping 8.8
JÖNKÖPING	10.085	1.051	188.663	18	Jönköping 13.1
KRONOBERG	8.940	1.009	165.551	18	Vexiö 4.2
KALMAR	10.951	560	239.847	22	Kalmar 9.9
GOTLAND	2.865	277	54.649	19	Wisby 6.5
BLEKINGE	2.896	119	131.812	45	Karlskrona 16.9
KRISTIANSTAD	6.265	227	229.115	36	Kristianstad 8.9
MALMÖHUS	4.685	101	335.924	70	Malmö 32.2
HALLAND	4.790	150	131.710	27	Halmstad 6.8
GÖTEBORG ET BOHUS	4.905	152	244.010	49	Göteborg 65.9
ELFSBORG	11.942	903	245.810	24	Wenersborg 5.2
SKARABORG	8.165	407	252.724	31	Mariestad 2.6
WÄRMLAND	15.242	1.614	267.081	18	Karlstad 6.5
NERIKE	6.278	800	178.951	21	Orebro 10
WESTMANLAND	8.271	524	125.057	19	Westeras 5.6
KOPPARBERG (Dalarne).	27.154	1.956	186.612	7	Falun 6.7
GEFLEBORG	17.708	1.622	163.197	9	Gefle 17.1
WESTERNORRLAND	25.272	1.571	150.254	6	Hernösand 4.8
JEMTLAND	46.615	4.171	75.756	1.6	Östersund 2.1
WESTERBOTTEN	58.951	2.856	98.045	1.6	Umea 2.6
NORRBOTTEN	99.369	6.495	85.336	0.8	Luleå 2.6
Lacs : WENERN		5.215			
» WETTERN		1.855			
» MALAREN		1.225			
» HJELMAREN		485			

SUÈDE [Sverige] (SUITE)

MARINE
MAR. DE L'ÉTAT
STAT. NAVALES
MAR. MARCH.

VAPEURS		Can.	Chev.	NAVIRES A VOILES		Can.
4 monitors		8	610	1 vaisseau de ligne		62
10 vaisseaux cuirassés		10	403	5 corvettes		86
1 vaisseau de ligne		66	350	5 bricks (dont 1 en construc.)		28
1 frégate		16	400	1 schooner		8
4 corvettes		26	1300	1 transport		»
15 canonnières		20	1710			
1 canonnière		»	500			
1 transport		»	140			
1 aviso		»	30			

PERSONNEL. — La flotte royale comprend 141 offic. (dont 1 vice-amiral, 3 contre-amir., 6 commandeurs), 190 sous-offic. et 600 matelots, 150 mécaniciens et 3.051 marins, 13 offic. ingénieurs, 24 médecins. — *La réserve* : 76 offic., 30 sous-officiers, 15 ingénieurs, et environ 40.000 hommes.

STATIONS NAVALES, 3 : Stockholm, Carlskrona, Götheborg.

MARINE MARCHANDE. Navires à voiles, 3.785, jaugeant 456.201 tonnes; vapeurs, 700 avec 24.099 chevaux, jaugeant 83.664 tonnes. Equipage, 24.752 hommes.

COMMERCE
EXPORT. IMPOR.
POIDS ET MES.
PORTS. CANAUX
TÉLÉGRAPHES
POSTES

IMPORTATION : 406.511.000 fr. (soie, coton, fil de coton, graines, couleurs, café, huile, sucre, tabac, mélasse, céréales, laine, or, argent, houille) — EXPORTATION : 316.735.000 fr. (bois, fer, papier, machines, argent, céréales, allumettes, etc.). CHEMINS DE FER: En exploitation 4,914 kil., dont 5,191 à l'Etat, en construct. 1,422 kil., dont 534 à l'Etat. — POIDS ET MESURES: Le système métrique est adopté, il sera obligatoire pour tout le royaume à partir du 1er janvier 1880.
PORTS : Stockholm, Göteborg, Gefle, Norrköping, 26,400 hab., Westerwik, 5,700 hab., Malmö, Kalmar, Karlskrona, Karlshamn, Wisby, Sundsvall. — CANAUX : 5.805 kilomètres env.
TÉLÉGRAPHES : Bureaux 175 (en outre 501 bureaux de chemins de fer, dont 162 de chem. de fer de l'Etat); lignes 8,269 kilom., dont 91 kil. de câbles sous-marins; dépêches 1.059.289. — POSTES: Bureaux 1,885; lettres et imprimés 27.044.869.

SUPERFICIE

441.814 kilom. carrés, dont 407.467 terre ferme; 37.367 kilom. c. eau; terre cultivée, 25.729 kilom. c.; prairies naturelles, 19.858 kilom. c.; forêts, 175.966 kilom. c. La densité de la population s'élevait en 1750 à 4.4, en 1800 à 6, en 1850 à 9 et 1875 à 10.6 hab. par kilom. carré.

POPULATION

4.383.291 hab. (dont env. 16.000 Finnois et 7.000 Lapons). La population en 1750 était de 1.765.558; en 1800 de 2.347.303; en 1850, de 3.482.541). — NAISSANCES : 140.236. MARIAGES : 31.184. DÉCÈS : 90.680.

(ROYAUME) NORVÈGE [Norge] (CAP. KRISTIANIA)

SITUATION ASTRONOMIQUE: 57° 58' — 71° 10' lat. N. 2° 30' — 29° long E.

CLIMAT: Les côtes de l'O. ont un climat très-doux; elles ne gèlent jamais. La température moyenne est de +1°degré env. — PLUIE. La moy. annuelle de la pluie qui tombe sur les côtes occid. est d'env. 1 mèt., et, au sud du pays, env. 0m.49.

GOUVERNEMENT
CHEF DE L'ÉTAT
POUV. EXÉCUT.
POUV. LÉGISLAT.

CHEF DE L'ETAT. OSCAR II (voir *la Suède*). La Norvège est une monarchie constitutionnelle et héréditaire. Outre la dynastie, les deux royaumes n'ont de commun que les représentants à l'extérieur, le conseil mixte dans les affaires communes, et lorsque le roi est mineur ou que le trône est vacant. LE POUVOIR EXECUTIF est entre les mains du roi, assisté d'un ministère composé de 2 ministres d'Etat et de 9 conseillers d'Etat à la tête des départements des Finances et des Douanes, de la Justice et de la Police, de l'Intérieur, de la Marine et des Postes, de la Guerre, des Cultes et de l'Instruction publique, de la Révision des comptes. 3 membres, dont un des 2 conseillers d'Etat réside auprès du roi tant qu'il séjourne en Suède, les autres résident à Kristiania. LE POUVOIR LÉGISLATIF s'exerce par le roi et le *Storthing*, 111 membres élus pour 3 ans. Le Storthing élit le quart de ses membres pour former le *Lagthing* (sorte de chambre haute), les autres se constituent en *Odelsthing* et chaque chambre se réunit séparément. Les résolutions votées par trois législatures, malgré le refus de sanction du roi, ont force de loi. Le Storthing est élu à 2 degrés par les citoyens âgés au moins de 25 ans, justifiant de 5 ans de résidence. Pour être éligible il faut avoir au moins 30 ans et avoir résidé 10 années dans le pays. Il n'y a pas de noblesse en Norvège.

JUSTICE
PRISONS

Tribunal suprême du royaume, tribunal de dernière instance (*Hoiesteret*) se composant d'un justicier (*justitiarius*) et de 10 assesseurs; dans les causes de justice militaire, il leur est adjoint 2 offic. supérieurs. 6 cours supérieures de justice (*Stifs over retter*). Tribunaux de 2e instance : Kristiania, Kristianssand, Bergen, Hamar, Tromsö. Les tribunaux de 1re instance (*underretter*) sont présidés dans les villes par le *byfogde* (juge particulier); à la campagne par le *sorens kriver* (magistrat d'arrondissement). Le nombre des *sorenskriverier* est de 80, divisés en 384 cantons (*thingslag*). Eu égard à la juridiction des tribunaux mensuels, 69 des sopenskriverier se divisent en 179 sous-districts (*maanedsthings-distrikt*); 28 villes ont leur juge particulier (*byfogde*); dans les 10 autres, le juge est en même temps celui de la campagne voisine.
PRISONS. Bagnes, 3; prison pénitentiaire, 1, et maisons de correction, 4.

CULTES

La religion luthérienne est celle du pays, mais tous les cultes sont libres. La division ecclésiastique comprend 6 évêchés.

INSTRUCT. PUBLIQUE

L'instruction est obligatoire et gratuite, chaque commune a son école populaire. Ecoles supérieures (*Kathedralskoler*), 17; écoles primaires supérieures, 39; divisions avec des écoles primaires fixes, 3.560 à la campagne; 98 dans les villes. Nombre des instituteurs ambulants visitant les fermes, 2.757. Chaque *Stift* a son *directeur* qui surveille l'instruction, et son *séminaire* pour former les professeurs. 1 école supérieure militaire, 1 école militaire, 1 école navale. Il y a, en outre, un grand nombre d'écoles spéciales. Université à Kristiania. Presque tous les habitants savent lire et écrire (97 0/0).

INTÉRIEUR
AMT
BIENFAISANCE
POIDS ET MES.

Le pays est partagé naturellement en 3 grandes parties : *Nordanfieldske* (pays situé au N. des montagnes), *Vestanfjeldske* (pays situé à l'O. des montagnes). *Sunnanfjeldske* (pays au S. des montagnes). Administrativement, le royaume est divisé en 20 AMT (départements), administrés par 6 *stifsametmeend* et 14 *amtmeend*.
BIENFAISANCE. La Norvège est partagée en 719 *arrondissements des pauvres*, dont 612 pour la campagne, 49 pour les fabriques et usines, et 58 pour les villes et ports marchands. En 1873, 61.917 personnes ont été assistées, dont 14.752 pour les villes. Dépenses : 7.258.702 francs.
POIDS ET MESURES. (Voir *la Suède*).

FINANCES
DÉPENSES
RECETTES
DETTE
MONNAIES

DÉPENSES		RECETTES	
Liste civile	679.140 fr.	Douanes	25.959.780 fr.
Administration	1.915.060	Impôts divers	6.138.300 —
Cultes et instruction publique	2.792.860	Timbre, etc.	708.680 —
Justice et police	2.549.540 —	Droits de justice et de succession	1.076.740 —
Intérieur	8.207.360 —	Dîmes, biens de l'Etat	1.603.140 —
Finances	12.009.840 —	Revenu du capital	2.517.480 —
Guerre	9.320.360 —	Mines	3.565.380 —
Affaires étrangères	771.960 —	Postes et télégraphes	1.637.860 —
Marine (télég. 1.683.920; post. 2.340.660 marine, 5.404.100)	9.621.080 —	Recettes diverses	300.300 —
Dépenses diverses	771.260 —	Recettes extraord. (empr. pour constr. de chem. de fer, 17.344.320; contrib. locales pour le même but, 2.925.300)	20.269.620 —
Dépenses extraordin. (dont acquisition de fonds, 1.161.280; constructions de chemins de fer et de chaussées, 20.269.620)	20.430.900 —	Total	74.761.920 fr.
Total	69.069.560 fr.		

DETTE (1877) : Passif 98.796.800 — Actif 72.800.000
MONNAIES. 1 krona (couronne) = 100 öre = 1 fr .39

NORVÉGE [Norge] (SUITE)

GUERRE
ARMÉE
PLACES FORTES

L'ARMÉE se compose de l'armée active et de la réserve (*landvœrn, landstorm*). L'armée active compte 750 officiers et 12.000 hommes; en temps de guerre, elle ne peut s'élever à plus de 18.000 h. sans l'assentiment du « Storthing ». MODE DE RECRUTEMENT : volontaire et conscription. La durée du service est de 7 ans dans l'armée active et 15 ans dans la réserve.
Armée active. Etat-major, 29 officiers dont 6 généraux. Infanterie, 5 brig. de 4 compag., 1 corps de chasseurs de 6 compagn.; cavalerie 1 brig. de 3 corps de chasseurs à cheval (440 offic.); artillerie : 11 bat. à 8 pièces et 1 sect. d'artif. et d'ouvriers (60 offic.); génie : 200 offic. et 8 commis. Train, 4 dépôts (200 offic.).
PLACES FORTES : Fredriksten, Akershus.

MARINE
MAR. DE L'ÉTAT
MAR. MARCH.
POSTES
TÉLÉGRAPHES

MARINE DE L'ÉTAT.	Chevaux.	Canons
Navires à voiles.		
1 brick-école..................	»	4
Il y a en outre 1 frégate-école et 3 transports.		
Navires à vapeur.		
4 monitors.....................	650	8
2 frégates.....................	900	78
3 corvettes....................	550	56
1 schooner.....................	20	6
2 vapeurs remorqueurs..........	160	4
20 canonnières.................	570	24
32.............................	2.830	160

TABLE ADMINISTRATIVE			
AMT.	KIL. C.	HABIT.	H. KIL.
SMAALENENE......	4.009	107.710	26.8
AKERSHUS........	5.155	116.098	22.6
KRISTIANIA......	9	75.986	8.443.0
HEDEMARKEN......	25.992	120.651	4.6
KRISTIAN........	25.044	115.803	4.6
BUSKERUD........	14.656	102.155	7.0
JARLSBERG et LAURVIK	2.229	87.344	39.1
BRATSBERG.......	14.781	82.974	5.6
NEDENAES........	9.984	73.247	7.5
LISTER ET MANDAL.	6.275	74.866	12.0
STAVANGER.......	8.861	110.792	12.6
SÖNDRE BERGENHUS.	15.160	119.301	7.9
BERGEN..........	1	53.450	
NORDRE BERGENHUS.	18.245	86.123	4.6
ROMSDAL.........	14.655	116.303	7.9
SÖNDRE TRONDHJEM.	18.547	116.604	6.3
NORDRE TRONDHJEM.	22.775	81.713	3.6
NORDLAND........	37.970	103.788	2.8
TROMSÖ..........	28.174	53.923	2.1
FINMARKEN.......	47.411	24.071	0.5

Personnel : 104 offic., 258 s.-offic. et matel. à engagement fixe.
MARINE MARCHANDE. 7.909 navires jaugeant 1.436.278 tonnes, dont 258 vapeurs de 10.714 chev. et jaugeant 43.941 tonnes. Équipage : 60.281 hommes.
POSTES. Bureaux, 870. Lettres, 7.479.350.
TÉLÉGRAPHES. A l'État, 128 bureaux ; lignes, 7.619 kilom.; dépêches, 787.144; aux chemins de fer, 69 bur.; lignes, 838 kilom.

VILLES PRINC.
HAB. PAR MILLE

Kristiania, 77; Bergen, 34; Drammen, 29 ; Stavanger, 20 ; Trondhjem, 25 ; Kristianssand, 12; Frederikshald, 10; Kristianssund, 7; Laurvik, 8; Horten, 5; Tromsö, 5.

COMMERCE
IMPORTATION
EXPORTATION
CHEM. DE FER
PORTS

IMPORTATION. 234.357.200 fr. (céréales, machines).
EXPORTATION. 165.401.800 fr. (poissons, bois, argent, fer, nickel, cuivre, cobalt, pyrite, etc.).
POIDS ET MESURES. (Le système métrique est adopté, il sera obligatoire à partir du 1er janvier 1880.)
CHEMINS DE FER. En exploitation (1877), 822 kilomètres.
PORTS. Kristiania, Bergen, Trondhjem, Drammen, Horten, Kristianssand, Arendal, Stavanger.

SUPERFICIE

316.694 kil. carrés, dont 2.393 cultivés, 8.000 en prairies naturelles, 67.000 en forêts. (5.8 hab. par kil. carré.)

POPULATION

1.817.237 habitants (dont environ 8.000 Finnois [Kvœner], et environ 17.000 Lapons [Finnar], les autres sont des Norvégiens). Naissances, 58.610. Mariages, 14.095. Décès, 31.449.

(ROYAUME) DANEMARK (CAP. COPENHAGUE [Kjöbenhavn])

SITUATION
ASTRONIQUE

54° 33' — 57° 45' latit. N.
5° 45' — 10° 28' long. E.

CLIMAT

La température est la même que celle du sud de la Suède, même un peu plus douce, la temp. moyenne annuelle est de 9° environ.

PLUIE

La moyenne annuelle de la pluie qui tombe est d'environ 0m49.

GOUVNEMENT
CHEF DE L'ÉT.
POUV. LÉGIS.
POUV. EXÉC.

CHEF DE L'ETAT. CHRISTIAN IX, roi, né en 1818 (maison de Sleswig-Holstein-Sonderbourg-Glücksbourg) ; avénement 1863. (LOUISE, reine, née en 1817; FRÉDÉRIC, prince royal, née en 1843.) Le Danemark est une monarchie constitutionnelle et héréditaire. Le POUVOIR EXÉCUTIF est entre les mains du roi assisté de huit ministres responsables (dont le prince royal) et d'un Conseil d'État(le roi président; memb., le prince royal et les ministres). Le POUVOIR LÉGISLATIF s'exerce par le roi et le *Rigsdag* qui est composé de deux chambres électives : le *Landsthing* (Sénat) (66 membres, dont 12 nommés à vie par le roi et les autres élus pour huit ans par le vote à deux degrés); le *Folkething* (la Chambre) (102 membres élus pour trois ans par le vote direct de la nation (1 membre sur 16.000 hommes]). 7 MINISTÈRES. Les ministères de la justice et de l'Islande, des affaires étrangères, des cultes et de l'instruction publique, de l'intérieur, des finances, de la guerre, de la marine.

JUSTICE
PRISONS
CHEM. DE FER
TÉLÉGRAPHES
POSTES
CANAUX
PONTS
POIDS ET MES.

L'autorité judiciaire est organisée en trois instances, tant au civil qu'au criminel. Tribunaux de 1re instance, 18 pour tout le royaume; 2 cours d'appel (Copenhague et Viborg, en Jutland). Cour suprême (Höiesteret) à Copenhague, composée d'un justicier, de 12 assesseurs ordinaires et de 10 assesseurs extraordinaires. Il existe aussi un tribunal de navigation et de commerce à Copenhague. Pour les îles il y a une cour d'appel à Reykjavik en Islande.
PRISONS. 1 prison pour femmes à Christianshavn, 1 pénitencier pour hommes à Vridslöselille, 1 prison de travaux forcés pour hommes à Horsens.
CHEMINS DE FER. 1.366 kilomètres dont 811 à l'État.
TÉLÉGRAPHES (1876). Bureaux, 116. Lignes, 3.040 kilomètres. Dépêches (1876), 940.635.
POSTES. Lettres, 20.088.138. Journaux et imprimés, 19.318.555.
CANAUX. 15 kilomètres?
PORTS. Kjöbenhavn, Helsingör, Korsör, Aarhus, Nyborg, Aalborg.
POIDS ET MESURES. Le système métr. est adopté et sera obligatoire par tout le royaume au 1er janvier 1880.

CULTES
INSTRUCTION
PUBLIQUE

La religion luthérienne est dite religion nationale et jouit d'une subvention de l'État. La liberté de conscience n'en est pas moins complète et absolue. Le pays est divisé en 8 évêchés, dont 4 en Jutland, 1 en Selando, 1 à Fyen (Flonie), 1 à Laaland-Falster et 1 en Islande. Pour le *culte catholique* il y a un vicaire apostolique pour le royaume, l'évêque d'Osnabruck.
INSTRUCTION PUBLIQUE. L'instruction est obligatoire et gratuite. L'enseignement public comprend des écoles primaires inférieures et supérieures dans tous les villages, des écoles secondaires (12), dites écoles latines ou savantes, et écoles des sciences exactes (Lœrde Skoler, Cathedral Skoler), des écoles spéciales, 4 écoles normales pour former des professeurs pour l'enseignement primaire, et enfin une université conférant l'enseignement supérieur. Depuis une vingtaine d'années il s'est formé successivement, à la campagne, des *Amt*, d'écoles secondaires de paysans (Folkehöiskoler), on en compte aujourd'hui 51, dont 4 pour les femmes. Les écoles publiques secondaires sont entre les mains de l'État. A côté des écoles publiques, il existe aussi beaucoup d'écoles privées, dont 7 ont le droit de délivrer des diplômes qui permettent l'entrée à l'université.
Presque tous les habitants savent lire et écrire.

DANEMARK (SUITE)

INTÉRIEUR
AMT
BIENFAISANCE

Le Danemark se compose, d'après le démembrement de 1864, 1° DES ILES *Seland, Fyen* (Fionie), *Langeland, Laaland, Falster, Mœn, Bornholm*; 2° DU JUTLAND, 3° DES DÉPENDANCES, *l'Islande et les îles Färö*, en Europe, le *Grönland*, en Amérique. Administrativement le pays est divisé en 18 *Amt* (préfectures ou bailliages) gouvernés chacun par un amtman (préfet ou bailli). Dans les villes et dans les arrondissements, l'autorité inférieure est exercée par des "Byfoged" ou "Heredsfoged" (sous-préf. ou s.-intend.) au nombre de 156. Dans les communes rurales il y a des "Sognefogder" (maires) nommés par les autorités et choisis parmi les habitants de la commune même, pour les aider dans l'exercice de tout ce qui concerne la police locale. Les ILES FÄRÖ forment un bailliage à part; depuis 1854 on y a institué un *Lagthing*, assemblée représentative composée de 20 memb. élus par la population des îles et présidée par le bailli. L'ISLANDE est divisée en 4 bailliages. Elle a un tribunal secondaire et une assemblée représentative, le *Althing*, composé de 27 membres, dont 6 nommés par le roi et les 21 autres élus par la population ; il est présidé par le bailli de l'île. Les 16 colonies ou places de commerce du GRÖNLAND sont administrées par 2 inspecteurs supérieurs, l'un au nord, l'autre au sud du pays.

BIENFAISANCE. Il faut distinguer entre l'assistance publique obligée et la charité privée. La commune est tenue de secourir toute personne hors d'état de pourvoir à son entretien. Pour ce but il est organisé dans toute commune un bureau des pauvres. Chaque commune forme une circonscription de bienfaisance. L'assistance publique, divisée en 11 districts, exerce une certaine autorité disciplinaire sur tous ceux qui en reçoivent des secours. Outre l'organisation de l'assistance proprement dite, l'État entretient des hospices, des institutions d'aveugles, de sourds-muets, et 5 grands hospices d'aliénés. Il y a un grand nombre d'établissements de charité fondés par des particuliers.

FINANCES
DÉPENSES
RECETTES
DETTE
MONNAIES

DÉPENSES	FR.	RECETTES	FR.
Liste civile et apanages	1.991.358	Domaines, Forêts	2.535.854
Diète (Rigsdag)	280.000	Actif de l'État	5.520.969
Conseil d'État	132.462	Impôts directs	12.557.840
Dette publique	10.571.820	Impôts indirects	40.546.100
Pensions civiles et militaires	4.578.258	Postes	58.583
Affaires étrangères	522.917	Télégraphes	60.508
Cultes, Instruction	1.588.169	Loterie	1.448.000
Justice	3.300.695	Recettes des Färö	67.137
Intérieur	2.245.379	— des Indes danoises	35.000
Guerre	12.134.419	— diverses	1.669.583
Marine	7.410.523	Remboursements, etc.	2.106.520
Finances	4.177.046		66.865.891
Administration de l'Islande	155.594	DETTE	
Travaux publics	2.592.219	Dette intérieure	222.542.869
Dépenses extraordinaires	5.280.456	— extérieure	24.204.950
Avances, subventions	1.281.700	Total du passif	246.747.819
	58.040.775	— de l'actif	120.705.997
MONNAIES 1 krona (couronne), fr. 1.40.		Dette réelle	126.041.822

GUERRE
ARMÉE
PLACES FORTES

Tout Danois capable de porter les armes est obligé, sans distinction, de contribuer personnellement à la défense de la patrie. Les soldats enrôlés à l'âge de 22 ans font partie de la ligne et de la réserve pendant 8 ans et pendant les 8 années suivantes de la landwehr (renforts). Pour la conscription, le pays est divisé en 5 cercles qui recrutent chacun leur brigade d'infanterie et de cavalerie. ARMÉE ACTIVE : *Infanterie* gardes 1 bat., ligne 20 bat., réserve 10, comprenant ensemble 774 off. et 26,992 sous-off. et soldats. *Cavalerie* 16 escadrons, 128 off. et 2.180 soldats. *Artillerie* 2 régiments (12 bat.) et 2 bat. de 6 compagnies, ensemble 145 off. et 4,755 soldats. *Génie* 2 bat. 59 off. et 624 soldats. L'état-major général compte 23 off. et 21 sous-off. Total de l'armée active 1,151 off. et 34,572 sous-off. et soldats. Sur pied de guerre, l'armée compte 50,000 hommes environ. PLACES FORTES Copenhague, Fredericia, Kronborg.

MARINE
MAR. DE L'ÉTAT
STAT. NAVALES
MAR. MARCH.
COLONIES

MARINE DE L'ÉTAT.

Non cuirassés	c.	chev.	VAPEURS A HÉLICES Cuirassés	c.	chev.
1 vaiss. de ligne			2 frégates	40	2.687
(vais. de poste pour l'Islande)	42	1.050	3 batteries flott.	6	3.930
5 frégates	78	3.230	2 navires casmat.	14	5.960
2 corvettes	28	1.550	7 Total	60	12.577
6 schooners	20	4.570	NAVIRES A VOILES		
12 canonnières	17	2.629	1 frégate	»	»
3 vapeurs à aubes	27	1.550	2 cutter	»	»
27	212	14.579	8 yoles canonn.	8	»
			20 chaloupes de transp. en fer.	20	»
			31	28	»

Personnel 117 off., dont 1 amiral et 800 hom. STATIONS NAVALES : Helsingör, Fredrikshavn, Esbjerghavn. MARINE MARCHANDE : 180 vapeurs, jaugeant 43,720 tonnes et 3,085 nav. à voiles, jaugeant 216,460 ton. COLONIES : Ste-Croix, St-Thomas, St-Jean. (Voir les Antilles.)

TABLE ADMINISTRATIVE			
AMT	kil. carrés	population	hab. kil.
COPENHAGUE (ville)	13	193.000	14.846.1
— (campagne)	1.211	111.400	92.0
FREDRIKSBORG	1.553	85.500	61.5
HOLBAEK	1.624	90.100	55.4
SORÖ	1.472	87.200	59.2
PRAESTÖ	1.669	100.100	60.0
BORNHOLM	584	33.000	56.5
MARIBO	1.660	92.400	55.0
ODENSE	1.765	126.700	71.9
SVENDBORG	1.644	117.800	71.7
HJÖRRING	2.775	95.400	30.8
THISTED	1.687	63.500	37.1
AALBORG	2.956	91.500	30.0
VIBORG	3.051	87.800	29.0
RANDERS	2.435	100.500	41.2
AARHUS	2.477	132.500	55.0
VEILE	2.336	107.400	43.5
RINGKJÖBING	4.527	79.500	17.5
RIBE	3.045	68.900	22.6
POSSESSIONS			
ILES FÄRÖ	1.533	10.500	7.8
ISLAND	102.417	70.900	0.6
GRÖNLAND	88.100	9.800	0.1
ANTILLES DANOISES	359	37.700	105.0

COMMERCE
IMPORTATION
EXPORTATION

IMPORTATION : 520,462,800 francs (objets manufacturés, denrées coloniales, etc.). EXPORTATION : 252,955,800 (eau-de-vie, produits agricoles, papier, drap, bétail, chevaux, etc.).

VILLES PRIN.
HAB. PAR MILLE

Copenhague 230, Helsingör 9, Roeskilde 5, *dans l'île Seeland*; Odense 17, Nyborg 5, *dans Fionie*, Nykjöbing 4, *dans Falster*, Aarhus 15, Aalborg 11, Kolding 5, Viborg 6, Fredericia 7, Horsens 11, Ribe 51, *dans le Jutland*, Thorshaven *dans les Färö*, Reykjavik *en Islande* et Julianehaab dans Grönland.

SUPERFICIE

58,257 kilom. carrés, dont les îles 12,993 et le Jutland 25,244 (51 hab. par kil. carré).

POPULAT.

1,940,000 hab., dont 1,074,000 pour les îles, 866,000 pour le Jutland ; d'après les cultes (1870), luthériens 1,769,585, réformés 1,455, catholiques 1857, israélites 4,290, anabaptistes 5,225, mormons 2,128, etc.

(CONFÉDÉRATION) SUISSE (CAP. BERNE)

SITUATION ASTRONOMIQUE : 45° 49' — 47° 50' lat. N. 5° 37' — 8° 9' long. E.

CLIMAT : Le climat offre des variations infinies : hiver perpétuel au sommet des Alpes, température la plus douce dans les vallées.

GOUV*NEMENT* / **CHEF DE L'ÉTAT** / **POUV' EXÉCUTIF** / **POUV' LÉGISL.** : CHEF DE L'ETAT, E. Marti D*r*, élu président en 1876 pour un an. LE POUVOIR EXÉCUTIF est exercé par le *Conseil fédéral*, composé de 7 membres, chargés chacun d'un *département ministériel*. Le président de la *Confération* est en même temps *président du Conseil*, il est élu pour une année ainsi que le vice-président et ils ne peuvent être réélus l'année suivante, les membres du Conseil sont élus pour 5 ans. LE POUVOIR LÉGISLATIF s'exerce par l'*assemblée fédérale*, qui se compose du *conseil national*, 128 membres (1 membre par 20,000 hab.), élus pour 3 ans par le SUFFRAGE UNIVERSEL et du *Conseil des Etats*, 44 memb. (2 pour chaque canton), élus par l'assemblée du peuple ou par le grand conseil de chaque canton. 7 DÉPARTEMENTS (ministères), politique, justice et police, intérieur, finances et douanes, affaires militaires, chemins de fer et commerce, postes et télégraphes.

JUSTICE : Le pouvoir judiciaire s'exerce par le TRIBUNAL FÉDÉRAL, composé de 9 membres et 9 remplaçants nommés pour 6 ans. Il juge les causes politiques, les conflits entre les Etats et entre les pouvoirs. Pour l'administration de la justice criminelle, le tribunal fédéral est divisé en *chambre des mises en accusation*, *chambre des affaires criminelles* et *cour de cassation*.

CULTES : Tous les cultes sont libres, la plupart des hab. sont protestants, cependant les catholiques sont aussi très-nombreux ; ils ont à leur tête 5 évêques (Lucerne (Bâle), Coire, Saint-Gall, Lausanne, Sion (Valais). L'ordre des Jésuites y est interdit. Religieusement la Suisse se divise en 5 cant. protest., 8 cant. cathol. et 11 cant. mixtes.

INSTRUCTON **PUBLIQUE** : La Suisse compte plus de 7,000 *écoles primaires* dans ses 3,000 *communes*. L'instruction est obligatoire dans tous les cantons. L'enseignement moyen n'est pas négligé non plus. Pour l'enseignement supérieur, il y a des *universités* à Zurich, Berne et Bâle qui comptent env. 600 *étudiants* et 150 *professeurs* et des *académies* à Lausanne, Genève et Neuchâtel, avec des facultés de théologie, de philosophie et de droit, qui comptent env. 500 *étudiants* et 50 *professeurs*. L'école polytechnique fédérale, fondée en 1855, est établie à Zurich. Elle a 50 *professeurs* et plusieurs centaines d'*élèves*, parmi lesquels beaucoup d'étrangers. 6 *séminaires* pour former des prêtres catholiques. *Tous les habitants savent lire et écrire*.

INTÉRIEUR / **CANTONS** : La Suisse est divisée en 22 *cantons* subdivisés en districts et les districts en communes. LES CANTONS choisissent eux-mêmes leur constitution. L'autorité fédérale les approuve et les rend exécutoires. *Les districts* sont administrés par un préfet ou lieutenant assisté des conseils de districts, élus. *Les communes* sont administrées par les conseils municipaux ou communaux élus, présidés par un chef, syndic, maire, amman ou président.

FINANCES / **DÉPENSES** / **RECETTES** / **ACTIF** / **PASSIF** / **MONNAIES** :

DÉPENSES	FR.	RECETTES	FR.
Intérêts, etc.	1.934.550	Produits des capitaux et des immeubles.	567.968
Frais d'administration	744.500	Intérêts de cap., d'exploit. et sub.	241.790
Départements.	2.929.247	Monop. et admini st.	59.318.125
Admini st. spéciale (armée 15.298.507)			
Postes 14.094.000, télégraphes 2.106.000	37.199.290	(Postes 14.845.825, télégr. 2.150.094)	
Dépenses imprévues	10.813	Recettes diverses.	514.119
Total.	42.818.000	Total.	40.442.000

Les dépenses extraordinaires en 1876, se sont élevées à 121.166 francs. *Passif et actif de la confédération (1877). Passif* : 56.125.378 francs. *Actif* : 40.966.389 francs.
MONNAIES. La Suisse fait partie de la convention monétaire conclue à Paris (1865). Le franc est divisé en 100 *centimes* ou *rappes*.

GUERRE / **ARMÉE** / **DIV. MILITAIRE** : Le service militaire est obligatoire pour tous les hommes valides entre 20 et 44 ans. L'ARMÉE se compose de l'*armée régulière (Bundesauzug)*, comprenant les hommes de 20 à 32 ans, et *de la landwehr*, comprenant ceux de 33 à 44 ans. DIVISIONS MILITAIRES. L'armée est répartie en 8 divisions.

ARMÉE	régulièr.	landw.	total
États-majors.	858	784	1.622
Infanterie, 198 bat. fusiliers, 16 bat. tirraill. (dont la 1/2 régulière)	82.786	2.786	165.572
Cavalerie, 48 escad. de drag., 24 comp. de guides (dont la 1/2 régulière)	3.492	3.492	6.984
Artillerie, 48 bat. de camp., 2 bat. de mont., 10 comp. de position, 8 colonnes de parc, 8 bat. de train, 2 comp. artificiers	13.852	6.422	20.254
Génie	3.144	3.144	6.288
Corps sanitaires, administration, etc.	2.064	408	2.472
Total.	106.156	97.056	203.192

COMMERCE / **CHEM. DE FER** / **POSTES** / **TÉLÉGRAPHES** / **VILLES PRINC. AVEC LEURS HAB. PAR MILLE** / **SUPERFICIE** / **POPULATION** : Il n'y a pas de documents publiés sur l'*importation* et l'*exportation*. On importe surtout des céréales, du bétail, des matières premières pour différentes industries, etc. ; on exporte principalement des articles de soie, de coton, d'horlogerie et de bijouterie, des dentelles, des ouvrages de bois et de paille, du fromage, etc.
CHEMINS DE FER (1876) : En exploitation, 2.345 kilom., plus 64 appartenant à des compagnies étrangères.

POSTES : Bureaux 790 dont 18 bur. étrangers ; 1.991 dépôts de lettres. Lettres, 65 374.646. Journaux et échant., 46.508.416. Recettes nettes, 549.957 fr. TÉLÉGRAPHES (1877) : Bur. de l'Etat, 973, de chemins de fer, 107. Lignes de l'Etat, 6.507, de chemins de fer, 527 ; dépêches, 2.722.408.

Berne 36, Genève 47, Zurich 21, Lausanne 27, La Chaux-de-Fonds 20, Saint-Gall 17, Lucerne 15, Neuchâtel 15.

41.390 k. c. (67 hab. par k. c.)

2.669.147 hab. dont 1.566.347 protestants, 1.084 369 catholiques, 11.455 d'autres cultes chr., 6.996 juifs. Selon l'origine 2.317.600 Suisses, 150.907 étrangers, dont 62.228 Français, 57.391 Allemands, 18.075 Italiens, etc. *Naissances* 92.861, MARIAGES 21.871, DÉCÈS 68.979 (1877).

TABLE ADMINISTRATIVE

CANTONS	kil. carrés	Population	Hab. kil.	Protest.	Catholiq.	Autr.S chrét.	Israél.
APPENZELL (Rh. ext.)	261	48.734	187	46.187	2.361	165	21
ZURICH.	1.725	284.867	165	265.788	17.944	2.650	505
VAUD.	3.223	231.506	72	211.581	17.550	1.794	601
SCHAFFHOUSE.	300	37.721	126	34.466	3.051	180	24
NEUCHATEL.	808	97.286	121	84.587	11.529	926	674
BERNE.	6.889	506.561	74	456.446	66.007	2.707	140
GLARIS.	791	35.150	508	28.250	6.896	7	17
BALE (Ville.)	57	47.760	129	34.485	12 205	488	516
BALE (Campagne.)	422	54.155	128	43.527	10.219	228	151
THOURGOVIE.	988	93.508	84	69.229	23.456	559	81
GRISONS.	7.183	91.794	15	51.886	39.835	55	18
ARGOVIE.	1.405	198.874	142	107.720	89 180	432	1.542
GENÈVE.	285	94.116	350	44.158	48.540	637	1.001
SAINT-GALL.	2.019	191.096	95	74.589	116.150	185	192
FRIBOURG.	1.660	110 897	66	16.805	94.027	15	50
SOLEURE.	785	74.718	95	12.448	62.078	99	95
ZUG.	259	20.995	81	878	20.085	17	15
LUCERNE.	1.501	132.337	88	5.857	126.337	65	98
UNTERWALDEN.	475	26.115	53	450	25.628	1	5
SCHWITZ.	908	47.707	55	642	47.054	4	7
APPENZELL (Rh. int.)	159	11.914	75	140	11.725	1	»
VALAIS.	5.247	97.081	18	904	96.154	19	4
URI.	1.076	16.108	15	80	16 019	1	8
TESSIN.	2.818	119.569	42	192	119 300	47	50

(EMPIRE) TURQUIE D'EUROPE (C. CONSTANTINOPLE)

SITUATION ASTRONOMIQUE	39° — 48° 20' lat. N. 13° 24' — 27° 20' long. E.	CLIMAT	Entre les montagnes règne le climat le plus doux ; le pays abonde en vallées délicieuses et en plaines très-fertiles.

GOUVERNEMENT — CHEF DE L'ÉT. — POUV' EXÉCUT. — DIVAN

CHEF DE L'ÉTAT : Abdul-Hamid-Khan, Sultan (Padichah), né en 1842, avénem. 1876. La Turquie est une monarchie constitutionnelle et héréditaire. La succession au trône a lieu par ordre de primogéniture masculine parmi tous les princes du sang. — Le POUVOIR EXÉCUTIF est entre les mains du Sultan et le POUVOIR LÉGISLATIF est partagé entre le Sultan et l'Assemblée générale qui se compose du SÉNAT et la CHAMBRE DES DÉPUTÉS. Les membres du Sénat sont nommés à vie par le Sultan, leur nombre ne peut excéder le tiers de celui des membres de la Chambre des députés. Les députés sont élus pour quatre ans à raison d'un député par 50.000 Ottomans du sexe masculin. Tout Ottoman d'une conduite irréprochable, ayant au moins trente ans, et ne remplissant aucune charge publique (celle de ministre exceptée) est éligible. Les ministres d'État ayant les titres de Mouchirs et de Vizirs sont au nombre de 17 dont 12 avec des portefeuilles. Le Kislar agasi (chef des eunuques noirs) qui est à la tête de la direction du harem impérial est aussi l'un des grands dignitaires de l'Empire. — MINISTÈRES : des Affaires étrangères, de la Guerre, de la Marine, de l'Intérieur, de la Justice, des Finances, des Travaux publics et du Commerce, de l'Instruction publique, des Contributions indirectes, de la Police, de la Liste civile, des Archives.

JUSTICE

Le conseil suprême de justice ou grand conseil siège immédiatement après le Divan. Il est divisé en trois fonctions : législation, administration et justice. Les juges (ulémas) ont pour supérieur immédiat un *cazi-asker* (grand juge) et se divisent suivant la hiérarchie en *mollahs*, *cazis* (cadis) et *naïbs*.

CULTES

La religion de Mahomet (l'islam) est celle du pays ; les autres cultes sont tolérés. La religion est surveillée par le *cheik-ul-islam* et par les prêtres (*imans*), qui comprennent les *cheiks* ayant pour devoir la judicature, les *khatibs*, qui récitent les prières officielles, et les *imans* proprement dits, qui célèbrent les mariages et les enterrements. A la tête de la religion catholique grecque est un patriarche résidant à Constantinople ; pour la religion catholique romaine, un patriarche à Constantinople et 2 archevêques à Antivari et à Durazzo.

INTÉRIEUR — VILAYETS

La Turquie d'Europe se divise en 7 vilayets (provinces) ; en outre Lemnos, Imbros, Samothrace, Astypalæa constituent avec Rhodes et les iles du littoral de l'Anatolie un huitième vilayet. Constantinople et sa banlieue forment un district dépendant du ministère de la police. Le vilayet se divise en *moutesoriflicks* ou *sandjaks*, ceux-ci en *kazas* (cantons) et les *karas* en *nahiés* (communes). Chaque vilayet est administré par un *vali* (gouverneur général) assisté d'un conseil permanent et dont une partie des membres sont élus par les populations. Chaque *sandjak* est administré par un *caïmacan* assisté d'un *conseil* ; chaque kazas par un *mudir* assisté de même par un *conseil de notables* nommés par le *vali*. Les *nahiés* sont administrés par des chefs qu'élisent les notables (*mouktars*, *kodjahbachis*). Les pays tributaires sont : TRIPOLI et SAMOS. Protectorats : EGYPTE, TUNIS.

FINANCES — DÉPENSES — RECETTES — DETTE — MONNAIES

DÉPENSES (1876)		RECETTES		MONNAIES. Or : pièce de 500 piastres = 113 f. 92. Pièce de 250 p. appelée *medjidié d'or* ou juslik, de 50 p., de 25 p. en proportion. *Argent* : *Medjidié d'argent* ou *ghiumech* de 20 p. = 4 f. 44, pièces de 10 (*onlik*) de 6 (*attelik*) de 5 (*bechlik*) de 2 (*jeklilik*) de 1 et de 1/2 piastres sont *ghiumech*. La piastre d'or ressort donc à 0 f. 22,78 et la piastre d'argent à 0 f. 22 c. 18. Livre turque à 100 p. = 22 f. 78.
Dette publique	334.558.076	Contributions directes	92.391.230	
Dotations, etc. (liste civ. 30.099.487)	45.009.450	ind.	379.885.650	
Affaires étrangères	3.958.500	Recet. (forêts 5.375.000, télé-		
Intérieur	66.009.957	graphes 4.050.000, télé-		
Justice	10.776.823	graphes 3.656.250,		
Finances	45.736.757	postes 1.550.000)	46.520.530	
Guerre et marine	125.815.475	Tributs	18.598.700	
Commerce, etc.	2.522.925	Total	536.866.150	
Instruction publique	2.258.735	DETTE consol. (1877)	5.000.000.000	
Travaux pub. (postes et télég., 9.616.500)	17.679.037	Serv. arr. de la dette	640.000.000	
		Dette flottante	490.000.000	
Total	650.505.695		6.130.000.000	

GUERRE — ARMÉE — DIV. MILITAIR.

L'ARMÉE se compose de *l'armée régulière* (nizam), des *troupes régulières* et des *troupes auxiliaires*. LE SERVICE EST OBLIGATOIRE pour tous les mahométans, qui seuls peuvent servir dans l'armée ; les sectateurs des autres religions payent une contribution de 150 à 250 fr. par tête, mais ils sont obligés de servir dans la marine s'ils sont appelés. *L'armée régulière* comprend 46 régiments d'infanterie, 45 bat. de tirailleurs, 26 régiments de cavalerie, 8 régiments d'artillerie et 1 corps du génie. Il y a en outre 6 régiments d'artillerie de forteresse, 2 brigades d'artillerie de côtes, 6 bat. d'artillerie indépendante, 17 sect. d'artillerie locale et 1 corps d'ouvriers d'artillerie. *Troupes irrégulières* : 16 régiments de gendarmes (Bachi-Bozouks). *Troupes auxiliaires* ou contingent de province. En temps de paix l'armée régulière se compose de 157.667 hommes et 26.000 chevaux ; en temps de guerre l'armée régulière compte 204.000 hommes. 1re réserve (idatyal) 108.000 hommes, 2e réserve (iédif) 24.000 hommes, gendarmes 32.800, hiyade 120.000. Total 486.400 hommes. Troupes irrégulières et auxiliaires ensemble 132.000 hommes.
DIVISIONS MILITAIRES. L'armée se partage en 7 corps d'armée, dont 3 cantonnés en Europe (Constantinople, Choumla, Monastir).

MARINE

LA MARINE DE L'ÉTAT se compose de 113 vapeurs avec 1.600 canons dont 19 navires blindés avec 120 canons, 17 navires à hélices avec 640 canons. Environ 55 navires à voiles en bois. *Equipage* : environ 6.000 matelots en temps de guerre. Infanterie de marine 1 régiment et 2 régiments d'ouvriers.
MARINE MARCHANDE : 224 navires à vapeur jaugeant 54.700 tonnes et 9 vapeurs à 3.050 tonnes.

COMMERCE — CHEM. DE FER — TÉLÉGRAPHES — POSTES — POIDS ET MES. — PORTS

Il n'y a pas de données exactes sur le commerce. IMPORT. : Objets manufacturés, confectionnés, etc. — EXPORTATION : Céréales, coton, fruits, vin, tabac, miel, essence de rose, soie, maroquin, garance, etc. — CHEMINS DE FER : En exploitation 1.467 kil. — TÉLÉGRAPHES : Bureaux 597, lig. 25.252 kil., dép. 1.210.756. — POSTES : Bur. 429 ; en outre la France, la Grande-Bretagne, la Russie, l'Allemagne, l'Autriche-Hongrie, la Grèce et l'Egypte entretiennent des bur. à Constantinople. — POIDS ET MES. : (Le système métrique — Voir p. 84). — PORTS : Constantinople, Salonique, Rodosto, Varna.

VILLES PRINC. AV. LEURS HAB. PAR MILLE.

Constantinople 600, Adrianople 62, Salonique 75, Séraïevo 50, Philippopolis 28.

SUPERFICIE

558.168 k. car. (27 hab. par kil. carré en Europe ; 9 en Asie ; 6 en Afrique et 9 dans tout l'Empire).

POPULATION

8.971.000 habitants, dont comme religion 3.000.000 mahométans, 4.800.000 chrétiens et 3.000 juifs ; comme nationalité 3.752.500 Slaves, 2.210.800 Turcs, 1.229.200 Albanais, 1.024.200 Grecs, 199.600 Roumains.

EMPIRE OTTOMAN

POSSESSIONS	kil. car.	POPULATION
Possessions immédiates	186.814	5.275.000
Roumélie Or. ; prov. autonome	55.587	751.000
Bosnie et Herzégovine	52.102	1.086.000
Bulgarie (tributaire)	63.665	1.859.000
En Europe	358.168	8.971.000
Possessions immédiates	1.889.278	17.500.000
Samos (tributaire)	550	56.465
En Asie	1.889.828	17.556.465
Tripoli (vilayet)	892.630	1.010.000
Egypte (Protectorat)	2.251.650	17.400.000
Tunis	118.400	2.100.000
En Afrique	3.262.680	20.510.000
Total	5.490.000	47.000.000

ASIE

SITUATION ASTRONOMIQUE

1° — 78° latit. N. — 23° 40'; — 172° longit. O.

DIVISIONS

L'Asie comprend : la CHINE, le JAPON, les INDES, l'IRAN, le TOURAN, l'ARABIE, la TURQUIE D'ASIE et la RUSSIE D'ASIE.

BUDGET

DÉPENSES. . . . . 2.185 millions de francs.
RECETTES. . . . . 2.218 millions de francs.
DETTE. . . . . 7.932 millions de francs.

COMMERCE

IMPORTATION . . . . 2.376.2 millions de francs.
EXPORTATION . . . . 2.910.4 millions de francs.

TÉLÉGRAPHES

LIGNES. . . . . 50.567 kilomètres.

CHEMINS DE FER

LIGNES. . . . . 13.275 kilomètres.

SUPERFICIE

44.782.900 kilomètres carrés (18.4 habitants par kilomètre carré).

POPULATION

824.548.500 habitants.

CHINE
(ROYAUME)   (CAP. PÉ-KING)

SITUATION ASTRONOMIQUE	20° — 50° lat. N. 70° —130° long. E.
CLIMAT	Température moyenne à Péking +12°, à Canton +21°; au nord de la Chine, la température est à peu près la même que celle de l'Allemagne du Nord.

GOUVERNEMENT
CHEF DE L'ÉTAT
SECRÉTARIAT D'ÉTAT
CONSEIL DE L'EMPIRE
MINISTÈRES

CHEF DE L'ÉTAT. KVANG-SI, de la famille Tsing, né en 1872. La monarchie est héréditaire et absolue. Les deux premiers corps de l'État sont : le *Secrétariat d'État* (Nei-Ko) et le *Conseil de l'Empire* (Chun-chi-chu). LE SECRÉTARIAT D'ÉTAT se compose de 6 grands dignitaires dont 3 Mandchous et 3 Chinois. Les 4 membres supérieurs (2 Mandchous et 2 Chinois) ont le titre de « Secrétaire d'État actuel », les 2 autres membres ont le titre de « Sous-Secrétaire d'État. » LE CONSEIL DE L'EMPIRE. Le nombre des membres de ce Conseil n'est pas limité. Il se compose des princes impériaux, des secrétaires d'État, des présidents des ministères.
6 MINISTÈRES ou départements exécutifs, présidés chacun par 2 présidents et 4 vice-présidents. Ils sont subordonnés au Secrétariat d'État ou au Conseil de l'Empire; les 6 ministères sont : *les ministères de la justice, des cultes, de l'intérieur, des finances, de la guerre, des travaux publics*. En dehors de ces 6 ministères, sont : le ministère des colonies, l'office des Censeurs, l'office de l'Académie de Pé-king, le ministère de la famille impériale, de la maison impériale et l'office des affaires étrangères qui sont du ressort des 10 premiers corps de l'État.

JUSTICE — Les liou-pou au nombre de 6 (tribunaux supérieurs) à Pé-king. Outre ces tribunaux, il existe le tribunal des affaires étrangères et coloniales, le tribunal de censure et le tribunal chargé de surveiller les tribunaux et les fonctionnaires. Ils sont indépendants des liou-pou.

CULTES — La religion dominante est le bouddhisme (Fo). La religion du philosophe Lao-Tseu possède beaucoup d'adhérents. On compte aussi quelques centaines de milliers de chrétiens.

INTÉRIEUR PROVINCES — La Chine proprement dite se divise en 18 provinces, les provinces se divisent en *fou*, les fou en *tchou* et les tchou en *hien*. Les 18 provinces sont gouvernées par 8 gouverneurs généraux et 15 gouverneurs. Après ces dignitaires, les directeurs d'impôts provinciaux et les juges supérieurs provinciaux sont les plus hautes autorités.

FINANCES DETTE MONNAIES

On ne peut obtenir rien d'authentique sur les revenus de l'État qui s'élèvent à environ 629 millions de francs.
DETTE PUBLIQUE. Le montant des dettes intérieures n'est pas connu en Europe. En 1874, le gouvernement chinois a émis le premier emprunt extérieur, s'élevant à 15.691.875 fr., au taux de 95 et portant 8 0/0 d'intérêt. Cet emprunt est garanti par les recettes de la douane.
MONNAIES. Le seul numéraire qui soit d'un usage général en Chine est une petite monnaie faite d'un mélange de cuivre, de plomb, d'étain et de toutenague (zinc chinois) qui ne vaut environ que le douze centième d'une piastre estimée 6 fr. (soit 2 centimes). Cette monnaie s'appelle en chinois *lé, li* ou *zin*, ou plus généralement *tsien*, en anglais *cash*, en allemand *pitje* et en français *sapèque*.

TABLE ADMINISTRATIVE
POUR LA CHINE PROPREMENT DITE

PROVINCES	POPULAT.	KIL. C.
PETCHILI	36.880.000	148.550
CHANTOUNG	29.530.000	139.280
CHANSI	17.037.000	170.850
HONAN	29.070.000	173.350
KIANGSOU	39.647.000	105.960
NYANPOEI	38.597.000	139.880
TZIANGSI	26.514.000	177.660
IOU-KIANG	22.800.000	118.520
TIIIE-KIANG	8.100.000	92.580
HOUPÉ	28.584.000	179.950
HOU-NAN	20.049.000	215.550
CHEN-SI	10.310.000	210.340
KAN-SOU	19.513.000	674.920
SZE-TCHOU-AN	35.000.000	479.270
KOUANG-TOUNG	20.152.000	253.750
KVANG-SI	8.121.000	201.640
YUN-NAN	5.824.000	517.160
KOUEI-TCHOU	5.679.000	172.900
ILE DE HAINAN	2.500.000	36.200
ILE DE FORMOSA	3.020.000	58.800
TOTAL	404.947.000	4.054.690

GUERRE ARMÉE DIVISIONS MILITAIRES

L'ARMÉE comprend 24 bannières (régim. de la garde), composées de :
8 bans mandchouriens de 80 comp. (la comp. a 80 hommes). 25.600
8 — mongoliens de 15 comp. — — 4.800
8 — chinois de 30 comp. — — 9.600
4 troupes de ligne (chacune des 18 provinces fournit en moyenne 5.500 hommes). 630.000
Cavalerie mongolienne (ne fait le service qu'en cas de guerre). 30.000
Total. 700.000
DIVISIONS MILITAIRES. L'administration militaire de chaque province est dirigée par un général chinois; dans quelques provinces il y a encore un général tartare d'un grade plus élevé que le général chinois, mais d'une autorité moindre.

MARINE — MARINE DE L'ÉTAT. 3 escad., compr. 5 jonques à vap., 24 canonnièr., 1 corv., 8 transp., 2 frég. Total 58 nav.
MARINE MARCHANDE. 8.000 navires jaugeant 616.000 tonnes.

TRAVAUX PUBLICS POSTES TÉLÉGRAPHES CHEM. DE FER CANAUX

POSTES. A Pé-king et dans les ports ouverts aux étrangers on a accepté le système européen, mais pour la Chine inférieure on a acceptée les commissions des postes par les facteurs seulement.
TÉLÉGRAPHES. Les ports de Shang-haï, de Canton, d'Amoï et de Fou-tchéou sont reliés à l'Asie et à l'Europe par les lignes de la grande Comp. des télég. de Copenhague. En outre 2 petites lignes terrest. de 19 kil.
CHEMINS DE FER, de Shang-haï à Wousoung, 16 kilomètres détruit en 1877 par ordre du gouvernement.
CANAUX. La Chine a des milliers de canaux établis entre les fleuves navigables. Le canal impérial, qui est le premier canal du monde, a une longueur de 2.000 kilomètres environ, et sa largeur de 60 à 300 mètres.

COMMERCE IMPORTATION EXPORTATION POIDS ET MESURES PORTS

IMPORTATION. Environ 527.025.000 francs (opium, marchandises de coton, de laine, etc.).
EXPORTATION. Environ 606.375.000 francs (thé noir, thé vert); poussière de thé, soie brute, soieries, sucre, etc.).
POIDS ET MESURES. MESURES DE POIDS : Shih ou pierre = 72.575 kilog., picul ou tan = 60.472 kil., kin = 18.144 kil., Yin = 1.210 kil., cally ou kin = 604.790 grammes, taël ou tsing = 37.799 gr., chic = 1.595 gr., lui = 0.157 gr., kernel ou shu = 0.0157 gr.
MESURES DE LONGUEUR : L'unité des mesures de longueur est le *chih* (on a plusieurs espèces de chih). Les rapports ci-dessous ont été fixés par le gouvernement. $Yin = 55.5$ mètres, $chang = 3.55$ m., $chih = 35.5^{mill}$, $tsun$ ou $punto = 35.5^{mill}$, tou ou $yih-lih = 3.55^{mill}$.
MESURES DE CAPACITÉ. $Ping = 824.8$ litres, $yu = 164.96$ l., $chih$ ou sei 105.1 l., $tu = 65.90$ l., Hoh ou $hurih = 51.55$ l., tou ou $téou = 10.31$ l., $shing = 1.031$ l., koh ou $oh = 0.103$ l.
PORTS. Les principaux ports, ouverts aux étrangers, sont au nombre de 13 : Shang-haï, Canton, Kan-Keou, Ning-po, Fou-Tchéou, Tien-tsin, Sva-tao, Tching-Kiang, Kiou-Kiang, Amoï, Tche-Fou, Niou-tchouang et Takao.

VILLES PRINCIPALES AVEC LEURS HABITANTS PAR MILLE

Pé-king 1.500 habitants (dont 800.000 Tartares, 400.000 Chinois, 100.000 hommes en garnison). *Canton* 1.200, parmi les habitants de cette ville un grand nombre habite sur le fleuve, on compte à peu près 12.000 bateaux servant d'habitation. *Sou-tchou-fou* 2.000; cette ville, située sur le canal impérial, « la Venise de la Chine », est la ville du bon ton, de l'élégance, des amusements raffinés, des meilleurs théâtres et du plus fin langage. *Tihan-tchao-fou* 1.000. *Tching-tou-fou* 1.000. *Sin-gan-fou* 1.000. *Tien-tsin* 900. *Nankin* 600, ancienne capitale, est encore une ville très-importante. *Ning-po* 500. *Amoï* 300. *Takao* 200. *Mukden* 170. *Sva-tao* 120. *Victoria* 100, sur l'île Hong-Kong, est une ville anglaise. *Macao* 90, ville portugaise. *Lhassa* 80, capitale du Thibet. *Ourga* 70, capitale de la Mongolie. *Shang-haï*, port de mer profond, est la plus grande ville commerciale de la Chine et une des grandes du monde. Parmi ses habitants on compte 7.500 Européens et 2.000 Américains.

SUPERFICIE — SUPERFICIE. 10.290.500 kilomètres carrés (Chine proprement dite 4.037.590 kilom. carrés, Mandchourie 930.000 kil. c., Mongolie 3.577.500 kil. c., Thibet 1.688.000 kil. c., Corée 236.784 kil. c.). — (41 habitants par kilomètre carré.)

POPULATION — POPULATION. 433.447.000 habitants. (Chine proprement dite 404.947.000 hab., Mandchourie 12.000.000 d'hab., Mongolie 2.000.000 hab., Thibet 6.000.000 hab., Corée 8.500.000 hab.)

INDE (EMPIRE) — (CAP. CALCUTTA)

SITUATION ASTRONOMIQUE: 8° — 35° lat. N. et 76° — 96° long. E.

CLIMAT: Climat des tropiques dans le Bengale, sur les bords du Gange et de l'Indus et sur le littoral. Climat tempéré à la base des montagn. Clim. des pôles dans le Ht Himalaya.

GOUVERNEMENT

CHEF DE L'ÉTAT. Victoria Ire, impératrice des Indes, reine de la Gde-Bretagne et d'Irlande. Lord Lytton, vice-roi et gouverneur général de l'Inde, nommé en 1876, est le chef de toutes les branches de l'administration. CONSEIL D'ÉTAT composé de 15 membres (8 choisis par la couronne et 7 par la cour des directeurs), élus pour 10 ans. CONSEIL DU GOUVERNEUR GÉNÉRAL composé du vice-roi, du commandant en chef et de 5 membres ordinaires. Les membres sont chargés des départements des Affaires étrangères, des Finances, de l'Intérieur, de la Guerre et des Travaux publics. LE CONSEIL DE PRÉSIDENCE DE BOMBAY composé du gouverneur, du commandant et de 2 membres. LE CONSEIL DE PRÉSIDENCE DE MADRAS composé du gouverneur, du commandant et de 3 membres.

JUSTICE. 4 hautes cours de justice : Calcutta, Bénarès, Bombay et Madras; ces grandes divisions sont subdivisées en provinces, administrées judiciairement par des commissaires et des juges provinciaux.

CULTES. La popul. se répartit entre les différents cultes : hindous, 140.000.000; mahométans, 41 mil^{ons}; bouddhistes, 5 mil^{ons}; sikhs, 2.200.000 ; païens, 1.800.000 et chrétiens, 800.000. Le primat de l'Église est l'évêque de Calcutta.

INTÉRIEUR. L'État est partagé en 9 grandes régions administratives : les présidences de Madras et de Bombay, administrées par des gouverneurs; les régions du Bengale, de Punjab et du N.O., administrées par des lieutenants-gouverneurs, les provinces centrales, les provinces de Birmanie et de l'Oude, administrées par des commissaires généraux, et les provinces administrées directement par le gouverneur général.

FINANCES

DÉPENSES
Charges des recettes brutes..... 237.081.975
Intérêts de la dette... 159.099.200
Administration, etc. . 50.169.100
Justice.......... 58.411.925
Ports........... 13.692.550
Agences polit., pensions, fonds provinciaux.. 242.702.400
Armée........... 382.711.500
Travaux publics.... 177.377.775
Secours à la famine . 12.713.850
Chemins de fer et garanties aux Cies de chemins de fer.... 31.833.400
Total..... 1.547.793.675

RECETTES
Impôts........ 1.141.719.925
Monnaies........ 2.762.225
Postes......... 19.089.925
Télégraphes...... 7.726.000
Recettes diverses... 47.702.875
Départem. de la guerre. 26.140.300
— des trav. publ. . 31.913.450
— de la marine.. 5.697.175
Total..... 1.282.751.575

DETTE
Dette consolidée... 3.064.250.350
Dette non consolidée. 287.215.750
Total..... 3.351.466.100

MONNAIES. (Voir Iles-Britanniques.)

GUERRE — **ARMÉE** — **DIVISION MILITAIRE**

ARMÉE RÉGULIÈRE	off.	sold.
Infanterie de ligne.	1.358	41.000
Cavaler. de ligne...	225	3.670
Artiller. à cheval...	147	2.190
Artillerie à pied...	911	8.520
Total.....	2.791	55.580

ARMÉE IRRÉGULIÈRE. Comprend env. 140.000 h. de troupes indigènes, commandées par 4.700 off. européens. DIVISIONS MILITAIRES : 3 grands districts militaires : Calcutta, Madras et Bombay, commandés par un général en chef et 2 lieutenants généraux.

TABLE ADMINISTRATIVE

Gouv. Prés. et Prov.	Population
Prov. DU GOUV. GÉN.	7.851.347
Ajmire......	316.032
Coorg.......	168.312
Berar.......	2.231.565
Mysore......	5.055.412
PRÉS. DE BOMBAY .	15.622.868
Div. du Nord....	5.269.262
Div. du Sud....	7.043.011
Sind........	1.730.323
PRÉS. DE MADRAS .	31.411.100
Distr. du Nord...	6.794.900
Distr. Central...	10.436.800
Distr. du Sud...	14.079.400
PRÉS. DU BENGALE.	64.647.885
Burdvan......	7.286.960
Div. du présid^t.	6.544.460
Rayshahye....	8.893.709
Cooc-Behar....	1.045.941
Dacca.......	9.517.498
Chittagong....	3.480.136
Patna.......	13.122.743
Bhaugulpore...	6.613.358
Orissa.......	4.317.500
Chotac-Nagpor..	3.825.880
PROV. D'ASSAM..	2.207.450
Cooc-Behar...	524.760
Assom......	1.682.690
PRÉS. DU NORD-OUEST	30.769.056
Meerut......	4.973.190
Kumaon......	743.170
Rohillund....	5.435.550
Aghra.......	5.038.156
Jhansie......	934.747
Allahabad....	5.466.116
Benures......	8.178.147
PRÉS. DE PUNJAB .	17.596.846
Hissur.......	1.226.700
Delhi.......	1.920.912
Ambala......	1.652.720
Jullundhur....	2.464.020
Amritsur.....	2.743.880
Lahore......	1.890.000
Ravalpindi....	2.197.000
Mooltan......	1.474.874
Derajat......	991.255
Pechavur.....	1.035.785
PRÉS. D'OUDE ...	11.220.747
Luchnow.....	2.585.019
Leetapore....	2.603.426
Faizabad.....	3.384.130
Raï-Bardi....	2.650.179
PRÉS. CENTRALE..	9.066.010
Nagpoor......	2.299.500
Jubbulpoor....	2.446.110
Nerbudda.....	4.080.500
Chutteesgur...	3.259.900
BIRMANIE BRITANN.	2.562.525
Arrakan......	461.136
Pegu........	1.524.422
Tenasserin....	576.765
Total.....	191.507.070

POSSESSIONS PORTUGAISES

VILLES ET TERRITOIRES	habit.	kil. c.
Goa, Salcete, Bardez.	474000	5750
Damas	55000	410
Diu (Ile).		
Total.....	529000	4160

Recettes, env. 700.000 fr.
Dépenses, env. 640.000
Commerce extér., env. 6 mill^{ons}

CEYLAN, ANDAMAN, NICOBARES

SITUATION ASTRONOMIQUE. Ceylan, 6° — 9° 50' lat. N.; 77° 23' — 79° 32' long. E. — Andaman et Nicobares, 6° 45' — 15° 40' lat. N.; 90° — 91° 35' long. E.

GOUVERNEMENT. — Les îles sont administrées par un gouverneur-commandant qui dépend directement du ministère des Colonies, à Londres.

INTÉRIEUR. — 6 prov. chacune administrée par un commissaire.

FINANCES. — Dép. 29 millions fr. Rec. 51 mill. fr. Dette, 16 mill. fr. Monnaies, poids et mesures. Voir l'Inde angl.

GUERRE. — Armée, 2.850 hommes.

COMMERCE. — Import. 139 mill. fr. Export. 138 mill. fr. Chem. de fer, 132 kil. en exp.

VILLES PR. H. P. M. — Colombo, 100; Pointe de Galle, 48; Jaffna, 35; Candy, 18.

SUPERFICIE. — 63.333 kilom. carrés.

POPULATION. — 2.405.300 hab.

ÉTATS INDIGÈNES

Chacun dirigé par un *Rajah* (chef ind). plus ou moins dépendant du gouvernement de l'Inde anglaise.

	habit.	kil. c.
Rampore.....	507.000	2.440
Téhrée......	200.000	2.253
Bastar......	297.000	»
Karond......	108.000	»
Kairagurh....	116.000	»
Nandgaon....	133.000	»
Patna.......	90.000	»
Kavarda.....	69.000	»
Sonpoor.....	60.000	»
Raigurh-Barguh.	51.000	»
Rondka et Sakteh.	61.000	»
Sarangurh....	45.000	»
Kanker......	36.000	»
Bamra et Makray.	56.000	»
Jummoo et Kachmire	1.521.000	206.652
Patiala......	1.586.000	14.016
Bhavulpore...	472.800	38.848
Nabha.......	227.000	2.082
Kapourthela...	201.000	1.549
Jeend.......	190.000	2.551
Mandi.......	140.000	2.590
Chamba.....	110.000	»
Sarmour (Nahan).	100.000	2.590
Bussahir.....	90.000	6.630
Hindur......	70.000	1.036
Furredcote...	68.000	1.554
Khalsia.....	62.000	435
Kahlour (Belaspore)	60.000	776
Keonthal.....	50.000	725
Maleikotla....	46.000	423
Joubbal.....	40.000	673
Souket......	40.000	1.088
Baroda......	1.710.000	11.393
Kattyvar.....	1.476.000	54.588
Kolhapur.....	546.000	8.246
Mahratta (Sud)..	411.000	9.583
Koutch......	409.000	16.834
Palanpoor-Agence.	321.000	13.646
Mahikanta....	311.000	10.360
Sattara......	262.000	7.660
Cambay.....	175.000	906
Savountvarree..	152.000	2.330
Janyera.....	71.000	839
Surat et Javar..	49.000	2.212
18 pet. États Punjab.	175.000	5.560
Travancore...	1.262.000	17.933
Cohin.......	400.000	2.929
Poodoukottah..	315.000	2.686
Revakanta....	282.000	19.776
Raycpeela....	140.000	11.654
Sind........	105.000	12.930
Nepal. } Indépendants.	45.000	50.000
Boutan. }	20.000	25.000

Total, env. 15 mill.

POSSESSIONS FRANÇAISES

VILLES	habit.	k. c.
Pondichéry...	133.000	290
Chandernagor.	22.000	9
Karikal.....	92.000	150
Mahé.......	8.000	60
Yanaon.....	5.600	14
Total..	260.500	505

Tout le commerce extérieur, dont le total est de 20 millions fr., est concentré à Pondichéry et à Karikal.

INDE (SUITE)

TRAV. PUBL.	CHEMINS DE FER. En exploitation, 12.153 kilom., dont 1.080 kilom. à l'État.
CHEM. DE FER	POSTES. Bureaux. 3.661 ; lettres, 107.576.915 ; journaux, 10.000.000.
POSTES	TÉLÉGRAPHES (1875). 26.794 kilom. ; 225 bureaux ; 1.166.833 dépêches.
TELEGRAPHES	Outre les trois Universités à Calcutta, Madras, Bombay et les Collèges sanscrits de Calcutta et de Bénarès,
INSTR. PUBL.	l'Inde compte 16.261 écoles qui reçoivent 662.557 élèves aux frais de l'État.
COMMERCE	IMPORTATION. 1.221.600.000 (boissons, houille, drogueries, résine, huiles, sel, tissus, objets manufacturés).
IMPORTATION	EXPORTAT. 1.656.100.000 (riz, semences et fruits, thé, café, épices, sucre, soie, laine, peaux, opium).
EXPORTATION	POIDS ET MESURES. (Voir les Iles-Britanniques.)
POIDS ET MES. PORTS	PORTS. Calcutta, Madras, Bombay, Sourate, Masoulipatam, Karatchi.
VILLES PRINC. AVEC LEURS HAB. PAR MILLE	Calcutta, 830 ; Bombay, 644 ; Madras, 400 ; Bénarès, 175 ; Patna, 160 ; Delhi, 155 ; Agra, 150 ; Allahabad, 144 ; Bangalore, 143 ; Amritsur, 136 ; Rangoon, 97 ; Sourate, 80 ; Pouna, 80 ; Mysore, 60.
SUPERFICIE	3.801.176 kilom. carrés (env. 63 hab. par kilom. carré), dont prov. du Gouv. génér.,126.150 ; présid. de Bombay, 330.290 ; prés. de Madras, 367.100 ; prés. de Bengale, 518.120 ; prov. d'Assam, 92.260 ; prés. du Nord-Ouest, 209.530 ; prés. de Punjab, 264.170 ; prés. d'Oude, 62.090 ; présid. Centrale, 217.970 ; Birmanie britann., 242.580.
POPULATION	239.404.600 hab. (non compris les États-Fédéraux).

RUSSIE D'ASIE

SITUATION ASTRONOMIQUE	Caucase 39° 45' lat. nord, 38° 42' long. est. Sibérie 40° 63' lat. nord, 50° 18S' long. est. Asie centrale 38° 52' lat. nord, 48° 84' long. est.
CLIMAT	Dans la Sibérie du Nord on a constaté jusqu'à 60° de froid ; au sud de ce vaste pays le climat rappelle celui de l'Europe tempérée. Dans l'Asie centrale le climat est à peu près celui de la Perse et du Turkestan ; à Samarkand la température varie entre + 40° et 12°, avec une moyenne annuelle de 16°. Le climat du Caucase varie à chaque pas selon l'altitude et l'exposition des lieux habités. Tiflis a la moyenne annuelle de Rome ou de Valence ; mais les chaleurs sont plus fortes, les froids plus durs.
GOUVNEMENT	LA LIEUTENANCE DU CAUCASE est gouvernée par un lieutenant de l'empereur. Le grand-duc Michael Nicolaïevitch est chef de toutes les branches d'administration. LA SIBÉRIE et l'ASIE CENTRALE sont administrées par des gouverneurs généraux qui sont subordonnés au ministre de l'intérieur. (Voir la table.)
CULTES	La religion catholique grecque orthodoxe est celle des États ; mais tous les cultes sont libres. (V. Russie d'Europe.)
INTÉRIEUR	Les provinces du Caucase sont administrées par des gouverneurs civils.
FINANCES	Les dépenses et les recettes sont comprises dans celles de l'empire russe. MONNAIES : la monnaie russe est employée.
GUERRE	ARMÉE : Caucase 3.166 off., 104.581 hommes et 4.925 chev. en temps de paix ; en temps de guerre 4.906 off., 255.511 hommes et 21.040 chev. Sibérie et Asie centrale : En temps de paix 921 off., 24.469 hom. et 358 chev. ; en temps de guerre 1.037 off., 38.700 hom. et 3.500 chev. Le Caucase forme une région militaire, la Sibérie et l'Asie centrale en forment 3. (Voir la table.)
COMMERCE IMPORTATIONS EXPORTATIONS CHEM. DE FER TÉLÉGRAPHES POIDS ET MES. PORTS	Les chiffres du commerce sont compris dans les chiffres de l'empire russe. Les principaux articles d'importation sont : thé, métaux fabriqués, tissus, objets manufacturés, etc. Les articles d'exportation sont : peaux, pelleteries, métaux, coton, soie, semences, etc. CHEMINS DE FER : Caucase 1.004 kil. en exploitation, 10 kil. en construction. En outre, il existe des communications par bateaux à vapeur, avec la mer Caspienne, le lac d'Aral et les grands fleuves navigables de Sibérie. TÉLÉGRAPHES : 12.757 kilom. POIDS ET MESURES : Dans le Caucase on se sert des poids et mesures de la Russie, en Sibérie et en Asie centrale on se sert de ceux de la Russie et du Turkestan. (Voir Touran.) PORTS : Mer Noire, Poti ; Mer Caspienne, Bakou, Derbent ; Mer Blanche, Okhotsk, Nicolaïevsk, Vladivostok.
VILLES	(Voir la table.)
SUPERFICIE	CAUCASE : 439.187 kil. carrés (12 hab. par kil. c.). SIBÉRIE : 12.495.110 kil. (0,5 hab. par kil. c.) ASIE CENTRALE : 5.381.066 k. carrés (1,4 hab. par kil. carré).
POPULAT.	CAUCASE : 5.391.744 hab., dont 2.072.059 catholiques grecs, 1.987.215 mahométans, 22.752 israélites, etc., etc. SIBÉRIE : 3.440.562 habitants, dont 2.956.827 catholiq. grecs 61.039 mahomét., 11.941 israélites, etc. ASIE CENTRALE : 4.805.876 hab., dont 274.059 catholiques grecs, 3.016.302 mahométans, 5.596 israélites.

TABLES ADMINISTRATIVES

Lieutenance du Caucase (1871)

GOUVERNEMENTS	kil. carrés	habitants	hab. k.	RÉGIONS MILIT.	Villes princ., hab. p. mille.
STAVROPOL	69.026	437.118	6,0		Stavropol, 21.
KOUBAN	95.687	672.224	6,8		Ieisk, 26.
TEREK	60.798	485.257	7,9		Mosdok, 13.
DAGHESTAN	29.840	448.299	15,0		Derbent, 15.
SAKATALY	4.195	56.802	13,5		Yakataly, 0 3.
TIFLIS	40.459	606.584	15.	CAUCASE	Tiflis, 71.
BAKOU	39.248	513.390	15,3		Bakou, 15.
ÉLISABETHPOL	44.332	529.412	11,9		Élisabethpol, 16.
ÉRIVAN	27.650	452.001	16,3		Érivan, 14.
KOUTAIS	20.707	605.694	29,2		Koutaïs, 12.
SOUKHOUM	8.628	70.701	8,1		Soukhoum-Kalé, 2.
TCHERNOMORSK	7.120	15.705	2,2		

Sibérie

	kil. carrés	habitants	hab. k.	RÉGIONS MILIT.	Villes princ., hab. p. mille.
PROV. DU LITTORAL	1.890.676	43.520	0.02	SIBÉRIE ORIENT.	Nicolaïevsk, 5.
— DE L'AMOUR	449.560	22.297	0.04		Blagoviechtchensk, 2.
TRANS-BAIKALIE	625.596	450.780	0.6		Nertchinsk, 4.
IRKOUTSK	800.768	578.244	0.4	SIBÉRIE ORIENT.	Irkoutsk, 27.
IAKOUTSK	3.929.193	251.977	0.05		Iakoutsk, 5.
IÉNISSÉISK	2.571.428	372.802	0.1	SIBÉRIE ORIENT.	Krassnoïarsk, 11.
TOMSK	852.172	838.756	0.9	SIBÉRIE OCCID.	Tomsk, 24.
TOBOLSK	1.377.775	1.086.848	0.9	—	Tobolsk, 17.

Asie Centrale

	kil. carrés	habitants	hab. k.	RÉGIONS MILIT.	Villes princ., hab. p. mille.
AKMOLINSK	545.340	10.165	0.7		Omsk, 27.
SÉMIPALATINSK	487.675	310.165	1.0	SIBÉRIE OCCID.	Sémipalatinsk, 10.
TOURGAI	523.636	338.802	0.6		
OURALSK	366.405	344.715	0.9		Ouralsk, 11.
SÉMIRÉTCHENSK	402.205	559.550	1.3	TURKESTAN	Kopal, 5.
					Tachend, 64.
SYR-DARIA	429.950	955.200	2.2	TURKESTAN	Samarkand, 20.
					Khodjent.
SARECHAN	50.951	286.449	5.6		
KOULDJA	71.215	114.357	1.6		
AMOU-DARIA	105.535	109.585	1.0		
TERR. TRANSCASP.	527.069	0.000	0.8		
FERGHANA	73.213	960.000	13.0	TURKESTAN	

INDO-CHINE OU PRESQU'ILE ORIENTALE DE L'INDE

	COCHINCHINE COLONIES FRANÇ. CAP. SAIGON.	CAMBODGE ROYAUME. CAP. PNOM-PENH.	MALACCA ÉTATS MALAYS & COLON. ANGL.	SIAM ROYAUME. CAP. BANGKOC	BIRMANIE ROYAUME. CAP. AVA.	ANAM EMPIRE. CAP. HUÉ.
SITUAT. ASTR.	19°—12° lat. N. et 102°—105° l. E.	10°—13° lat. N. et 101°—104° l. E.	1°—5° lat. N. et 90°—102° l. E.	4°—22° lat. N. et 76°—104° l. E.	19°—28° lat. N. et 91°—99° l. E.	10°—23° lat. N. et 100°—107° l. E.
CLIMAT	La temp. varie entre +15° et +17°; à Saïgon la temp. moy. est +27°.	Le climat de la côte est le même que celui de Saïgon.	Malacca, située sur l'équateur, a le climat des tropiques.	La température moyenne de Bangkok est de +21° env.	La température moyenne est de +12° à N. et +23° au S.	La température moyenne est de +12° au N. et +23° au S.
GOUVNEMENT	Le Gouverneur général est en même temps commandant en chef de la division navale de l'Indo-Chine.	Le Cambodge est gouverné par un 1er et un 2e roi sous le protectorat de la France.	Le Gouverneur est commandant en chef dans toutes les colonies de l'Indo-Chine. Les Malays sont des tribus nomades.	CHEF DE L'ÉTAT. Chou-la-long-Karam 1er, roi. Le 2e roi est le premier dignitaire du royaume. La royauté est héréditaire. Conseil d'État suprême (senalodi). Conseil des ministres (8 membres).	CHEF DE L'ÉTAT. Meng-Lon 1er, roi. Empire est entièrement despotique. Le roi est regardé comme un être supérieur et comme étant directement protégé par Bouddha.	CHEF DE L'ÉTAT. Tu-Duc, né en 1817, empereur. Comme dans tous les États de l'Indo-Chine, le gouvernement est absolu.
CULTES.	Le bouddhisme est la religion dominante dans toute l'Indo-Chine, la langue sacrée est le *poli* qui a du rapport avec le sanscrit. On donne le nom de *talapoins* ou *p'ra* aux prêtres de cette secte. Les missionnaires catholiques ont converti une assez grande partie de la population.					
INTÉRIEUR	Le pays est divisé en 6 prov., chacune administrée par un commissaire, et en 20 arrondissements. Les provinces sont : Saïgon, Svien-Hoa, Mytho, Vinh-Long, Chad-doc et Ha-tên. POPULATION: 1.593.869 hab. sur 56.244 kil. carrés.	Le pays est administrativement partagé : pop. Les provinces : du 1er roi . . . . 790.000 du 2e roi . . . . 74.000 de la reine mère . . 22.000 Diverses famil. les nomades 12.000 Total . . . 898.000/85.861	4 possessions anglaises (straits-settlement) administrées par des commissaires. pop. k. c. Singapore . . 97.100 580 Penang . . . 61.800 274 Wellesley . . 71.400 614 Malacca . . . 77.700 1.657 Total . . . 308.000 3.122 Malays indép. 220.000 82.000 Total gén. . 528.000 85.122	Le roy. de Siam est div. en 41 prov. Chac. est adm. par un gouv. de 1re cl. *Tsao-phraxa*, cons. intime actuel, avec tit. d'Excell. Le peuple se div. en 5 catég. : les sold., les gens de corvée, les tributaires, les clients des princes et les mandarins et enfin les esclav. *Tribus*, les Kariens, les Lawas, les Kas et les Chôms.	Sont regardées comme dépendantes de la Birmanie, les provinces de Hukluvng, de Khiautl et de Ka-qui dont les principales villes sont : Kiang-hung, Kiang-tung et Muang-la. Les divisions administratives sont peu connues. Les grandes divisions géographiques sont : l'Ava au Birman, le Lawa, le Mè-lopchan et le Louachan.	L'empire d'Anam comprend : le Ton-Kin, la Cochinchine anamite et une partie, assez vaguement limitée, du pays des Laos. Dans plusieurs cantons et surtout dans les montagnes vivent des tribus indépendantes, plus ou moins féroces et belliqueuses. On y distingue : les Mouïs, les Matangs et les Layas, etc.
FINANCES RECETTES DÉPENSES MONNAIES POIDS ET MESURES	RECETTES. Inconnues. DÉPENSES. Inconnues. MONNAIES. Les monnaies, poids et mesures de France sont légalement en usage dans la Cochinchine française, mais les indigènes se servent de leurs unités monétaires qui se rapprochent des mesures chinoises.	RECETTES. Inconnues. DÉPENSES. Inconnues. MONNAIES et POIDS ET MESURES. La population se sert de monnaies, poids et mesures de la Chine.	RECETTES. 78 mill. de fr. env. DÉPENSES. 74 — MONNAIES. On compte en piastres à 100 cents. La piastre = 5 fr. 37. POIDS ET MESURES. L'unité est le *bahar* = 5 piculs = 405 livres avoirdupois = 185 kilog.	On évalue les recettes du Trésor à 20 millions de fr. env. MONNAIES. L'unité est le *tical* ou *bat* qui vaut 3 fr. 25. On compte également p. ex. (Esp. à 100 c = 57.57 POIDS et MES. 1 tical = 4 gr. 1 picul ou pical = 50 *cattles* = 60 kilog. 1 catty = 20 *taels* = 80 ticals = 1 kilog. 21.	On évalue les dépenses à 130 millions env. MONNAIES. Le gouvernement tarife la piastre à 3 fr. 58 ; mais le comm. l'évalue à 2 *kzan*, reçu lui donne qu'une val. de 2 f. 68. Auj., elle est peu estimée = 1 fr. POIDS ET MESURES. Sont les mêmes qu'en Chine.
GUERRE ARMÉE MARINE	ARMÉE. 4 régiments d'infanterie de marine, 1 escadron d'artillerie et 3 compagnies de génie.	ARMÉE. Chaque homme valide de 18 à 50 ans est tenu de servir dans l'armée en cas de guerre.	ARMÉE. (917 h. (infanterie), 404 h. (artillerie), 340 h. (sap. et génie) à Singapore) (tot.).	ARMÉE. 8.000 h. garde royale. En cas de guerre tout homme valide est tenu de servir. MARINE DE L'ÉTAT : 14 vap., 51 canons. MARINE MARCH. 58 nav., y comp. 3 vap. jaug. 21.840 tonn.	ARMÉE. 40.000 hommes env. MARINE. Depuis l'annexion du littoral de la Birmanie par les Anglais, il n'existe plus de marine marchande.	ARMÉE. 150.000 h. env. MARINE DE L'ÉTAT. L'empereur a 7 corvettes et 1 vapeur commandés par des officiers français. MARINE MARCHANDE. 120 navires au long cours.
COMMERCE IMPORTATION EXPORTATION	IMPORTAT. (1874) 5.400.000 f. (thé, bois-sons, chaux, papier, opium). EXPORTAT. (1874) 4.600.000 f. (poissons salés, lainages, soie, vin, riz).	Les articles principaux d'exportation et d'importation sont les mêmes que ceux de Birmanie.	IMPORTAT. 305 millions de fr. (machines, tissus, bijouterie, etc.) EXPORTAT. 282 millions de fr. (peaux, sucre, coton, tabac, maïs, riz, poivre, soie brute.)	IMP. (1877) 30 millions de fr. EXP. (1877) 46 — Pétrole, rubis, bois de sandal, ébéniers, teck, riz, noix de coco, sucre, coton, poivre, bétel, etc.	IMPORTAT. 15 millions de fr. (métaux, sel, etc., etc.). EXPORTAT. 45 millions de fr. (riz, indigo, coton, ivoire, poulres de riz, etc.).	IMPORTAT. 56 millions de fr. environ. EXPORTAT. 52 millions de fr. environ, tapis, vernis, musc, sucre, soie, coton, riz, cannelle, café, poivre, etc.
VILLES PRINCIP.	Saïgon, 82 (dont 700 Européens environ), Bien-Hoa 40, Bola 40, etc.	Pnompenh 15, Oudong 25, Angkor siège de la cour des Khmers.	Singapore 100, Penang 50, Malacca 15.	Bangkok 500, Ajuthia 60, Maphaburi, Luang 15.	Ava 70, Mandalay 40, Amarapura 30, Bhamm 10.	Hué 100, Kécho 200, Tourane 70. PORTS. Kin-gnôn, Gna-tàng.
SUPERFICIE	56.244 kilom. carrés environ.	83.861 kilom. carrés environ.	85.122 kilom. carrés.	800.000 kilom. carrés environ.	246.000 kilom. carrés.	542.900 kilom. carrés.
POPULATION	1.593.862 hab. (1873) (28 h. p. k. c.)	898.000 hab. env. (11 h. par k. c.)	528.000 hab. env. (6 h. par k. c.)	5.750.000 hab. env. (7 h. p. k. c.)	2.000.000 hab. (8 hab. par k. c.)	10.500.000 hab. env. (8 h. p. k. c.)

IRAN

ÉTATS	PERSE (ROYAUME) (Cap. TÉHÉRAN)	AFGHANISTAN (PADICHAH) (Cap. CABOUL)	BELOUTCHISTAN (KHANAT) (Cap. KELAT)
SITUATION ASTRONOMIQUE	25° — 40° lat. Nord. 42° — 60° long. Est.	30° — 38° lat. Nord. 59° — 72° long. Est.	25° — 30° lat. N. 60° — 67° long. E.
CLIMAT	Sur les bords du golfe Persique, le climat est brûlant; plus l'on s'avance vers les montagnes, moins l'air est chaud. Au N. et à l'O. le climat est tempéré, l'hiver y est même quelquefois très-rigoureux.		
GOUVERNEMENT CHEF DE L'ÉTAT	CHEF DE L'ETAT. Nassr-ed-Din, né en 1829. Roi portant le titre de Shahyn-Shah (Roi des Rois). La Perse est une monarchie héréditaire, absolue, gouvernée de la même manière que la Turquie, d'après une loi basée sur le Coran. — LE CONSEIL D'ETAT se compose : d'un président, du grand vizir et des ministres. Dans toutes les questions d'importance, il faut entendre l'avis du chef de l'État. — 9 MINISTÈRES : Les ministères de la justice, des cultes et des mines, des affaires étrangères et de la guerre, de l'intérieur et des finances, de la maison du shah, des postes, des travaux publics, du commerce.	CHEF DE L'ETAT. Chir-Ali, khan, émir de Caboul, est regardé comme chef de l'Etat, cependant chaque khanat est gouverné par un khan (petit souverain tributaire) et à ses affaires entièrement séparées de celles du gouvernement de Caboul. L'émir de Caboul, tout en ayant un pouvoir absolu, partage le pouvoir avec les grands du pays (aristocratie).	Le khan de Kélat régnant sur les familles nomades qui habitent le Beloutchistan est sous la suzeraineté anglaise, c'est-à-dire qu'il dépend du gouvernement de l'Inde anglaise.
CULTES	Les Persans sont mahométans de la secte d'Ali; ils s'appellent eux-mêmes Tadjiks, les autres les appellent chiites (sectaires). Le Imam-Djouma et le Cheekh-oul-Islam ont une position officielle; mais le Mouchtahid est en vérité le chef de l'Église. Pour le culte catholique, on a 3 évêques : 2 à Ispahan, 1 à Téhéran. Les religions de Mahomet et la secte Sunna sont dominantes dans l'Afghanistan et le Beloutchistan.		
INTÉRIEUR PROVINCES INSTRUCT. PUBL	La Perse est divisée en provinces administrées par des gouverneurs qui dépendent directement du gouverneur de Téhéran. La Perse est composée des anciens royaumes : de Perse, de Carmanie, de Parthie, d'Hyrcanie, de Médie et de Susiane. — INSTRUCTION PUBLIQUE. Il existe un grand nombre de collèges entretenus par l'Etat. Une grande partie du peuple sait lire et écrire.	En dehors de Caboul, l'Afghanistan se partage en 6 khanats: Hérat, Kafiristan, Badakchan, Sivistan, Maymene, Kahkod.	Le khanat de Beloutchistan est partagé en 7 provinces: Kélat, Sarovan, Djolavan, Kolch-Gandava, Mikran, Lotsa ou Lous, Kôhistan.
FINANCES DÉPENSES RECETTES DETTE MONNAIES	DÉPENSES, env. 40 millions de fr. (dont l'armée, 16.960.000; la cour royale, 7.680.000; administration civile, 10.500.000). RECETTES, environ 41.080.000 fr. (dont impôts directs, 31 millions; la douane, 5 millions; revenus des domaines, 5 millions). DETTE. Il n'y a pas de dette publique.	MONNAIES : Or : 1 toman à 200 schahis ou à 1000 dinars = 11,37 fr. Pièces de 2 tomans et de 1/2 toman en proportion. Argent : 1 sachib-kéran ou yck-hozar dinar à 20 schahis ou à 100 dinars . . . . = 1,04 fr. 2 sachib-kéran en proportion. 1 banobat à 10 schahis ou 500 dinars . . . . = 0,52 fr. 1 abassis à 4 schahis ou à 200 dinars . . . . = 0.21 fr.	
GUERRE ARMÉE	La durée du service est de 12 ans; le tirage au sort avec remplacement est introduit. ARMÉE ACTIVE. Env. 30.000 hommes : Infanterie. . . 18.000 (20 bat. de 800 h.). Cavalerie . . . 10.000 (dont 500 h. garde royale). Artillerie . . . 2.000 (dont 200 h. à chameaux). En cas de guerre, la Perse peut mettre sur pied : infanterie, 70 batail.; caval. 50 à 60.000 hom. Total 250,000 hommes.	Il n'y a pas d'armée active, mais en cas de guerre le khanat de Caboul fournit env. 36.000 hommes à cheval, et les États tributaires environ 24.000. Total, 60.000 hommes.	Inconnu.
TRAV. PUBL. POSTES COMMUNICATIONS TÉLÉGRAPHES	POSTES : Bureaux 35; lettres (1877) 350.000 pour l'intérieur et 16,000 pour le service international. Recettes 90,000 fr. environ. COMMUNICATIONS. On n'a pas encore de chem. de fer dans l'Iran. Les communications avec l'Europe se font par une ligne régulière de bateaux à vapeur, sur la mer Caspienne. C'est une compagnie russe (Kawkoii mercun) qui entretient cette ligne; les bureaux sont : Ashabad, Eusdi, Bakou, Derbent, Astrakan et Nijni-Novgorod. TÉLÉGRAPHES. Bureaux, 56; lignes, 4.468. Nombre des dépêches (1877), 560.000; recettes, 520 000 fr.		
COMMERCE IMPORTATION EXPORTATION PORTS	IMPORTATION : env. 28.425.000 fr. (tissus, verreries, papier, fer, cuivre, sucre, thé, etc.). EXPORTATION : env. 11.654.200 fr. (soie, peaux, tabac, tapis, châles, etc.). PORTS, sur la mer Caspienne : Ashabad, Ensdi; sur le golfe Persique : Beader, Boucher, Batina, Tcharak, Kamir, Bender, Albasi; ce dernier appartient au sultan d'Oman.	IMPORTATION : 24 millions de fr. env. (articles manufacturés). EXPORTATION : 28 millions de fr. env. (céréales, tabac, chevaux, pelleteries, châles, etc.).	IMPORT. 5 mil⁰⁰ de fr. env. (fabric. des métaux). EXPORT. 8 mil⁰⁰ de fr. env. (laine, peaux, indigo, chev., tabac). PORTS. Passani, Summiam, Gwador.
POIDS ET MESURES	L'unité de poids en Perse est le miscal = 4,8 grammes. On fait usage de différents poids dont les valeurs varient suivant les localités : le maund ou batman de Tabris, ou de Tauris = 2,88 kil.; le maund royal ou batman de Schahi, de Chiras ou de Rhest = 5.76 kilog.; le maund-reï ou batman-reï = 30 livres russes = 12,28 kilog.; le maund de Heschei = 46,08 kilog. MESURES DE LONGUEUR. Ces mesures ont des valeurs très-difficiles à déterminer : le guz = 2 pieds; 1 pied = 24 doigts; 1 doigt = 7 grains d'orge; 1 grain d'orge = 7 crins de cheval. Le farsang, mesure itinéraire = 5,55 kilom. MESURES DE CAPACITÉ. Les grains et les liquides se vendent généralement au poids. On fait cependant usage de l'artaba; il égale 65,25 litres.		
VILLES AVEC LEURS HAB. PAR MILLE	Téhéran, 110; Tabris, 180; Barfrouch, 80; Méched, 70; Ispahan, 60; Hamadan, 50; Kachan, 50; Yezd, 40; Ashabad, 40; Recht, 40; Sari, 40; Kirmanchah, 30; Urumia, 50; Sinah, 20; Bender, Albasi, 12.	Caboul, 60; Koudahar, 50; Hérat, 85; Maymene, 40; Chulin, 40; Taizabad, 24; Anchony, 15; Koundous, Balch.	Kélat, 12; Gondava, 10; Béla, 10.
SUPERFICIE	1.644.000 kilom. carrés (3 hab. par kilom. carré).	772.000 kil. c. (3 hab. par kilom. carré).	276.500 kilom. c. (4 hab. par k. c.).
POPULATION	6.500.000 habitants.	4.500.000 hab.	1.000.000 hab.

PROVINCES les plus importantes de la Perse avec leurs chefs-lieux : *Khorassan*, Mechhed; — *Téhéran*, Téhéran; — *Azerbeidjan*, Tauris; — *Ispahan*, Ispahan; — *Fars*, Chiras; — *Mazendéran*, Sari; — *Guilan*, Recht; — *Kermanchah*, Kermanchah; — *Hamadan*, Hamadan; — *Kerman*, Kerman; — *Yead*, Yezd; — *Arabistan*, Chonchter; — *Astérabad*, Astérabad; — *Chahroud-et-Bostám*, Bostám; — *Kurdistan*, Sinna; — *Bouronjird*, Bouronjird.

JAPON

(EMPIRE) — (CAP. MIAKO ET YEDO)

SITUATION ASTRONOMIQUE	30° — 45 lat. Nord. 128° — 145 long. Est.	**CLIMAT** : Temps moyen + 15° env. Le climat de Yéso est à peu près le même que celui de l'Ecosse, et celui de Liou-Kiou rappelle le climat de la Sicile.

GOUVERNEMENT — **CHEF DE L'ÉTAT** — **POUV. SUPRÊME** : CHEF DE L'ÉTAT. Mouts-Hito, (mikado empereur), né en 1852, avènement 1867 (Harou-Ko, impératrice, née en 1850). LE POUVOIR SUPRÊME appartient au chef de l'État. Les affaires de l'État sont dirigées par le *Daidjookan* ou *Shoïn* (Conseil d'État), composé de 3 présidents et de 13 membres, dont les 10 ministres actuels. LE GENROUIN (Sénat) comprend les princes du sang impérial, les princes médiatisés et d'anciens grands dignitaires. 10 MINISTÈRES : *Les ministères de la justice, des cultes, de l'instruction publique, des affaires étrangères, de la maison impériale, de l'intérieur, des finances, de la guerre, de la marine, des travaux publics.*

JUSTICE : La Cour suprême de justice est le *Taïchinin* (cour de cassation), formé par des juges supérieurs.

CULTES : Les religions dominantes sont le *bouddhisme* et la religion de *Shintos*. On compte env. 160.000 chrétiens.

INSTRUCTION PUBLIQUE : (1874) 20.017 écoles; 1.714.768 écoliers; 36.866 instituteurs. En outre, il y a 52 écoles moyennes. 55 écoles normales, 91 écoles pour l'enseignement des langues étrangères. A Tokio, l'*Université impériale* où l'on enseigne en anglais; l'*École de médecine* où l'on enseigne en allemand; une *école supérieure pour les filles*. Il n'y a guère plus d'un seizième des filles qui fréquentent les écoles, tandis que la moitié des garçons fréquentent les mêmes écoles. Des inspecteurs sont chargés de visiter les sept grands districts scolaires entre lesquels le pays est partagé.

INTÉRIEUR : Les îles nombreuses (env. 5.850) qui forment l'empire du Japon sont divisées en 5 FOU (districts résidentaux) : Miako, Yédo, Osaka; 72 *keri* (préfectures) et 717 *rori* (sous-préfect.); l'île Yéso et les Kouriles ont une administration qui dépend directement du Daidjookan.

FINANCES — **DÉPENSES** — **RECETTES** — **DETTE** — **MONNAIES**

DÉPENSES	FR.	RECETTES	FR.
Dette publique	94.058.596	Impôts	241.965.889
Pensions et indemnités	1.512.472	Tribut du Han (Liou-Kiou)	249.610
Administration (marine, justice, trav. publ., intérieur, colonisation, etc.)	68.952.816	Revenus (chem. de fer, télégraphes, etc.)	14.976.509
Affaires étrangères	5.615.925	Monnaies	4.125.780
Finances	8.228.853	Domaines	4.761.960
Guerre	31.297.500	Recettes diverses	2.019.898
Instruction publique et cultes	6.239.500	Sommes dues au gouvernement	6.124.503
Liste civile, apanages, etc.	6.133.775	Total	274.221.949
Administration provinciale	26.849.082	DETTE (1877) Dette intérieure	1.871.572.636
Entretien des établiss. publ., temples, etc.	11.486.985	Dette extérieure	71.684.736
Dépenses diverses (secours, etc.)	4.090.465	Fonds de réserve et autres actifs	231.978.157
Dépenses imprévues	11.128.000		
Total	274.221.949	Total	1.691.278.615

MONNAIES :

	Yen.	Sen.	Fr.		Yen.	Sen.	Fr.		Fr.
Or	20 =	2000	103.33	Argent	1 =	100	5.40	Tael ou taïl	5.56.25
	10 =	1000	51.66		0	50	2.70	Monmi ou mas	0.53.65
	5 =	500	25.85		0	20	1.08	Pun ou condorin	0.05.26
	2 =	200	10.34		0	10	0.54	Casche, sen ou rin	0.00.34
	1 =	100	5.17		0	5	0.27	Foeje ou mon	0.00.03

GUERRE — **ARMÉE** — **DIVIS. MILITAIRES** : Depuis 1872, *le service est obligatoire* pour tous les sujets. La durée du service est de 3 ans dans l'armée active (yobigoune). Les soldats qui ont fini leur temps de service font partie pendant 4 ans de la réserve (kobigoune). La garde nationale (kokouningoune) comprend tous les Japonais âgés de 17 à 40 ans. L'armée du Japon se compose ainsi :

ARMÉE	INFANTERIE	CAVALERIE	ARTILLERIE	SAPEURS
Garde impériale	6 bataill.	2 escadr.	2 batteries	—
Ligne	32	4	5	—
Corps d'instruction	1	—	1 régiment	1 bataill.

En temps de paix, on compte 35.380 h.; en temps de guerre l'effectif peut s'élever à 50.240 h. — DIVISIONS MILITAIRES. 6 gouvernements généraux : Yédo, Osaka, Kiousiou (siège du gouv. à Koumamotou), Nagoya, Hiroshima, et celui du Nord-Est (siège du gouv. à Senday).

MARINE — **MAR. DE L'ÉTAT** — **MARINE MARCH.** : MARINE DE L'ÉTAT. La flotte compte 21 navires, dont :
- 1 bélier cuirassé — 5 canons
- 2 corvettes cuirassées — 60
- 2 avisos — 4
- 6 canonnières — 25
- 2 transports désarmés — 6
- 2 — à voiles
- Total : 98 canons

L'équipage est de 2.247 hommes, dont 200 officiers.

MARINE MARCHANDE : 58 navires à vapeur, et 20.000 navires à voiles.

COMMERCE — **POIDS ET MESURES** — **PORTS** : IMPORTATION (1876). 128.211.027 fr. (coton, laine, riz, sucre, métaux, etc.). EXPORTATION. 148.256.669 fr. (soie brute, cocons, œufs de vers à soie, thé, cuivre, etc.). Le commerce intérieur est concentré dans le port de Niigata. L'importation de cette ville est évaluée à env. 12 millions de francs et l'exportation à 10 millions.

POIDS	MESURES	MESURES DE SUPERFICIE
Kuran-me . . . = 1.75 kil.	Sazi ou syak. . = 10 suns = 100 buns	Pou ou ken. = 5.6 mèt. carr.
Kin ou livre. . = 280. gramm.	Rane-sasi . . . = 0.303 mèt. [1000 rins]	Se. . . . = 109.5 —
Fyakmé . . . = 175. —	Tsune-sasi . . = 0.579 mèt.	Tan . . . = 10.9 ares.
Moumé . . . = 1.75 —	Ken ou inck. . = 6 rane-sasi plus 5 suns =	Tsyo . . . = 109.5 ares.
Pun . . . = 0.175 —	Zjoo à 2 . . . = 5.818 mèt. [1.9 mèt.]	MESURES DE CAPACITÉ
Rin. . . . = 17.5 milligr.	Tsyo ou matsi. = 114.3 mèt.	Kokou = 181.7 litres.
Mon . . . = 1.75 —	Ri ou lieue . . = 4.1254 kilom.	To = 18. lit. Go = 0.18 lit.
		Syo = 1.8 lit. Syak. = 0.018 lit.

PORTS. Yédo, Yokohama, Hiogo, Nagasaki, Hakodadé, Niigata.

TRAVAUX PUBLICS : POSTES. 8 bureaux de poste centraux. Nombre de bureaux (1877), 5.744; lettres expédiées, 22.912.838; journaux, 7.465.582. CHEMINS DE FER. 5 lignes en exploit. comprenant 105 kilom. TÉLÉGRAPHES : 2.934 kilom., dépêches 596.289.

VILLES PRINCIP. AVEC LEURS HAB. PAR MILLE : Yédo ou Tokio, dépêches (1874) 596; Miakoou Kioto, 289; Osaka, 596; Koumamotou, 259; Yokohama, 272; Kago-sima, 62; Nagasaki, 200; Niigata, 80; Kanasava, 60; Hiogo, 50; Foyama, 50; Hakodadé, 25.

SUPERFICIE : 379.711 kilom. carr. (Japon proprem. dit, 284.285; les îles Liou-Kiou, 2.092; Yéso et les Kouriles, 93.252).

POPULATION : 35.625.579 h. (Japon proprem. dit, 35.212.162; les îles Liou-Kiou, 167.175; Yéso et les Kouriles, 144.069). — (89 hab. par kil. carré).

LA POPULATION SE CLASSE (EN 1872)	
Grands daïmios (princes)	29
Petits daïmios (nobles)	2.666
Grands propriétaires	5.516
Militaires et marins	200.000
Prêtres du bouddha	212.000
— de Shinto	102.500
Agriculteurs	15.000.000
Industriels	4.204.000
Commerçants	1.510.000
Ouvriers	2.730.000
Enfants au-dessous de 14 ans	4.600.000
Personnes ayant plus de 60 ans	1.540.000

TOURAN

ÉTATS	TURKESTAN (ROYAUME) (CAP. YARKAND)	CHIVA (KHANAT) (CAP. CHIVA)	BOKHARA (KHANAT) (CAP. BOKHARA)
SITUATION ASTRONOMIQUE	56° 20' — 43° 45' lat. Nord et 55° — 72° long. Est.		
CLIMAT	L'été du haut Touran est torride, son hiver est très-froid. Bokhara et Chiva ont un climat qui rappelle celui de l'Égypte. On a constaté dans le Turkestan la température de + 40° de chaleur et — 35 à — 40° de froid.		
GOUVNEMENT CHEF DE L'ÉTAT	CHEF DE L'ÉTAT. Mohammed-Yacub Bey Atalik-Ghazi de Turkestan. Tous les khans ou petits souverains à l'E. du Turkestan sont regardés, depuis 1865, comme gouverneurs des provinces et dépendants du chef de l'État.	CHEF DE L'ÉTAT. Sade, Khan. Depuis les opérations militaires de 1873, entre Chiva et la Russie, toutes les questions importantes sont contrôlées par le gouvernement russe.	CHEF DE L'ÉTAT. Seyd-Mozafar, émir. L'État de Bokhara est, comme le Turkestan, divisé en différents Khanats, et tous les khans reconnaissent la souveraineté du chef de l'État.
CULTES	La population du Touran, mélangée de Turcs et de Mongols, professe l'islamisme. Bokhara est un des centres religieux les plus fréquentés. Cette ville est aussi le siège des écoles réputées les plus savantes. Les tribus de Siad-Poche au S. O. sont hindoues.		
INTÉRIEUR	Le haut Turkestan est partagé en 7 provinces ou khanats : Yarkand, Kachgar, Khotan, Koutcha, Outch et Ak-Son. Elles sont administrées par des khans.	L'État de Chiva est partagé en Chiva proprement dit (sur l'Amou-Daria), les 2 oasis de Merv et de Sarachs (au S. O.) et les steppes de Karakoum.	Dans l'État de Bokhara on retrouve comme provinces les territoires de Hissar, de Bokhara, de Karchi et d'Amou-Daijn.
GUERRE	Il n'y a pas d'armée active dans le Touran, mais en cas de guerre chaque khanat fournit un contingent d'hommes à cheval, environ 5 p. 0/0 de la population actuelle. On estime cette armée à 150.000 hommes environ pour le Turkestan ; 40.000 hommes pour le Chiva ; 70.000 pour le Bokhara.		
COMMERCE	IMPORTATION du Touran est évaluée à 90 millions de francs environ (manufactures, tissus, métaux). EXPORTATION à 120 millions env. (châles, pelleterie, peaux, turquoises, etc.). MONNAIES. Pièce d'or tilla = 21 tangas (pièces d'argent) = 16 fr. env. Le tanga = 50 pullis = 0 fr. 76. On compte en tangas à 50 pullis. — POIDS ET MESURES. Le batman = 127 kilog. L'arch = mèt. 06 Le kar = 3 arch.		
VILLES	Yarkand, 120.000 hab. ; Kachgar, 80.000 ; Khotan, 60.000 ; Koultcha, 60.000 ; Kargalik, 6.000 ; Posgam, 50.000 ; Ak-Son, 70.000 ; Iltchi, 40.000 ; Shaddula, 30.000.	Chiva, 50.000 hab. ; Koungrad, 8.000 ; Merv, 4.000.	Bokhara, 150.000 hab. ; Karchi, 30.000 ; Chir, Hissar, 20.000 ; Khitab.
SUPERFICIE POPULATION	1.691.500 kil. c. y compris les différentes tribus turcomanes. 2.750.000 hab.	57.800 k. c. y compris les familles nomades du S. O. 700.000 hab.	217.500 kilom. carrés. 229.000 habitants.

ARABIE

ÉTATS	OMAN (SULTANAT) (CAP. MASCAT)	HADRAMAOUT (Différents pays sur la côte Sud)	NEDJEB Au milieu de l'Arabie (CAP. ER-RYAD)
SITUATION ASTRONOMIQUE	12° 60' — 27° latitude Nord et 39° 58' long. Est.		
CLIMAT	On y rencontre les climats les plus opposés ; sur les hauteurs il fait un froid excessif, tandis que les plaines sont desséchées par le soleil le plus ardent. Il y a des contrées où il pleut 6 mois de suite ; d'autres où pendant des années entières on n'a d'autre pluie que la rosée.		
GOUVNEMENT CHEF DE L'ÉTAT	CHEF DE L'ÉTAT. Saïd Turki, né en 1847, sultan de Mascat. Depuis 1872, le sultan exerce un pouvoir absolu sous la protection de l'Angleterre.	CHEFS DES ETATS. Les sultans de Ma-Kalla, Terim, Cheir et Sihout, sont des souverains indépendants et leur pouvoir est absolu et despotique.	CHEF DE L'ÉTAT. Ahmed ben Gheis, roi des Wahabites (peuples nomades). Sa suzeraineté est reconnue par les autres tribus qui ont leurs chefs particuliers (kaïmaks).
CULTES	L'islamisme, qui a pris naissance en Arabie, y domine encore. La secte des Wahabites, qui a commencé au siècle dernier, professe une sorte de mahométisme réformé.		
COMMERCE MONNAIES POIDS ET MESURES	La valeur du commerce avec l'étranger n'est pas connue. L'importation comprend les métaux et les objets manufacturés. L'exportation comprend café, perles, chevaux, gomme, drogueries, etc. LA MONNAIE réelle se compose de piastres espagnoles et de thalers de convention. La monnaie de compte est une piastre, dont 1215 = 1000 piastres espagnoles, et qui vaut 4.43 fr. ; on la divise en 80 kabik ou caveers. POIDS : Bahar = 199.55 kilogr. ; farcelle ou frezil = 15.29 kilogr. ; maund ou mn = 1.59 kilog. viaka = 33 gr. MESURES DE LONGUEUR : La guz ou guèze = 635 millim. , le covido ou covid = 485 millim. MESURES DE CAPACITÉ : Le teman ou tommond de riz contient 40 kellas ou mekmedas et pèse env. 84.9 kil. Pour les liquides, le gudda ou cuddy = 8 nuffcahs = 128 vakias = 2 anciens gallons à vin d'Angleterre = 7.57 litres.		
PORTS	Tharfar, Merbat, Sur, Mascat, Makalla, Matrah et Aden (ville très-commerçante avec un beau port). L'île de Périm, appelée le Gibraltar de la mer Rouge, et l'île du Comoran, sur la côte de l'Yemen, sont des possessions anglaises. Mascat, autrefois siège brillant des califes, est importante comme ville commerçante. Près de la ville de Mareb, au N. de l'Hadramaout, se trouvent les grandioses ruines de Saba.		
VILLES	Mascat, 40.000 h. ; Matrah, 25.000 ; Tsohâr, 20.000 ; Merbat, 4000.	Chibam, 20.000 hab. ; Terim, 20.000 ; Chier, 10.000.	Er-Ryad, 50.000 h. ; Oneise, 24.000 ; Bereide, 24.000 ; Rass, 18.000 ; Sadik, 18.000.
SUPERFICIE	2.750.000 kilom. carrés environ.	POPULATION	L'Arabie compte 12 millions d'habitants env.

L'ASHA, rivage brûlant, longeant le golfe Persique vis-à-vis de la rive persane, est habité par des tribus arabes.
L'HEDJAZ et L'YEMEN dépendent de la Turquie (voir Turquie). VILLES SACRÉES des Mahométans : la Mecque (Mekka), à 85 kilomètres de Djeddah, est bâtie dans une vallée sablonneuse, au sein d'un désert déchiré par des monts rocailleux, sans arbres et sans eaux vives. Tous les ans, cette solitude se peuple subitement de 100.000 pèlerins et de 50.000 chameaux. Ces enthousiastes viennent pour visiter la pierre apportée par l'ange Gabriel et jeter 63 pierres au diable, dans la vallée de Muna, où Satan apparut au premier homme. Cette pierre sacrée (la pierre Noire) se conserve dans un petit monument : la Kaaba ; Médine (Medinet-el-Nabi : ville du Prophète) est célèbre par la mosquée qu'y fonda Mahomet, et qui contient le tombeau du Prophète.

TURQUIE D'ASIE

SITUATION ASTRONOMIQUE	34° — 42° latitude N. 24° — 45° longitude E.	**CLIMAT**	En général brûlant, excepté dans la région de l'Euphrate. La température moyenne à Smyrne est de + 18°; à Jérusalem, + 24°; à la Mecque, + 31°.

GOUVERNEMENT — CHEF DE L'ETAT, ABDUL-HAMID II, sultan. (Voir la Turquie d'Europe.)

JUSTICE — La COUR SUPRÊME des provinces d'Asie est présidée par un *cazi-asher* ou grand juge. Les juges se divisent, suivant la hiérarchie, en *mollahs*, *cazis* (cadis) et *naïbs*. (La durée des fonctions de chaque cazi-asher est d'une année.)

CULTES — L'*islamisme* est la religion dominante. Les Turcs et la plupart des autres peuples sont de la *secte d'Omar*. Les Grecs, les Arméniens et les Maronites sont chrétiens. Les Druses, habitants du Liban, ont une religion à part; leur prophète est *Hakem* (calife d'Égypte au XI° siècle).

FINANCES — Voir TURQUIE D'EUROPE.

INTÉRIEUR. VILAYETS — La Turquie d'Asie comprend 7 grandes *divisions historiques* : l'Asie Mineure, à l'O.; l'Arménie et le Kourdistan, au N.-E.; la Mésopotamie, entre le Tigre et l'Euphrate; la Babylonie, au S.-E.; la Syrie et l'Arabie, au S.-O. L'administration turque l'a divisée en 18 VILAYETS (provinces), subdivisés en *sandjak*. Le vilayet est administré par un *vali* (gouverneur général), le sandjak, par un *mutessarif* (lieutenant-gouverneur). La presqu'île de Scutari et les îles du Prince et de Kartal dépendent du ministère de la police de Constantinople.

GUERRE. DIVISIONS MILITAIRES. ARMÉE — DIVISIONS MILITAIRES. 4 régions militaires (Anatolie, Irak-Arabie, Syrie et Yémen), chacune commandée par un *mouchir* (maréchal). L'armée active ou *nizam* comprend les troupes régulières et les 2 réserves ou *idatyal* et *rédif*.
Les troupes sont réparties ainsi :
Quartiers génér¹ | Infant. | Tirail¹ | Artill. | Caval. | Génie.
Bagdad (Irak). . | 6 rég⁵ | 5 bat. | 1 rég¹ | 5 rég¹ | 1 c¹⁰
Damas (Syrie). . | 5 » | 5 » | 1 » | 4 » | 1 »
Sanaa (Yémen). | 5 » | 5 » | 3 bat. | 2 » | 1 »
Ersingian (Irak). | 5 » | 5 » | 1 rég¹ | 4 » | 1 »
Les troupes irrégulières comprennent : la gendarmerie, les volontaires ou *Bachi-Bozouks*.

COMMERCE. CHEMINS DE FER. MONNAIES. POIDS ET MESURES. PORTS — COMMERCE. Compris dans celui de la Turquie d'Europe.
CHEMINS DE FER. En exploitation, 2 lignes aux environs de Smyrne, comprenant 231 kilom.; de Scutari à Ismid, 43 kilom., total, 274 kilom.; en construction, une ligne entre Jaffa et Jérusalem. En 1869 le gouvernement a fait une concession pour l'exploitation d'une ligne de Scutari à Bagdad.
MONNAIES, POIDS ET MESURES. On est obligé dans toutes les provinces de se servir du système de monnaies, poids et mesures en vigueur à Constantinople. Cependant dans chaque province on fait encore usage des anciens systèmes : à Bagdad et à Bassora on emploie celui de l'Afghanistan; en Arménie et dans le Kourdistan celui de Perse; dans l'Yémen celui de l'Arabie.
PORTS. Smyrne, Beyrouth, Jaffa, Bassora Larnaca (sur la Méditerranée), Sinope, Sansoun, Kérasonda, Trébizonde, Batoum (sur la mer Noire).

TABLE HISTORIQUE ET ADMINISTRATIVE

VILAYETS	POPULAT.	KIL. C.	NOMS HISTORIQUES
SCUTARI (pr¹ˡᵉ)	796.000	12.800	Sacaria, Nicoméd.
KASTAMUNI . .	750.000	53.660	Sinope, Paphlag.
TRÉBIZONDE .	9.600.000	37.260	Pont, Colchis.
SIVAS	594.000	64.280	Cappad., Galathie.
ANGORA . . .	515.000	69.400	Césarée, Ancyra.
BROUSSA . . .	1.042.000	74.800	Bithynie, Brussa.
AÏDIN	1.107.000	54.690	Smyrne, Lydie.
KONIAH	774.000	105.770	Pamphyl. Phrygie.
ADANA	341.000	36.950	Cilicie, Miletene.
ERZEROUM . .	803.000	132.200	Arménie.
DIARBEKIR . .	715.000	97.500	Assyrie, Kurdistan
BAGDAD . . .	2.120.000	242.500	Babylonie, Mésop.
ALEP	550.000	105.560	Syrie (hᵗᵉ), Chaldée
BEYROUTH . .	544.000	171.230	Phénicie, Palestine
CHYPRE . . .	136.500	9.540	Ile de Cypre.
DJEZAÏREH . .	451.500	14.550	Iles Egée, Sporades
HEDJAZ . . .	430.000	350.000	L'Arabie pétrée.
YEMEN	700.000	220.000	L'Arabie heureuse.
HEDJER . . .	166.000	81.550	L'Arabie déserte.

TABLE ETHNOGRAPHIQUE

Osmanlis ou Turks	8.000.000	58.5 %
Arabes	900.000	6.7 »
Kourdes	800.000	5.9 »
Circassiens . . .	360.000	2.7 »
Turkomans . . .	80.000	0.6 »
Tartares et Druses	80.000	0.6 »
Israélites	220.000	1.5 »
Arméniens . . .	1.750.000	15.0 »
Grecs	1.000.000	7.5 »
Syriens, Chaldéens	250.000	1.7 »
Maronites . . .	175.000	1.5 »

VILLES PRINCIPALES AVEC LEURS HABITANTS PAR MILLE —
ASIE MINEURE : *Smyrne*, 160; *Brousse*, 90; *Scutari*, 70; *Manissa*, 60; *Trébizonde*, 60; *Tokat*, 50; *Angora*, 50; *Kastamuni*, 40; *Kaïsarien*, 40; *Adana*, 30; *Koniah*, 25; *Aïdin*, 25. — ARMÉNIE et KOURDISTAN. *Erzeroum*, 20; *Diarbekir*, 60; *Eraingian*, 40; *Bitlis*, 30; *Van*, 30. — MÉSOPOTAMIE et BABYLONIE. *Bagdad* est le centre du commerce entre l'Arabie, la Turquie, la Perse, le Turkestan et l'Inde. Pendant de longues années elle eut la gloire de s'appeler la reine des lettres et des sciences, fut la capitale de l'empire arabe et posséda 2,000,000 d'habitants; aujourd'hui on en compte à peine 100,000 : *Bassora*, 75; *Mossoul*, 60; *Kerbela*, 25; *Hillah*, 10. — SYRIE et PALESTINE. *Damas*, 150. Près de cette ville sont les ruines grandioses de Palmyre et d'Héliopolis; ces ruines, ainsi que celles de Ninive, près de Mossoul, et celles de Babylone, près de Bagdad, sont un témoignage de la splendeur et de la richesse de ces pays. *Beyrouth*, 100; *Alep*, 80; *Hamah*, 50; *Jérusalem*, 40; la ville sainte de David et de Jésus-Christ languit dans un pays de monts calcaires secs, sur des coteaux dont les noms ne s'effaceront de la mémoire des hommes qu'avec la fin de l'histoire; *Hems* (Emèse) 30; *Tripoli*, 25; *Antioche*, 20; *Jaffa*, 18; *Gaza*, 15; *Saïda* (Sidon), 12; *Hébron*, 10; — ARABIE. *La Mecque* (Mekka), 45; *Sanaa*, 40; *Djiddah*, 30; *Medine*, 20; *Moka*, 6. — SUR LE GOLFE PERSIQUE. *Hofhouf*, 30; *Koeït*, 30; *Monana* (Ile Bahreïn), 20. — CHYPRE. *Nicosia*, 20.

SUPERFICIE — 1.928.920 kilomètres carrés, y compris les îles.

POPULATION — 13.495.000 habitants (7 habitants par kilomètre carré).

SAMOS (PRINCIPAUTÉ) (CAP. CORA)

SITUATION ASTRONOMIQUE	37° 59' — 37° 48' lat. N. 24° 12' — 24° 48' long. E.	**CLIMAT**	Sembl. à celui du littoral iméd. de l'Asie Mineure

GOUVERNEMENT — CHEF DE L'ETAT, CONSTANTIN 1ᵉʳ, prince, né en 1850, avènement 1874; EUPHROSINE, princesse née en 1848. Les affaires de l'Etat sont dirigées par le chef de l'Etat et un Conseil administratif, 4 *membres* représentant les 4 districts de l'île. Depuis 1832, Samos est tributaire de la Sublime-Porte.

JUSTICE — 1 cour d'*Appel* et de *Cassation* (Cora), et 1 cour de *Justice* de 1ʳᵉ *instance*.

CULTES ET INSTRUCTION — *Religion grecque* orthodoxe. Pour l'instruction il y a un collège princier à Cora.

FINANCES — RECETTES : 697.758 francs. DEPENSES : 672.589 francs.
MONNAIES, POIDS ET MESURES. Le système de monnaies, poids et mesures est le même que celui de la Turquie.

COMMERCE — Exportation : 2.672.522 fr. (raisins secs, vins, huiles, peaux). Importation : 3.072.035 francs.

MARINE MARCᵈᵉ — 291 navires jaugeant 6.662 tonnes.

SUPERFICIE — 550 kil. c. env. (65 hab. par kil. carré).

POPULATION — 36.465 habitants, non compris 13.000 indigènes de Samos habitant le littoral de l'Asie Mineure (1878). Naissances (1877) 1.237, mariages 235, décès 727.

AFRIQUE

SITUATION ASTRONOMIQUE

37° 20′ latit. N.—34° 51′ latit. S.; 19° 53′ long. O.—48° 54′ long. E.

DIVISIONS

1° Pays indépendants : Maroc, Abyssinie, les différents pays du Soudan, les républiques de Libéria, d'Orange, les pays a l'est, et les pays du sud de l'Afrique.

2° Les pays tributaires de la Turquie : Égypte, Tunis et Tripoli.

3° Les Possessions anglaises, françaises, portugaises et espagnoles.

BUDGET

DÉPENSES. . . . . 383.5 millions de francs.
RECETTES. . . . . 385.4 millions de francs.
DETTE. . . . . 6.930 millions de francs.

COMMERCE

IMPORTATION . . . . 718.4 millions de francs.
EXPORTATION . . . . 812.9 millions de francs.

TÉLÉGRAPHES

LIGNES. . . . . 12.639 kilomètres.

CHEMINS DE FER

LIGNES. . . . . 2.443 kilomètres.

SUPERFICIE

29.932.948 kilomètres carrés (6.7 habitants par kilomètre carré).

POPULATION

199.921.600 habitants.

(ROYAUME) ÉGYPTE (CAP. LE CAIRE)

SITUATION ASTRONOMIQUE	10° — 52° lat. Nord. 22° — 40° long. Est.
CLIMAT	Température moyenne annuelle au Caire + 20°, en Nubie la moyenne varie entre + 15 et + 16°.
GOUVERNEMENT / CHEF DE L'ÉTAT	CHEF DE L'ÉTAT. Ismaël Pacha, Khédive d'Égypte, vice-roi, souverain de la Nubie, du Kordofan et du Darfour, né en 1830, avènem. 1863 (Mohamed-Tewfik, prince héréditaire, né en 1852). Le khédive exerce un pouvoir absolu; il est assisté d'un *Conseil privé* (Méglis-kassussi) avec le prince héréditaire comme président et 16 membres dont 8 ministres. LE GRAND CONSEIL (Méglis-el-Akham) est chargé de régler toutes les affaires des tribunaux indigènes. CONSEIL DES DÉLÉGUÉS (Méglis-Shora-el-Nuab) composé des délégués de toutes les provinces. — 8 MINISTÈRES : les ministères *de la justice, de l'instruction publique et de wakfs, de l'intérieur, des affaires étrangères, des finances, de la guerre et des colonies, de la marine, des travaux publics*.
JUSTICE	A la suite du traité avec les différentes nations européennes, le khédive a fait instituer des *tribunaux* pour juger les procès mixtes entre indigènes et Européens. — *Cour d'appel d'Alexandrie* : 1 président et 10 membres dont 4 indigènes ; 1 procureur général et 7 substituts. *Tribunal de 1re instance d'Alexandrie*, 12 memb. *Tribunal de 1re instance du Caire*, 6 memb. *Tribunal de 1re instance d'Ismaïla*, 5 membres.
CULTES	L'islamisme est la religion du pays. Cependant les autres cultes sont tolérés. A la tête de l'Église catholique-romaine est un archevêque (Alexandrie) et 2 vicaires.
INTÉRIEUR PROVINCES	L'Égypte est divisée en 16 PROVINCES, chacune administrée par un *mudir* (gouvern. gén.). La Nubie est partagée en 12 *districts* ou anciens pays. Le Kordofan et le Darfour sont sous la direction d'un gouverneur génér.

FINANCES
DÉPENSES · RECETTES · DETTE · MONNAIES

DÉPENSES
Dotations (liste civile, 7.800.000 fr. ; tribut de Constantinople, 17.372.550 fr.) . . . . . 27.473.550 fr.
Appoint. et dép. div. (maison du khédive, 563.940 fr.) . . . . . 14.142.180 —
Ministère de l'Intérieur . . . . . 207.480 —
— des Affaires étrangères . . . 280.150 —
— de la Justice . . . . . 1.165.710 —
— des Finances . . . . . 1.311.570 —
— des Travaux publics . . . . 218.660 —
— de l'Instruction publique . . . 1.156.200 —
— de la Guerre et de la Marine . 22.262.410 —
Dépenses pour les provinces . . . 5.271.110 —
Gouvernements, police, hôpitaux . . 11.999.630 —
Administration des Écluses . . . 683.800 —
Dépenses extr., dette publ., etc. . . 187.536.180 —
Total . . . . . 273.688.350 fr.

RECETTES
Revenus généraux . . . . . 178.580.410 fr.
Revenus des Gouvernorats, etc. . . 18.208.120 —
Douanes . . . . . 16.215.940 —
Chemins de fer . . . . . 25.116.910 —
Produit net du sel . . . . . 7.778.420 —
— des Écluses . . . . . 4.200.690 —
Fermage, etc. . . . . . 13.810.680 —
Droits sur les tabacs . . . . . 6.692.920 —
Revenus nets sur le Soudan . . . 3.640.000 —
Total . . . . . 274.104.090 fr.

DETTE { Dette consolidée . . . . . 2.489.422.000 fr.
{ flottante 3.257.093.060
Total . . . . . 5.746.515.060 fr.
Dette particulière du khédive . . . 1.158.275.300 fr.

MONNAIES. — *Or* : pièce de 100 piastres = 25 fr. 62 c. — *Argent* : pièce de 10 piastres = 2 fr. 50 c. La piastre en or vaut 0 fr. 25 c., et en argent 0 fr. 25 c.

GUERRE ARMÉE, MARINE	ARMÉE. Infant. 16 rég., 53.760 h. ; caval. 8 rég. 5.120 h. ; 4 rég. d'artill. de campagne ; 3 rég. d'artill. de places fortes. Les troupes du génie font partie des autres régiments. — MARINE DE L'ÉTAT. 14 vapeurs. — MARINE MARCHANDE : 600 nav. jaugeant 62.000 tonn. y compris 38 vap. 29.000 tonn.
TRAV. PUBL. CHEM. DE FER	CHEMINS DE FER. Lignes, 1.775 kilom., dont une ligne de 8 kilom. n'appartenant pas à l'État. CANAUX. Le canal de Suez a une longueur de 160 kilom. et une largeur de 58 à 100 mètres et une profondeur de 8 mètres. — Bénéfice net du canal, 13.484.268 fr. POSTES. Env. 2.066.905 lettres et journaux. — TÉLÉGRAPHES. Lignes, 6.530 kil. Bureaux, 77. Dép., 562.823.
COMMERCE IMPORTATION EXPORTATION POIDS ET MES. PORTS	IMPORTATION. Env. 145.000.000 fr. (tissus, fer et autres métaux, machines, confections, etc.). EXPORTATION. 313.090.500 fr. (cotons, semence de coton, sucre, blé, fèves, gomme, etc.). POIDS ET MESURES. *Cantaro* = 100 *rottoli* = 44,464 kil.; *rattolo* = 12 onces = 240 drachmes = 444,64 gramm. *Quintal* = 36 okes = 44,464 kil. Le *pik hendasi* = 650 millim. ; le *pik beledi* = 580 millim.; le *pik stamboul* = 677 millim. L'*aune* = 44 pouces français = 1 5/4 *pik. Ardeb* = 71. litres; *rubbio* = 1.13 litres. PORTS. Alexandrie, Port-Saïd, Suez, Damiette, Rosette.
VILLES PRINCIP. HAB. PAR MILLE	Le Caire, 350 ; Alexandrie, 212 ; Tanta, 60 ; Khartoum, 60 ; Zagazig, 40 ; Damiette, 30 ; Siout, 28 ; Damanhour, 25 ; Rosette, 15 ; Suez, 14 ; Port-Saïd, 9 ; Keneh, 15 ; Schibin, 12 ; Ismaïla, 5 ; Mansourah, 5.
SUPERFICIE	2.231.650 kilom. carrés, dont Égypte 550.650 ; Nubie, 864.500 ; Soudan, le Darfour et le Kordofan, 856.500.
POPULATION	17.400.000 hab. (5.602.627 indigènes). Étrangers résidant en Égypte, 79.696, dont Grecs, 34.000 ; Français, 17.000, Italiens, 14.000; Autrichiens et Anglais chacun 6.000, etc. (7.3 hab. par kil. c.).
OASIS	Dans le désert de Libye : *Farafrah*, 3.345 hab. sur 3.300 kilom. carrés ; *Behariéh*, 2.410 hab. sur 8,68 kilom. c. ; *Dachel*, 20.000 hab. sur 60 kilom. c. ; *Chargeh*, 5.740 hab. sur 8,36 kil. c., et *Siuah*, 5.600 hab. sur 16 kilom. c.

(VILAYET) TRIPOLI (CAP. TRIPOLI)

SITUAT. ASTRON	22° — 33° lat. N. et 7° — 25° long. E.
CLIMAT	Température moy. annuelle de Tripoli env. + 22°.
GOUVERNEMENT	Le vilayet de Tripoli est gouverné comme les autres provinces turques de l'Asie et de l'Europe par un *vali* (gouverneur général).
CULTES	On professe l'islamisme.
INTÉRIEUR	Le vilayet comprend 3 parties, administrées chacune par un *mutessarif* (lieut.-gouvern.). Tripoli, Barca, Fezzan. Parmi les différentes oasis du Fezzan la plus grande est Ghadamès avec une ville du même nom.
FINANCES	DÉPENSES : 1.500.000 fr. — RECETTES : 2.800.000 fr. ; les recettes consistent en dîmes prélevées sur les oliviers, les dattiers, les troupeaux. — Les recettes des douanes sont envoyées à Constantinople. MONNAIES. Piastre = 16 *carroubes*. = 0 fr. 60 c. 25 environ.
GUERRE ARMÉE MARINE	On n'a pas d'armée régulière. Les troupes de la milice ou de la gendarmerie montent à env. 200 hommes. En cas de guerre pour la Turquie, le vilayet est obligé d'envoyer un contingent d'env. 4.500 hommes. MARINE. On a généralement 1 ou 2 nav. turcs stationnant devant Tripoli ; il n'existe pas d'autre marine. MARINE MARCHANDE. 110 navires jaugeant 6.000 tonnes.
COMMERCE IMPORTATION EXPORTATION POIDS ET MES. PORTS	IMPORTATION : 5.500.000 fr. (métaux, bois, objets manufacturés). EXPORTATION : 7.500.000 fr. (froment, cire, bétail, ivoire, plumes d'autruche, etc.). POIDS ET MESURES. *Cantaro* = 100 *rottoli* = 49,76 kil. Le *dreah* ou *pik* = 5 *palmes* = 674,05 millim. *Ueba* = 4 *temen* = 16 *orbah* = 52 *mefs orbah* = 107,546 litres. Le baril de vin et spiritueux = 24 *bozze* = 64,80 litres. L'*herbaia* d'huile = 6 *caraffas* et pèse 9,35 kil. PORTS. Tripoli, Bangazi, Zebida.
VILLES PRINCIP.	Tripoli, 20.000 ; Bengazi, Braiga, 4.000 ; Moursouk, 6.000 ; Ghadamès, 5.000 ; Sakna, 2.500 ; Beni-Ulid, 4.500.
SUPERFICIE	892.000 kilom. carrés, dont Tripoli, 352.000 ; Barca, 120 et Fezzan, 400.000. (1.4 hab. par kil. c.)
POPULATION	Env. 1.250.000 hab., dont Tripoli, 900.000 ; Barca, 200.000 ; Fezzan, 150.000 hab.

RÉPUBLIQ.	LIBÉRIA CAP. MONROVIA	TRANSVAAL CAP. PRÉTORIA	ORANGE CAP. BLOEMFONTEIN
SITUATION ASTRONOMIQUE	4° 50′ — 8° lat. S.; 7° — 13° long. O.	22° — 27° lat. S.; 26° — 32° long. E.	26° 30′ — 30° 30′ lat. S.; 24° 30′ — 29° 30′ long. E.
CLIMAT	La tempér. moyenne est d'env. + 34° dans l'intérieur du pays et + 22° sur les côtes.	La température annuelle est d'environ + 20°.	+ 20°; elle varie entre + 4° et + 30°.
GOUVERNEMENT CHEF DE L'ÉTAT POUV' EXÉCUT. POUV' LÉGISL.	CHEF DE L'ETAT, A. W. Gardner, élu ainsi que le vice-président pour 4 ans (1878). LE POUVOIR EXECUTIF est représenté par le Président. LE POUVOIR LEGISLATIF par le sénat (8 membres), et la chambre des représentants (13 mem.). LE POUVOIR JUDICIAIRE, par une cour suprême. Le cabinet comprend 4 secrétaires (ministres), secrétaires d'E-tat, du trésor, procureur général, grand maître des postes.	La république de Transvaal a été incorporée aux possessions britanniques par proclamation du 12 avril 1877, sous le nom de « Province of Transvaal. »	CHEF DE L'ETAT, Brand, J.-H., élu président (1874) pour 5 ans. LE POUVOIR EXECUTIF est représenté par le président et 5 secrétaires d'Etat. LE POUVOIR LEGISLATIF est confié au volksraad (assemblée nationale), 50 memb. env. élus par le peuple. 9 chefs des départements : Président de la cour suprême, 1er et 2e juge, trésorier général, président de l'orphelinat, chef de l'instruction publi., maître des postes, procureur.
JUSTICE	Cour suprême avec 1 président et 4 memb. Ces 4 memb. sont également juges pour chacune des 4 provinces.		Une nouvelle cour suprême, composée d'un président et de deux memb., a été décrétée par le volksraad (1872).
CULTES	Tous les cultes sont tolérés. L'Eglise est séparée de l'Etat. Monrovia possède un collège national.	La religion hollandaise réformée est la religion de l'Etat. Tous les autres cultes sont tolérés.	La religion dominante est la religion réformée hollandaise.
INTÉRIEUR	La république est divisée en 4 provinces : Montserrado, Grand-Bassa, Sinoe et Maryland.	Le pays est divisé en 12 districts, gouvernés chacun par un landdrost (magistrat), assisté d'un conseil.	La république est divisée en 13 districts gouvernés chacun par un landdrosts (magistrat).
FINANCES DÉPENSES RECETTES DETTE MONNAIES	DÉPENSES .... 557.285 fr. RECETTES .... 557.285 DETTE .... 2.500.000 MONNAIES. (Les mêmes que celles des Etats-Unis de l'Amérique du Nord.)	DÉPENSES .... 2.054.350 fr. RECETTES .... 2.162.400 DETTE .... 1.640.000 MONNAIES. On compte en livres sterling à 20 schilling (système anglais).	DÉPENSES .... 2.592.030 fr. RECETTES .... 2.577.275 DETTE 823.075
GUERRE	Il n'y a pas d'armée permanente. tous les citoyens de 16 à 50 ans sont obligés de servir dans la milice qui forme une brigade de 4 régiments.	Il n'y a pas d'armée permanente. Le service dans la landwehr (milice) est obligatoire pour tous les citoyens de 21 à 40 ans.	La répub. n'a pas d'armée permanente, excepté un petit corps d'artil. stationné à Bloemfontein. Tous les citoyens font partie de la milice.
COMMERCE IMPORTATION EXPORTATION POIDS ET MES.	IMPORTATION. Env. 1.200.000 fr. (tissus, sel, objets manufacturés). EXPORTATION : 2.600.000 f. (café, sucre, cacao, ivoire, genièvre, huile de palme, arrowroot, etc.) POIDS ET MESURES (Les mêmes que ceux de l'Amérique du Nord.)	IMPORTATION. Les articles importés sont des objets manufacturés, métaux, etc. EXPORTATION. Les principaux objets exportés sont : les plumes d'autruche, laine, ivoire, bétail, céréales, oranges, fruits secs, tabac, beurre, eau-de-vie, etc. On y trouve de riches mines d'or, des diamants, du fer, du cuivre, du plomb, du charbon, du nickel, etc.	IMPORTATION : 17.425.625 fr. (pendant les deux premiers trimestres de 1875). EXPORTATION = 38.272.075 fr. (consiste principalement en laine, plumes d'autruche, peaux de bœuf, etc.)
VILLES PRINC. HAB. PAR MILLE.	Monrovia 15, le port unique de la république.	Prétoria 15, Potchefstroom 2, Rustenbourg 0,5, Lydenbourg 0,5.	Bloemfontein 1. Le commerce général se fait par le port Elisabeth.
SUPERFICIE	24 800 k. car. (29 hab. par k. c.).	296.200 k. car. (0.9 hab. par k. c.).	Env. 110 000 k. car. (0.5 h. p. k. c.).
POPULATION	720.000 hab. (Nègres) dont 20.000 sont civilisés.	Env. 315.000 hab. dont 25.000 blancs.	65.000 hab. dont 20.000 indigènes.

COLONIES FRANÇAISES

SÉNÉGAL ET SES DÉPENDANCES : Le Sénégal est administré par un gouverneur ; il se divise en 3 arrondissements : *Saint-Louis*, *Bakel* et *Gorée*, qui comprennent 14 villes, dont 9 sans Saint-Louis. *Importation* env. 12 millions de fr. *Exportation* 5 millions de fr. env. *Ports :* Saint-Louis, Rufisque. *Villes :* Saint-Louis 13.600, Dagana 2.400, Podor 2.300, Bakel 2.500, Gorée 2.800, Dakar 2.800, Rufisque 7.400, Sedhion 2.200.

ÉTABLISSEMENTS DE LA COTE-D'OR ET DU GABON. Ces 2 comptoirs sont administrés par un commandant et comptent env. 4.000 hab.

ILES

LA RÉUNION OU ILE DE BOURBON. Le gouvernement se compose d'un gouverneur, d'un conseil privé et d'un conseil général. L'île est divisée en 2 arrondissements, comprenant chacun 6 communes. *Importation* 30 millions de fr. env. *Exportation* 52 millions de fr. (sucre). *Ports et villes principales :* Saint-Denis 36.000 hab., Saint-Benoit 10.000, Saint-Pierre 28.000, Saint-Paul 25.000. La Réunion compte 183.529 hab. sur une superficie de 2.515 kilom. carrés.

SAINTE-MARIE DE MADAGASCAR. L'île a une bonne rade, le *Port-Louis*. Elle compte 6.564 hab. sur une superficie de 90 kilom. carrés.

MAYOTTE ET SES DÉPENDANCES fait partie du groupe des îles Comores, dont l'île Mayotte est la plus méridionale. Sa superficie est de 500 kil. c. sa population est de 30.000 habit.

NOSSI-BE qui a une population de 10.000 hab. sur 93 kilom. carrés et NOSSI-CUMBA. La population de ces îles est presque toute composée de Sakalaves ; les créoles, les colons, l'administration et la garnison forment à peine un total de 900 personnes.

COLONIES PORTUGAISES

LES ÉTABLISSEMENTS SUR LA COTE OUEST DE L'AFRIQUE comptent env. 9 millions d'hab. (dont *Anguela* 2.000.000, *Loanda* 523.064, *Benguela* 87.980, *Mossamedes* 22.333) sur 808.500 kilom. carrés.
DÉPENSES : 3.392.277 f. — RECETTES : 5.452.441 f.
ÉTABLISSEMENT SUR LA COTE EST ou *Mosambique*. Ils compte un total de 167.060 hab. sur 990.000 kil. c.
DÉPENSES : 1.514.819 f. — RECETTES : 1.541.049 f.
SÉNÉGAMBIE. Elle compte 6.154 hab. sur 69 kil. carrés (Bessao 542 hab., Cachen 1.881, Bolama 3.734).

ILES

ILES DU CAP-VERT. Ces îles sont administrées, aussi bien que les autres colonies, par un gouverneur. Elles comptent 82,864 hab. sur 3.851 kil. c.
DÉPENSES : 1.335.150 f. — RECETTES : 1.344.300 f.
SAN-THOMEE ET PRINCIPE comptent environ 25,672 hab. sur 1,081 kil. carrés.
DÉPENSES : 643.867 f. — RECETTES : 668.621 f.

COLONIES ESPAGNOLES

TERRITOIRE DE SAN-JUAN compte env. 1.400 hab. sur 100 kilom. carrés.

ILES

Fernando-Po, *Annobon*, *Corisco* et *Elobey* comptent ensemble 35.000 hab. sur une superficie de 2.014 kilom. carrés. Ces colonies sont administrées par des commandants.

— 64 —

ÉTATS	MAROC (EMPIRE) (Cap. FEZ)	ABYSSINIE (HABECH) (EMPIRE) (Cap. GONDOR)	ZANZIBAR (SULTANAH) (Cap. ZANZIBAR)	MADAGASCAR (ROYAUME) (Cap. TANANARIVO)
SITUATION ASTRONOMIQUE	28° 20' — 3,° 55' lat. N. 3° 20' — 12° 50' long. O.	7° — 16° 40' lat. N. 32° — 41° long. E.	2° lat. N. et 10° lat. S. 36° — 40° long. E.	12° 12' — 25° 45' lat. S. 41° 20' — 48° long. E.
CLIMAT	La températ. moy. de Tanger est + 18°. Le climat des steppes est le même que celui du Sahara.	L'élévation du sol, les rivières, les pluies abondantes, rendent la température beaucoup moins chaude qu'en Nubie et qu'en Egypte.	Le climat est celui de l'Afrique méridionale ; il varie entre + 25 et + 45°.	La température moyenne annuelle est d'env. + 25° (Le climat est très-chaud et très-malsain, surtout pour les Européens.)
GOUVNEMENT CHEF DE L'ÉTAT	CHEF DE L'ÉTAT. MULEY-HASSAN, sultan, né en 1831, avénement 1873. Il porte le titre d'émir-al-moslemin (émir des musulmans). La monarchie est héréditaire et le pouvoir absolu.	CHEF DE L'ÉTAT. JOHANNES (Jean) II, empereur, avénem. en 1864. Le prince est souverain héréditaire de droit divin. Il a entre ses mains les pouvoirs exécutif et législatif. Les grands fiefs sont remplacés par des gouverneurs nommés par l'empereur.	CHEF DE L'ÉTAT. BARGASU-BEN-SAÏD, seyyid (souverain), avénem. 1870. Le pouvoir est entièrement absolu et des potique. Zanzibar, qui dépendait de l'Imam de Mascate, est indépendant depuis 1856.	CHEF DE L'ÉTAT. RANAVALO II, reine, avénem. 1868. Le gouvernement est despotique, mais l'administration paraît être organisée d'une manière tolérable. L'esclavage est aboli depuis le 20 juin 1877.
CULTES	L'islamisme.	Les habitants en général professent le christianisme. L'Abouna (chef de la religion).	L'islamisme est la religion professée par les habitants.	Le christianisme, prohibé en 1835, est toléré maintenant.
INTÉRIEUR	L'empire est composé de 2 parties principales : le royaume de Maroc et le royaume de Fez. L'empereur réside à Maroc, à Fez ou à Méquinez.	Les principales parties sont les roy. de Tigré, d'Amhara, les prov. d'Efat et de Choa, le Samhara et le pays des Gallas. L'empire est div. en 7 prov. (Amhara, Tigré, Sarac, Choa, Agami, Simen et Godjam).	Le sultanat comprend l'île de Zanzibar, les îles de Pemba, de Monfia et de la côte de Zouahili.	L'île est partagée en 28 provinces. On compte en outre plus de 25 différentes tribus qui sont dirigées par leurs chefs plus ou moins dépendants de la reine.
FINANCES MONNAIES	DÉPENSES : env. 2 millions de francs. MONNAIES. On se sert surtout des monnaies de l'Espagne. Le mitskal ou mitikal = 1/2 réal ; le réal correspond à la piastre espagnole = 5 fr. 19 c.	L'impôt foncier, le seul qui existe (avec le produit des douanes) se calcule sur le rendement moyen de la terre au dixième env. MONNAIES : Sequin = 11 fr. 68 c.	Les principaux revenus du sultan proviennent de la douane qu'il amodie pour une somme d'environ 2 millions 300.000 fr.	Les dépenses et les recettes sont inconnues. Une grande partie du revenu provient des douanes.
GUERRE ARMÉE	Armée régulière : 8.000 h. moitié infanterie, moitié cavalerie. Armée irrégulière : environ 20.000 h. de cavalerie. On compte 26 villes fortifiées dans l'empire ?	Chaque noble doit un service temporaire d'après l'importance de son fief. L'armée permanente est évaluée à env. 40.000 h. Feu l'emper. Théodoros II a dissous les pet. corps francs entretenus par les gr. vassaux et les a versés dans l'armée permanente.	Armée permanente env. 1500 h. équipés et exercés du système des États civilisés. Elle forme la garde du sultan.	Environ 50.000 hommes, forces dont dispose la reine.
MARINE	MARINE DE L'ÉTAT : 180 navires à voiles avec 400 can. env. MARINE MARCHANDE : 430 navires, jaug. 21.000 tonnes.		1 corvette à voiles avec 4 can. et 2 yachts à vap.	Inconnue.
COMMERCE IMPORTATION EXPORTATION POIDS ET MESURES PORTS	IMPORTATION : 36.868.000 fr. (obj. manufact., métaux, tissus, épicer., lainag, soie brute, etc). EXPORTATION : 35.885.000 f. (pois, fèves, laine, peaux, amandes, bestiaux, chauss., sucre). POIDS ET MESURES. Le quintal ou kintal = 100 liv., livre (artal ou rattle) = 500 gramm. Coda ou dreah = 8 tomiens = 0.571 mèt ; Pik = 660,96 millim.; cala = 0.55 mèt ; caffiso = 5.284 hectol.; kula = 15.135 litres. PORTS. Tanger, Tetouan, Mazagran, Safi, Casablanca, Mogador.	IMPORTATION : 18.000.000 fr. env. (tissus, fer, fusils, objets manufacturés, etc.). EXPORTATION : 17.000.000 f. (chevaux, bétail, cire, ivoire, dattes, poudre d'or, etc.). L'industrie est très-avancée et les champs cultivés abondent en riz, maïs, blé, sucre). POIDS ET MESURES. Le rollolo = 12 wakers = 120 drachmes = 311 gramm. Le pik (aune) = 686 millim. Le cuba = 1016 litres.	IMPORTATION : env. 14.554.052 fr. (métaux, sel, objets manufacturés, etc.). EXPORTATION : env. 15.181.700 fr. (ivoire, gommes, noix et huile de palme). PORTS. Zanzibar, Quiloa, Mombas.	IMPORTATION : environ 6.125.000 fr. (L'article le plus important est le rhum.) EXPORTATION : envir. 6.570.000 f. (bétail, peaux, cire, gomme, suif, riz, etc.). PORTS. Tamatave, Taka, Boina, Port-Choiseul.
VILLES PRINCIP. HAB. PAR MILLE	Fez, 150; Maroc, 40; Méquinez, 50 ; Karsel, Kébir, 25 ; Tétouan, 20 ; Tanger, 18.	Gondor, 8; Adona, 10; Axoum (Ville sacrée), Angalola, 8; Metemnch, 5; Mota, 3; Basso.	Zanzibar, 85 ; Mombas, 20 ; Quiloa, 12 ; Fagal, 8 ; Kismayo, 4.	Tananarivo, 80 ; Beiva, Mananzaro, 25 ; Talia, 6; Kanatsi.
SUPÉRFICIE	Env. 672.500 kilom. carrés, dont 197.100 kilom. champs fertiles. (9 hab. par kilom. carré).	Env. 750.000 kilom. carrés (5 hab. par kilom. carré env.).	Env. 100.000 kil. c., dont l'île Zanzibar 1600 kil. (8 hab. par kil. c.).	Env. 609.000 kilom. c. (7 habit. env. par kilom. carré).
POPULATION	Env. 6.000.000 hab. (Arabes, Berbères, Maures et Juifs).	Env. 5.500.000 hab.	Env. 750.000 habit, dont l'île Zanzibar 200.000, l'île Pemba, 10.000.	Env. 4.000.000 h. dont 2 mil^s Hovas, 500.000 Sclaves, 300.000 Bélimsaras, le reste des Antavares.
HISTORIQUE	L'Abyssinie, comprise dans l'ancienne Éthiopie, semble avoir été dans le 1er siècle le berceau de la civilisation africaine. L'empire d'Abyssinie était fort ancien; suivant Bruce, ses rois descendent d'un fils que la reine de Saba eut de Salomon. La religion juive y domina longtemps. Le christianisme y pénétra vers le IVe siècle.			

PAYS A L'EST DE L'AFRIQUE

Bagos avec 10,000 hab. sur 715 kil. c. Beit-Takue 8,000 h. sur 990 kil. c. Marea 16,000 hab. sur 1,375 kil. c. Habab 68,000 hab. sur 6.215 kil. c. Bedjeck 1,200 hab. sur 110 kil. c. Mensa 17,400 hab. sur 1,593 kil. c. Kunama 150,000 hab. sur 25,000 kil. c. Abyssinie 5,500,000 hab. (Voir ci-dessus.) Pays de Galla jusqu'à l'équateur 7,000,000 hab. sur 715,000 kil. c. Presqu'île de Somali 8,000,000 hab. sur 825,000 kil. c. Le pays entre l'Abyssinie et le Soudan égyptien au N., le Nil blanc à l'O., l'équateur au S. et le pays de Galla à l'Est (55° à l'E. de Paris), 7,840,000 hab. sur 770,000 kil. c. Le pays entre l'équateur, la contrée portugaise de Mozambique, le pays de Cazembe, le lac de Tanganyikga et la côte de l'Est 5,500,000 hab. sur 1,575,000 kil. c.

CLIMAT	Le climat est tropical ; c'est le climat où le nègre végète et où le blanc meurt.
PRODUCTIONS	Plumes d'autruche, ivoire, gomme, cire, dattes et amandes.
SUPERF.-POPUL.	29,700,000 hab. sur 4,125,000 kil. carrés.

POSSESSIONS ANGLAISES EN AFRIQUE

COLONIES	CAP DE BONNE-ESPÉRANCE	NATAL
SIT. ASTRON	28°-54° lat. Sud ; 17°-29° long. Est.	28°-31° lat. Sud ; 29°-52° long. Est.
CLIMAT	Température moyenne + 18° dans la ville du Cap et au Port-Elisabeth.	La température varie entre + 4 et + 36°, moyenne annuelle + 20°.
GOUVERNEMENT	Un gouverneur général, commandant des forces de la colonie. LE POUVOIR EXÉCUTIF est confié au gouverneur et au CONSEIL EXÉCUTIF. LE POUVOIR LÉGISLATIF est entre les mains du CONSEIL LÉGISLATIF, composé de 21 membres (10 élus pour dix ans et 11 autres pour cinq ans), présidé par le chef de la justice ; et de l'ASSEMBLÉE (66 membres élus pour cinq ans, représentant les districts et les villes de la colonie). Un ministère de 5 membres appelés : secrétaires des colonies, procureur général, trésorier général, commissaire des terres de la couronne et des travaux publics, secrétaire des affaires indigènes.	Un lieutenant gouverneur. LE POUVOIR EXÉCUTIF est représenté par le gouverneur et le CONSEIL EXÉCUTIF, composé du chef de la justice et du commandant des troupes ; des secrétaires de la colonie, du trésor, des affaires indigènes ; du procureur général et de deux membres nommés par le gouverneur et choisis parmi les députés du Conseil législatif. Le POUVOIR LÉGISLATIF est entre les mains du gouverneur et du Conseil législatif, composé de quatre membres officiels (les secrétaires de la colonie, du trésor, des affaires indigènes, le procureur général) et de 12 membres élus par les comtés et les bourgs.
CULTES	La religion de l'État est le protest. angl. comme dans la métropole, mais tous les autres cultes sont tolérés.	
INTÉRIEUR	La Colonie du Cap est divisée en deux régions : les provinces de l'Ouest et les provinces de l'Est, subdivisées en 16 divisions électorales.	La Colonie de Natal est divisée en 14 districts administrés par des magistrats ou commissaires.
FINANCES	DÉPENSES : 56,800,000 fr. RECETTES : 56,150,000 fr. DETTE : 101,700,000 fr. MONNAIES (Voir Gr.-Bretagne).	DÉPENSES : 6,550,000 fr. RECETTES : 6,500,000 fr. DETTE : 17,000,000 fr. MONNAIES (Voir Gr.-Bretagne).
GUERRE	2,248 hommes.	400 hommes.
COMMERCE	IMPORTATION : 145,750,000 fr. (coton, fer forgé et non forgé, machines, mercerie, etc.). EXPORTATION : 90,925,000 fr. (laine, animaux, etc.). TÉLÉGRAPHES : lignes 555 kilom. CHEMINS DE FER : En exploitation, 240 kilom. POIDS ET MESURES (Voir Grande-Bretagne).	IMPORTATION : 25,575,000 fr. (produits manufacturés). EXPORTATION : 16,125,000 fr. (laine, ivoire, sucre, café, coton, etc.). CHEMINS DE FER : En construction 8 kilom. POIDS ET MESURES (Voir Grande-Bretagne).
VILLES PRINC. HAB. PAR MILLE	Le Cap 30, Port-Elisabeth 11, Grahamstown.	Port-Natal 5, Pietermaretzbourg, Durban.
SUPERFICIE	615,061 kilom. carrés (1.3 hab. par kilom. carré).	48,560 kilom. carrés (7 hab. env. par kilom. carré).
POPULATION	1,148,462 hab. dont blancs et Européens 5,847, hommes de couleur 273,950, le reste de la population consiste en Malais.	325,512 habitants (1877).

COLONIES	ILE MAURICE ET SES DÉPENDANCES	ILE Ste-HÉLÈNE ET SES DÉPENDANCES
SIT. ASTRON.	4°-21° lat. Sud ; 50°-62° long. Est.	15°-16° lat. Sud ; 7°-8° long. Ouest.
CLIMAT	La température varie entre + 12° et + 36°, moyenne annuelle + 24°.	La température moyenne annuelle est de + 21°.
GOUVERNEMENT	Un gouverneur, qui est en même temps commandant de l'île. Les dépendances de l'île Maurice, relèvent administrativement de ce même gouverneur.	Un gouverneur commande les forces de l'île sous la dépendance du ministre des Colonies.
CULTES	La religion de ces îles est la religion anglicane, religion de la métropole ; tous les autres cultes sont tolérés.	
INTÉRIEUR	Les différentes îles sont partagées en quatre groupes : l'île Maurice, les Seychelles, l'île Rodrigue et les plus petites îles.	Trois divisions comprenant : l'île Sainte-Hélène, l'île de l'Ascension et l'île de Tristan de Cunha.
FINANCES	DÉPENSES : 18,000,000 fr. RECETTES : 18,500,000 fr. DETTE 23,000,000 fr. MONNAIES (V. Grande-Bretagne).	DÉPENSES : 325,000 fr. RECETTES : 325,000 fr. MONNAIES (Voir Grande-Bretagne).
GUERRE	470 hommes.	Une garnison de 209 hommes.
COMMERCE	IMPORTATION : 57,100,000 fr. (produits manufact.). EXPORTATION : 81,850,000 (café, sucre, coton, etc.). CHEMINS DE FER : En exploitation 106 kilom. POIDS ET MESURES (Voir Grande-Bretagne).	IMPORTATION : 2,200,000 fr. EXPORTATION : 1,150,000 fr. POIDS ET MESURES (Voir Grande-Bretagne).
VILLES PRINC.	Port-Louis 50,000 habitants.	James-Town.
SUPERFICIE	1,914 kilom. carrés, d'après Fr. Martin. 906 kilom. carrés, d'après Behm et Wagner.	121 kilomètres carrés (52 habitants par kilomètre carré).
POPULATION	345,955 hab. d'après Fr. Martin, 13,394 habit. d'après Behm et Wagner.	6,250 hab.

	LA GAMBIE, SIERRA-LEONE, LE LAGOS, LA COTE-D'OR	
SIT. ASTRON.	5° — 18° long. Ouest ; 13° lat. Nord ; 2° long. Est.	
CLIMAT	La température moyenne annuelle est d'environ + 26°.	
GOUVERNEMENT	Deux gouverneurs, l'un dans la *Gambie* et *Sierra-Leone*, l'autre dans le *Lagos* et la *Côte-d'Or* ; ils sont sous la dépendance du ministre des colonies.	
CULTES	(Voir les autres possessions anglaises.)	
INTÉRIEUR	Les quatre possessions sont administrées chacune par un commissaire sous la dépendance des deux gouverneurs.	
FINANCES	DÉPENSES : environ 5,675,000fr. RECETTES : environ 5,555,000 fr. DETTE (1874) : 2,000,000 fr.	
GUERRE	610 hommes.	
COMMERCE	IMPORTATION : env. 55,450,000 fr. EXPORTATION : env. 58,000,000 fr. POIDS ET MESURES (V. Gr.-Bretagne).	
VILLES PRINC.	Free-Town 18, Bathurs 5, Saint-James 5, El-Mina 18.	
SUPERFICIE	Gambie 179 kil. carrés. Sierra-Leone 1,200 et la Côte-d'Or 45,000, Total 44,375.	
POPULATION	Gambie 14,200 hab., Sierra-Leone 39,000, la Côte-d'Or 520,200, Lagos 60,200. Total 633,400 hab.	

SAHARA

ASPECT	Le grand désert qui occupe la partie centrale de l'Afrique s'appelle le *Sahara* ou plutôt *Scahharrá* (Grand désert). L'intérieur du Sahara offre sur de grands espaces des plaines nues et couvertes de sable. El *erg* (région des dunes de sable) est une des parties les plus arides et est situé au sud de l'Algérie. *Le désert de Libye* est la partie la plus orientale du Sahara.
SITUATION	Le Sahara commence à la côte occidentale de l'Afrique, s'étend jusqu'à l'Égypte en traversant toute l'Afrique dans un espace d'environ 4.500 kilomètres. Au nord il a pour limites le Maroc, l'Algérie, la Tunisie, le Tripoli et l'Égypte; au sud, le Soudan. L'espace compris entre le nord et le sud est d'environ 1.400 kilom.
CLIMAT	Le climat est tropical et pendant une grande partie de l'année les rayons solaires y tombent verticalement. Des vents brûlants et d'une grande violence parcourent le désert et y soulèvent des masses de sable. Il y a des endroits où il ne tombe jamais, pour ainsi dire, une goutte d'eau, tandis que dans d'autres endroits il tombe une pluie abondante du mois de juillet au mois d'octobre. La température moyenne de l'été est d'environ +38°; de l'hiver +11°; température moyenne de l'année environ +22°; le thermomètre descend quelquefois à 0° et au-dessous pendant la nuit, mais le jour il s'élève parfois à +50° et plus.
TRIBUS	Les principales tribus qui habitent le Sahara sont : au centre la TRIBU DES TOUAREGS. Oasis : *Hogar* et *Asgar* avec environ 20.000 habitants sur près 310.000 kilomètres carrés ; villes principales : Rhat, Ideles, Dehanet, Turim, *Air ou Asben*, avec environ 75.000 habit. sur 55.000 kilom. carrés ; villes principales: Agades, 7.000 hab., Tintillust 450. — *Asauad*, ville principale ; Mabrouck. — *Imrhad-Touareg*, villes principales : Sekia, Insisu, Temnisan. — A l'est : la TRIBU DE TIBOU. Oasis : *Tibesti*, environ 7.000 habit. sur 120.000 kilom. carrés, grande oasis montagneuse, habitée par les Tibou Rechadeh ; villes principales : Tibesti El-Tan, *Borgou*, environ 110.000 habit. sur 50.000 kilom. carrés ; villes principales : Jin, Nuva, Turki, Kaouara, 5.000 habit., *Borku*, 10.000 habit. sur les nomades de Bulgoda 5.000, *Wanyanga* 1.200 habit., *Ennedi*, 7.000 habit., *Kânem*, 10.500. — A l'ouest sont : les PAYS DES MAURES, race mêlée de Berbères et d'Arabes. Oasis : *Tagant*, contrée montagneuse, habitée par les Kounta et d'autres tribus de sang berbère qui ont adopté la langue arabe. El-Hodh 60.000 habit., sur 50.000 kilom. carrés, habitée par des tribus dont le fond est berbère. Villes principales : Tischit, Baghéna, *Trarza*, *Brakna* et *Douaich*. *Aderar*, 25.000 hab. sur 65.000 k. c., *El Diouf*, habité par des fractions d'Oulad-Deleim, d'Arib, de Kounta, etc.
PRODUCTION	Millet, maïs, dattes, gomme, plumes d'autruche, ivoire, peaux, etc.
SUPERFICIE	6.310.200 kilomètres carrés. ‖ POPULATION	Environ 3.700.000 habitants.

SOUDAN

ASPECT	Les grandes contrées au sud du Sahara s'appellent *Soudan*, *Nigritie* (pays des noirs) ou *Cakrour*. Le vaste bassin du lac Tchad occupe le centre du pays. La population comprend des nègres et plusieurs peuples étrangers à cette race.
SITUATION	Les limites du Soudan sont : à l'ouest la mer, à l'est l'Égypte (Dar-for, etc.), au nord le Sahara et au sud les contrées équatoriales.
CLIMAT	Le Soudan est exposé à des chaleurs très-fortes durant 7 à 8 mois de l'année ; la saison des pluies est de 4 à 5 mois. Le Soudan intérieur peut rivaliser de fécondité avec les meilleurs pays tropicaux.
PAYS AU CENTRE	Le Soudan est divisé en un grand nombre de royaumes, dont voici les principaux : PAYS MAHOMÉTANS : WADAY (avec une partie de Kanem, de Bahr-el-Ghasal, de Borku, d'Emedi et les nomades). Le Waday compte 5 millions d'habitants, dont le royaume de Waday, proprement dit, 2.349.000. La superficie est de 319.365 kilomètres carrés, y compris Runga et les pays tributaires de Fittri, de Sula et de Tama; capitale ABECHE, 8.000 habit. BAYEURMI 1.500.000 habit., sur 146.300 kilom. carrés. Villes principales : Bugoman 6 000 habit.; Meskin 2.000; Manchafa 4.000; Baingana 1.000; Maffale 1.500; Moro 800. BORNOU 5 millions d'habit. sur 135.100 kilom. carrés. Villes principales : Yedi 2.000 habit.; Marte 3.000 ; Missène 2.500; Dchimak 1.000; Ngala 6.000; Telam 1,000; Rangana 1,000 i 1,200; Afade 2.000; Kala-Kafra 5.000. SOKOTO 12 millions d'habit., y compris Adamana. Superficie : Sokoto 506.900 kilom. carrés. ; Adamana 150.900 kilom. carrés. GORDO 5.800.000 habit. sur 213.400 kilom. carrés. MASSINA 4.500.000 habit. sur 166.650 kilom. carrés. Villes : Tombouktou 13.000 habit.; Kabara 2.000 habit. Les pays mahométans du Soudan central comptent ensemble 31.400.000 habit. sur 1.417.870 kilom. carrés. — Autres pays : LAGONE. — Villes : Karnak-Lagone 12.000 habit.; Aifre 5.000 habit.; Kultchi 2.500. MANDARA 150.000 habit. dont 50.000 dans la capitale. TESSANA, SSONRHAY, MANDINGO, BANDARA, BUDDUMA, sur les îles du lac Tchad, environ 20.000 habitants.
PAYS A L'OUEST	Comprennent les pays situés entre le fleuve Sénégal et le Niger inférieur avec la Guinée supérieure, comptent 38.500.000 habitants sur 2 117.500 kil. carrés. SORUBA 3 millions d'habit. sur 129.250 kilom. carrés. EGBA avec 100.000 hab. Capitale ABBECKUTA. DAHOMEY 150.000 habit. sur 10.540 kil. carrés. ACHANTI avec les provinces tributaires et la Côte-d'Or 4.500.000 habit. sur 189.585 kilom. carrés. LIBERIA 250.000 habit. sur 24.750 kilom. carrés. (Voir p. 63) et les possessions franç., portug., espagnoles et anglaises. (Voir p. 63 et 65.)
PAYS A L'EST	Sont : le Dar-for, le Kordofan et une partie de la Nubie (appelés aussi Soudan égyptien). (Voir l'Égypte).
PRODUCTION	Les principales productions végétales sont le maïs, le riz, le millet, les ignames, les fèves, les bananes, les patates, le coton, etc. On y trouve aussi de la cire, de la gomme, du café, de l'ivoire, des plumes d'autruche et de marabout.
SUPERFICIE	3.557.570 kilom. carrés. ‖ POPULATION	Environ 75.000.000 habitants.

PAYS ÉQUATORIAUX

ÉTAT	COLONIES DE SNHILLECK : 500.000 habitants sur environ 28.930 kilom. carrés; DE NUER : 400.000 habit. sur 51.100 kilom. carrés; DE BOR : 10.000 habit. sur 2.200 kilom. carrés ; D'EYLAB : 8.000 habit. sur 3.800 kilom. carrés. — Les pays inconnus des nègres de chaque côté de l'Équateur, suppose-t-on, comptent environ 42.000.000 d'habit. sur 5.850.000 kilom. carrés.
SUPERFICIE	3.936.000 kilom. carrés. ‖ POPULATION	44 millions habitants

PAYS AU SUD DE L'AFRIQUE

ÉTATS	CONTRÉES PORTUGAISES sur la côte de l'Est (Mozambique, Sofala, etc.) avec 167.060 habit. sur 990 kilom. carrés. — COLONIES ANGLAISES 1.358 702 habit. sur 662.362 kilom. carrés. dont le *Cap* avec *Cafrerie* brit. : 720.984 hab. sur 507.517 kil. carrés. *Cafrerie avec Griqua-land de l'Est* : 210.000 hab. sur 41.517 kil. carrés. Basoutoland, 75.000 hab. sur 21.887 kil. carrés. Griqua-land de l'ouest, 25.477 hab. sur 45.676 kil. carrés. — CAFRERIE INDÉPENDANTE 440.000 hab. sur 162.800 kil. carrés. — PROVINCE DE TRANSVAAL et ORANGE 550.000 habit. sur 406.200 kilom. carrés. (Voir page 65.) — PAYS DE BETCHOUANIE 160.000 habit. sur 517.000 kilom. carrés. — GRAND MAMAGUA-LAND 40.000 habit. sur 258.000 kilom. carrés. — DAMARA 20.000 habit. sur 110.000 kilom. carrés. — POSSESSIONS PORTUGAISES sur la côte de l'Ouest (Angola avec Ambriz, Benguela et Mossamedes) 9.057.500 kilom. sur 808.850 kilom. carrés. — LOBALE 200.000 habit. sur 11.000 kilom. carrés. — KIBOKOE 750.000 habit. sur 27.500 kil. carrés. — Les pays de BUNDA 2.300.000 habit. 425,500 kil. carrés. — MOLUWA 1 million habit. sur 547.250 kil. carrés. — Pays des CAZEMBE 550.000 habit. sur 291.500 kil. carrés.
SUPERFICIE	4.706.056 kilom. carrés. ‖ POPULATION	15.677.785 habitants.

TUNIS (RÉGENCE) (CAP. TUNIS)

SIT. ASTRON.	52° — 37° lat. N.; 6° — 9° long. E. ‖ CLIMAT ‖ La température moyenne de Tunis est d'environ +16°.
GOUVNEMENT CHEF DE L'ÉTAT	CHEF DE L'ETAT. Mohammed-Es-Sadak, pacha-bey, né en 1813, avénement en 1859. Le pouvoir est absolu. 6 MINISTERES : ministères des *affaires étrangères*, de la *justice* (garde des sceaux), de l'*intérieur*, de la *guerre*, de la *marine*, de l'*instruction publique* et des *travaux publics*.
CULTES	La religion dominante est l'islamisme.
INTÉRIEUR	La régence comprend 41 tribus, administrées par des caïds nommés par le bey; elles sont divisées en 18 grands ouatans, administrés par des mecheikhs.
FINANCES DÉPENSES DETTE MONNAIES	DÉPENSES : 6.296.850 fr. — RECETTES 6.832.300. — DETTE EXTERIEURE : 125 millions. — MONNAIES : OR, le *boumia* = 100 piastres; le *boukamsin* = 50 piast.; le *bonacherim* = 20 piast.; le *bonachra* = 10 piast.; la piastre d'or = 0f,60c,35.— ARGENT, le *buokamsa* = 5 piastres; le *buuarba* = 4 piast.; le *boutleta* = 3 piast.; le *bourialin* = 2 piast.; le *bourial* ou *rial* = 1 piast.; la piastre d'argent = 0f,62c.88.
GUERRE	ARMEE REGULIERE : 7 régim. d'infant. (5.900 hommes); 4 batteries d'artillerie et 1 corps de cavalerie. — ARMEE IRREGULIERE (env. 11.000 hommes) dont 300 karouglis (*janitchares*), 5.000 zouaves et 1.500 spahis.
MARINE	La MARINE comprend 2 navires ; 1 aviso de 160 chevaux et 8 canons; 1 transport de 240 chevaux et 2 canons. L'équipage est de 250 hommes. Marine marchande : 500 nav.
COMMERCE IMPORT. EXPORT CHEM. DE FER TELEGRAPHES POSTES POIDS ET MES. PORTS	IMPORTATION : 11.840.785 f. (objets manuf., tissus, confections, bois, etc.). — EXPORTATION : 17.192.996 f. (céréales, fruits, tabac, cire, huile d'olive, peaux, éponges, corail, etc.). — CHEMINS DE FER : En exploitation 60 kilom., en construction 125 kilom. — TELEGRAPHES : Bureaux 10, lignes 964 kilom. — POSTES : Il existe à Tunis un bureau français et 1 bureau italien. — POIDS ET MESURES : Le *pik arabe* = 448 millim.; le *pik hendash* = 675 millim.; le *pik turc* = 657 millim. Le pik s'appelle aussi *draa*, *cafiso* ou *kaffis* = 16 *vhibas* ou *vebas* = 192 *sahas* ou *zahs* = 4 hectol. 96; le *Saha* = 2 lit. 583, *mataro* (mitre ou kalla) = 9 lit. 85. *mataro* (mitre ou metal) = 19 lit. 69.— PORTS : Goulette, Bizerte, Souza, Monastir, Sfako.
VILLES PRINCIP AVEC LEURS HAB. PAR MILLE	Tunis 125, Kaïrvan 15, Souze 8, Marza, Monastir 7, Golette 4, Bordo 3.
SUPERFICIE	116.400 kilom. carrés (18 habitants environ par kilom. carré).
POPULATION	2.100.000 habitants *selon le chevalier Tulin de la Tunisie*, dont 45.000 musulmans, 25.000 catholiques, 400 cathol. grecs et 100 protestants, etc.

ALGÉRIE (COLONIE FRANÇAISE) (CAP. ALGER)

SIT. ASTRON.	30° — 37° lat. N.; 4° — 8° long. E. ‖ CLIMAT ‖ La températ. moyenne d'Alger est de + 20°, celle d'Oran de + 17°.
GOUVNEMENT	UN GOUVERNEUR GENERAL qui est à la tête de l'administration et en même temps chef des forces militaires. Un CONSEIL DU GOUVERNEMENT, placé auprès et sous la présidence du gouverneur, donne son avis sur toutes les affaires renvoyées à son examen. Un DIRECTEUR GÉNÉRAL pour les finances et les affaires civiles. L'Algérie est représentée au SÉNAT et à la CHAMBRE DES DÉPUTÉS par 3 sénateurs et 3 députés.
JUSTICE	10 *tribunaux de première instance*. 1 *tribunal de commerce* à Alger, 65 *justices de paix* dont 7 ressortissent du tribunal d'Alger, 10 de Blidah, 5 du Tizo-ouzou, 7 d'Oran, 7 de Mostaganem, 5 de Tlemcen, 9 de Constantine, 6 de Bône, 8 de Bougie, 4 de Sétif. Dans la province d'Alger, la *juridiction musulmane* est divisée en 101 *circonscriptions* (territoires civils 16; territoires militaires 85), dans la province d'Oran 67 *circonscript.* (territ. civ. 25; territ. milit. 42, hors le Tell 20), dans la prov. de Constantine 99 *circonscript.* (territ. civ. 13; territ. milit. 84). A chacune des circonscriptions est préposé un *khadi* (juge) assisté d'*adels* (suppléants). Total 267 *circonscriptions* (territoires civils 36; territoires militaires 231).
CULTES	4 CULTES reconnus par l'État et entretenus à ses frais : le *culte catholique, apostolique, romain* (1 archevêque à Alger et 2 évêques); *le culte protestant* (pasteur président à Alger); *le culte israélite* (grand rabbin à Alger) et *le culte mahométan* (muphti de 1re classe à la grande mosquée d'Oran).
INSTRUCT.	ALGER : 1 académie, 1 école préparatoire de médecine et de pharmacie, cours public d'arabe, 1 lycée, 1 école normale, 2 collèges communaux (Milianah, Blidah). Il y a en outre des écoles primaires et supérieures pour les indigènes. ORAN : Cours public d'arabe, Médersa de Tlemcen, 5 collèges communaux (Oran, Mostaganem, Tlemcen), 7 écoles primaires. CONSTANTINE : Cours public d'arabe, Médersa de Constantine, 1 collège mixte (Constantine), 3 collèges communaux (Bone, Philippeville, Sétif), 8 écoles primaires.
INTÉRIEUR RÉGIONS DÉPARTEMENTS	L'Algérie comprend 2 REGIONS : le Tell et le Sahara ; la région tellienne renferme 3 DEPARTEMENTS : ALGER, CONSTANTINE ET ORAN. La région saharienne comprend toute l'étendue de nos possessions au delà du Tell, et se rattache administrativement à 3 DIVISIONS MILITAIRES ayant leur siège, l'une à Alger, l'autre à Oran et la troisième à Constantine. Chaque département, se divisant en *arrondissements*, *districts*, *commissariats civils* et en *communes*, est administré par un PRÉFET qui exerce les attributions conférées aux préfets des départements de la métropole. Chaque département a un CONSEIL GÉNÉRAL composé de membres français *élus* (Alger 26, Constantine 24, Oran 22) et des assesseurs musulmans, au nombre de 6 pour chaque département, nommés par le gouverneur général civil et ayant voix délibérative.
FINANCES	DÉPENSES : 26.808.631 fr. — RECETTES. 25.708.100 fr. — MONNAIES. On se sert des monnaies françaises.
GUERRE RÉGION DIVIS. MILITAIR	ARMÉE. Le 19e *corps d'armée* est stationné en Algérie. Il y a dans chaque province une division commandée par un général de division. Troupes : 6 bataillons de chasseurs, 4 régim. de zouaves, 3 régim. de turcos, 1 légion étrangère, 3 batail. d'infant. légère, 2 régim. de caval. légère de France, 4 régim. de chasseurs d'Afrique et 3 régim. de spahis (environ 40.000 hommes). DIVISIONS MILITAIRES. 3 divisions militaires : Alger, Oran et Constantine, subdivisées en 11 cercles.
COMMERCE IMPORT. EXPORT CHEM. DE FER	IMPORTATION : 69.477.551 fr. (objets manufacturés, vêtements, vins, sucres, café, etc.). — EXPORTATION : 48.013.116 fr. (céréales, poissons, bétail, légumes, peaux, laine, crin, fruits). — CHEMINS DE FER. En exploitation, 655 kilom. — TELEGRAPHES. Bureaux, 116; lignes, 5.954 kilom.; dépêches 626.590. — POSTES. Bureaux 217. — POIDS ET MESURES. Système métrique. (Voir page 84.) — PORTS. Alger, Oran, Saint-Louis, Bone, Saint-Denis.
VILLES PRINCIP AVEC LEURS HAB. PAR MILLE	Alger 49, Constantine 33, Oran 25, Tlemcen 16, Bone 18, Blidah 16, Philippeville 12, Cherchell 11, Sétif 10.
SUPERFICIE	(1877) 518.554 kil. carrés, dont Alger 105.167, Oran 86.103, Constantine 127.064 (9 hab. par kil. carré env.).
POPULATION	2.867.626 hab., dont Alger, 1.072.607 ; Oran, 653.180 ; Constantine, 1.141.858. (Mahométans, 2.155.120; Juifs, 52.989 ; Français, 144.071 ; étrangers, 116.511.)

AMÉRIQUE

SITUATION ASTRONOMIQUE

54° latit. S. et environ 71° latit. N. et 37 °20′—170° 38′ longit. 0.

DIVISIONS

Ce continent est naturellement divisé en deux grandes parties : l'AMÉRIQUE DU NORD et l'AMÉRIQUE DU SUD.

L'AMÉRIQUE DU NORD comprend : les États-Unis, le Dominion du Canada, le Mexique et l'Amérique centrale qui se compose des républiques de Honduras, de Guatemala, de San-Salvador, de Nicaragua et Costa-Rica. Les Antilles, comprenant les républiques de Haïti et de Saint-Domingue, les possessions anglaises, espagnoles, françaises, hollandaises, danoises et suédoises, font également partie de l'Amérique du Nord.

L'AMÉRIQUE DU SUD comprend : l'empire du Brésil, les républiques Argentine, du Paraguay, d'Uruguay, de Colombie, de l'Équateur, de Vénézuéla, du Pérou, du Chili, de Bolivie et les pays des Patagons.

BUDGET

DÉPENSES	3.006 millions de francs.
RECETTES	3.242 millions de francs.
DETTE	16.242 millions de francs.

COMMERCE

IMPORTATION	7.519 millions de francs.
EXPORTATION	6.701 millions de francs.

TÉLÉGRAPHES

LIGNES	198.419 kilomètres.

CHEMINS DE FER

LIGNES	141.910 kilomètres.

SUPERFICIE

41.134.154 kilomètres carrés (21 habitants par kilomètre carré), dont l'Amérique du Nord 23.480.454, (Amérique centrale 569,635, Antilles 245.509, Grönland 1.967.850) Amérique du Sud 17.653.700.

POPULATION

85.519.800 habit., dont l'Amérique du Nord 59.199.812 (l'Amérique centrale 2.828.164, les Antilles 4.316.178), l'Amérique du Sud 26.519.908.

AMÉRIQUE CENTRALE

RÉPUB.	HONDURAS (Cap. COMAYAGUA)	GUATEMALA (Cap. GUATEMALA)	SAN-SALVADOR (Cap. SAN-SALVADOR)	NICARAGUA (Cap. MANAGUA)	COSTA-RICA (Cap. SAN-JOSÉ)
SITUATION ASTRONOMIQUE	14° — 16° lat. N. 86° — 91° long. O.	14° — 17° lat. N. 91° — 95° long. O.	13° — 14° lat. N.; 90° — 93° long. O.	11° — 14° lat. N. 86° — 90° long. O.	8° — 11° lat. N. 85° — 88° long. O.
CLIMAT		Le climat est très-varié dans l'Amérique Centrale; la chaleur est étouffante dans les plaines et les vallées profondes, mais sur les plateaux et sur les pentes des montagnes on jouit de la plus douce température, qui varie entre 16° et 24° ou une température moyenne de 20°.				
GOUVERNEMENT CHEF DE L'ÉTAT POUV' EXÉCUTIF POUV' LÉGISLAT	CHEF DE L'ÉTAT. Soto, A., président. LE POUVOIR EXECUTIF est exercé par le président, le conseil des ministres (5 membres) et le Conseil d'État 7 membr. dont les 5 ministres. LE POUVOIR LEGISLATIF par le sénat de 7 membres et le Corps législatif de 11 membres. — 3 MINISTERES : les ministères de l'Intérieur et des Affaires étrangères, des Finances, de la Guerre.	CHEF DE L'ÉTAT. Borrios Rufino, lieut. génér., élu président, 1873, pour 7 ans. POUVOIR EXECUTIF est exercé par le président et le Conseil d'État (le nombre des membres n'est pas limité) élus par la chambre et le président. — POUVOIR EXECUTIF est confié à la chambre des représentants (25 membr.). 3 MINISTERES: les ministères de l'Intérieur et des Finances, de la Guerre et des Affaires étrangères et de l'Instruct. publ.	CHEF DE L'ÉTAT. Zaldivar R., élu président en 1876, pour 10 ans. LE POUVOIR EXECUTIF est confié au président et au vice-président. — LE POUVOIR LEGISLATIF au sénat (12 memb.) et à une chambre (24 membres). Le président dispose actuellement d'un pouvoir dictatorial en matière de finances. 5 MINISTERES : les ministères de la Justice et des Affaires étrangères, des Finances et de la Guerre, de l'Instruction publique.	CHEF DE L'ÉTAT. P.-J. Chamorro (1875). LE POUVOIR EXECUTIF est exercé par le président, élu pour quatre ans. LE POUVOIR LEGISLATIF est représenté par le sénat, composé de 10 membres, et par la chambre des représentants, comptant 11 membres. 4 MINISTERES : les ministères des Affaires étrangères, de l'Instruction publique, de l'Intérieur et de la Guerre, des Finances.	CHEF DE L'ÉTAT. Le général Thomas Guardia, élu président (1876) (2 vice-présidents). LE POUVOIR EXECUTIF est confié à un *congrès national* composé d'une seule chambre. Les députés sont élus pour 4 ans. 4 MINISTERES: les ministères de la Justice, de l'Instruction publique et des Cultes, de l'Intérieur, de la Guerre et la Marine, du Fomento, des Finances et du Commerce.
INTÉRIEUR	Le pays est administrativement divisé en 7 PROVINCES.	La République est divisée en 47 DÉPARTEMENTS, 15 *vicairies* et 124 *paroisses*.	Le pays est administrativement divisé en 8 DEPARTEMENTS.	Le pays est divisé administrativement en 7 DEPARTEMENTS.	Le pays est divisé administrativement en 6 PROVINCES.
CULTES		La *religion catholique* règne dans l'Amérique Centrale. L'Église est dirigée par un archevêque (Guatemala) et 5 évêques (Camayagua, Caristo, San-Salvador, Nicaragua, San-José).				
FINANCES DÉPENSES RECETTES MONNAIES	DÉPENSES : 2 millions env. RECETTES. 1 million 940.000 fr. env., dont les douanes fournissent 646.666 fr., et les monopoles 646.666 fr. DETTE. La dette intérieure est inconnue; dette extérieure, 149.752.700 fr.	DÉPENSES : 22.141.190 fr. RECETTES : 22.517.615 fr. DETTE : Dette intérieure, 6.212.400 fr. Dette extérieure 15.174.520 Total. 19.386.920 fr.	DÉPENSES : 5 mill. 971.410 fr. (dont pouvoir exécut, 148.720; postes, 51.145; télég. 74.550; armée, 2 mill. 220.015; instruct. publique, 259.940 fr.). RECETTES : 7 millions 95.975 fr. (dont douanes, 2.567.930 fr.; impôts et monopoles, 2.397.125; postes 60.150; télégraphes, 26 020). DETTE : dette publique. 5.564.740 fr.	DÉPENSES : 5 millions 600.000 fr. (l'entretien de l'armée et la liste forment la plus grande partie des dépenses). RECETTES : 11 millions 624.990 fr. DETTE. On a évalué la dette intérieure à env. 17.400.885 fr. Il n'y a pas de dette extérieure.	DÉPENSES : 19 millions 525.285 fr. (dont l'instruction publique, 616.250 fr.; armée et marine, 2.672.790 fr.; police, 178.410 fr.). RECETTES. 19 millions 096.055 fr. (dont les postes, 158.020 fr.; les chemins de fer, 440.095 fr.; monopoles, 5.949.700 fr.) DETTE. Dette extérieure, 85 millions de francs.
		MONNAIES. — On : *once d'or*, ou *pistole-quadrupe* de 16 piastres = 81 fr. 57. *Double pistole* de 8 piastres ou doublon, pistole de 4 piastres, *demi-pistole* ou *écu d'or* de 2 piastres, *quart de pistole* ou *escudillo* d'une piastre en proportion. — Argent : *piastre forte* de 8 réaux de plate = 5 fr. 42. Demi-piastre de 4 réaux, quart de piastre de 2 réaux, réal de plate et 1/2 réal en proportion.				
GUERRE	ARMÉE ACTIVE : 600 hommes. MILICE : 6.000 h.	ARMÉE ACTIVE : 5.200 hommes. MILICE : 15.000 h.	ARMÉE ACTIVE : 1.000 hommes. MILICE : 500 h.	ARMÉE ACTIVE : 800 hommes. MILICE : 4.000 h.	ARMÉE ACTIVE : 900 hommes. MILICE : 15.225 h.
COMMERCE IMPORTATION EXPORTATION TÉLÉGRAPHES CHEM. DE FER MARINE MARCH. PORTS	IMPORTATION : 5 millions (vêtements, objets manufacturés). EXPORTATION : 6 millions 525.000 fr. (or et argent 5 mill.; indigo, 1 mil.; bétail, 600.000 fr.; bois, 900 mille fr.; cuivre, 500 mille francs). CHEMINS DE FER : en exploitation, 90 kil. En construction, 372 kilom. MARINE MARCH. : 50 navires jaugeant 1.800 tonnes. PORTS : Amapala sur l'océan Pacifique. Trujilo et Omoa sur l'Atlantique.	IMPORTATION : 15.585.000 fr. (confection, bijouterie, objets manufact.). EXPORTATION : 18.495.000 fr. (café, cochenille, indigo, peaux, lainages, gomme, etc.). TELEGRAPHES : En exploitation, une ligne entre la capitale et le port de Sin-José de 1758 kil. avec 45 bureaux. MARINE MARCH. : 106 nav., jaugeant 16 mille tonnes. PORTS : Izabal, San-Thomas, Puerto-de-Istapa.	IMPORTATION : 12.952.155 fr. (bijouterie, horlogerie, objets manufacturés, etc.). EXPORTATION : 19.804.660 fr. (indigo, café, sucre, tabac, baume, etc.). MARINE MARCH. : 64 navires, jaugeant 4000 tonnes. PORTS : Acahutla et Union sur le Pacifique.	IMPORTATION : 5 millions 155.490 fr. (vêtements, objets manufacturés). EXPORTATION : 7 millions 502.980 fr. (sucre, café, coton, peaux, gomme, indigo, etc.). MARINE MARCH. : 80 navires, jaugeant 9.000 tonnes. PORTS : San-Juan-del-Sol et Corinto sur le Pacifique.	IMPORTATION : 14.250.000 fr. (machines, vêtements, bijouterie, objets manufacturés). EXPORTATION : 30.935.510 fr. (café, peaux, caoutchouc, bois de cèdre, etc.). TELEGRAPHES : Bureaux, 16; lignes, 320 kilomètres. CHEMINS DE FER : En exploitation, 59 kilom.; en construction, 50 kilom. env. PORTS : Punta-Arenas sur l'Atlantique; Puerta-Limon sur le Pacifique.
VILLES PRINC. AVEC LEURS HAB. PAR MILLE	Tegucigalpa, 12; Yuticalpa, 10; Comayagua, 8; Medina-Gracias-a-Dios, 8.	Guatemala, 45; Autiguan, 18; Coban, 18; San-Thomas, 14; San-Marcos, 12.	San-Salvador, 16; San-Miguel, 15; Santa-Anna, 12; Santa-Vincente, 12.	Léon, 50; Masaya, 12; Managua, 10; Granada, 10; Chenardega, 8.	San-José, 12; Alajuela, 10; Carthago, 10; Matina.
SUPERFICIE	122.000 k. c. (3 hab. par kilom. carré).	103.612 k. c. (11 habitants par kil. carré).	19.000 kil. c. (23 habitants par kil. carré).	150.655 kil. carrés (2 hab. par kil. c.).	55.669 kilom. carrés (5 hab. par kil. carré).
POPULATION	352.000 hab.	1.190.800 hab.	434.520 hab.	250.000 hab.	185.000 hab.

ANTILLES (Sauf les Antilles anglaises)

ÉTATS	RÉPUBLIQUES		POSSESSIONS ESPAGNOLES		POSS. FRANÇAISES	POSS. HOLLAND.	POSS. DANOISES
	HAÏTI (Cap. PORT-AU-PRINCE)	SAINT-DOMINGUE (Cap. SAINT-DOMINGUE)	CUBA (Cap. HAVANA) PUERTO-RICO (Cap. SAN-JUAN)		MARTINIQUE GUADELOUPE	CURAÇAO (Cap. WILLEMSTAD)	SAINTE-CROIX (Cap. CHRISTIANSTED)
GOUVERNEMENT — CHEF DE L'ÉTAT, POUV. EXÉCUT., POUV. LÉGISLAT.	CHEF DE L'ÉTAT. BOISROND CANAL, général, élu président en 1876, pour 4 ans. LE POUVOIR EXÉCUTIF lui est confié. LE POUV. LÉGISLATIF est exercé par le Sénat (36 memb.) et la Chambre (108 memb.). 4 MINISTÈRES: les ministères de la Justice et de l'Instruction publ., des Cultes et de l'Intérieur, des Finances, du Commerce et de la Marine, de la Guerre et de la Marine. Cour suprême à Port-au-Prince. 7 tribun. civils, cri-minels et correctionnels. 6 tribl. de comm.	CHEF DE L'ÉTAT. GONZALÈS, élu président en 1876. LE POUVOIR EXÉCUTIF est confié à ses mains. LE POUV. LÉGISLATIF est confié à la Chambre législative. 5 MINISTÈRES: les ministères des Cultes et de l'Instruct. publique, des Finances, du Commerce et des Affaires étrang., de la Guerre et de la Marine, du Commerce et des Finances. Il y a une Cour suprême et 5 Cours d'appel.	Les hauts fonctionnaires de ces îles sont : un gouverneur capitaine général, un commandant en chef, un secrétaire du gouvernement et un directeur général pour l'administration civile. PUERTO-RICO est divisé en deux juridictions : San-Juan et San-Germán. CUBA. 3 provinces : Havana, Trinidad, Santiago. PUERTO-RICO. 8 départements : San-Juan, Aguadilla, Arecibo, Bayamon, Guayama, Mayaguez, Ponce et Humacao.		Les affaires administrat. sont dirigées par un gouverneur pour chaque île. La circonscript. judiciaire comprend 1 cour d'appel, 2 trib. de 1re inst. et 4 trib. de justice de paix. Les îles dépend. sont les îles de Marie-Galante, des Saintes, de la Désirade et 200 kilom. de l'île St-Martin avec l'îlot de Tenlamarre.	L'administration est entre les mains d'un gouverneur nommé par le roi. Le siège du gouvernement est à Willemstad (Curaçao).	L'autorité législ. s'exerce par le roi et le conseil, composé, dans l'île Ste-Croix, de 18 memb. (5 nommés par le roi), et dans les îles St-Jean et St-Thomas 15 memb. ensemble (4 élus par le roi).
CULTES	La religion catholique est la religion dominante. Les deux langues les plus usitées sont le français et l'espagnol.		La religion catholique domine, il y a un archevêque à Havana (Université).		La religion catholique domine, c'est la religion catholique.	Les Antilles hollandaises comprennent les îles Curaçao, Bonaire, Aruba, Saba, les îles Eustache et un tiers de l'île St-Martin.	La religion dominante est la religion protestante réformée. Les Antilles danoises se composent des îles Sainte-Croix, St-Thomas et St-Jean.
INTÉRIEUR	La République d'Haïti est divisée en 5 départements : dép. de l'Ouest, du Nord, du Nord-Ouest et le département d'Artibonite.	La République dominicaine comprend le Centre et l'Est de Haïti; elle est divisée en 5 provinces, administrées chacune par un commandant.	CUBA est divisé en 5 provinces, administrées chacune par un président. PUERTO-RICO est divisé en 8 départements, administrées chacun par un président.		La MARTINIQUE est divisée en 2 arrondissements: Saint-Pierre et Fort-de-France ; subdivisé en 25 communes — La GUADELOUPE est divisé en 3 arrondissem. : la Basse-Terre, la Pointe-à-Pitre et Marie-Galante.		
FINANCES DÉPENSES RECETTES	DÉPENSES . . . 20.118.456 RECETTES . . . 20.974.910 DETTE : Dette extérieure . 55.000.000 intérieure . . 11.000.000 45.000.000	DÉPENSES . . . 4.266.270 RECETTES . . . 4.266.270 DETTE . . . 1.250.000 env.	CUBA. 145.000.000 fr. env. de dépenses et de recettes. Dette inconnue. PUERTO-RICO. Dépenses et recettes, 17.000.000 fr. env. Dette inconnue.		DÉPENSES. ? RECETTES. ? MONNAIES. Les monnaies, poids et mesures à la Martinique et à la Guadeloupe sont ceux de France.	DÉPEN. 1.417.435 RECETT. 819.517 MONNAIES. On compte en florins (gulden) comme à Amsterdam. POIDS ET MESUR. les mêmes qu'en Hollande.	DÉPENSES. ?
MONNAIES, POIDS ET MESURES	MONNAIES, POIDS ET MESURES. On se sert des mêmes monnaies et des mêmes poids et mesures qu'en France avant le système métrique.		MONNAIES, POIDS ET MESURES. On se sert des mêmes monnaies et mesures qu'en Espagne.				
GUERRE	ARMÉE ACTIVE. 6.828 hommes. MARINE. 2 corv. avec 8 canons.	ARMÉE. — Cavalerie, 2 escad. cavalerie (milice). Infanterie, 32 bat.; caval., 35 escad. (dont 20 escad. milice); artill., 2 régim. à chev. et 1 bat. à pied. — PORTO-RICO. 3.800 homm., 1 bat. infanterie (milice). — MARINE MARCHANDE. CUBA. 600 navires jang. 61.000 tonn. — PUERTO-RICO. 340 navires jang. 18.000 tonnes.					
COMMERCE IMPORTATION EXPORTATION CHEMINS DE FER	IMPORTAT. 39.558.000 fr. (tissus et objets manufac., ouvrages de métaux de cuivre). — EXPORTAT. 43.570.000 fr. env. (café, cacao, bois de campêche, indigo, coton, cire, cuir, etc.). — CHEMINS DE FER. 2 lig. en constr. — PORTS : Port-au-Prince, Cap Haïtien (Gonaïves), Jacmel.	IMPORTAT. 8.728.270 fr. (tissus, bijouteries, confection, objets manufact., etc.). — EXPORT. 7.754.045 fr. (tabac, café, sucre, miel, pierre, cochenille, etc.) — PORTS : Saint-Domingue, Puerto-Plata.	CUBA. — IMPORTATION : 120.000.000 fr. env. (vêtements, objets manufac., horlogerie). — EXPORTATION : 190.000.000 fr. (sucre, cacao, rhum, mélasse, vanille). — CHEMINS DE FER en exploit. 640 kilom. — PORTS. (Voir les villes.) — PUERTO-RICO. — IMPORTATION : 75.000.000 fr. (machines, bijouteries, articles de luxe, etc.).— EXPORTATION : 45.000.000 (sucre, mél., tabac, rhum, miel, cire, café). PORTS. (V. les vill.)		MARTINIQUE. — IMPORT. 55.000.000 fr. (subst. alim., tabac, tissus, vêtem.). — EXPORT. 29.000.000 fr. (sucre, rhum, liqueurs, sucre brut, rhum, confit, cacao, etc.). GUADELOUPE. IMPORTAT. 25.000.000 fr. EXPORTAT. 25.000.000 fr. (sucre br., mélasse, rhum, café, etc.).	IMPORT. 600.000 fr. (riz, viande, sel, tab., tissus, vêt., subst. alim.). EXP. 900.000 fr. (café, rhum, cacao, etc.).	IMPORT. 2 mill. fr. (tissus, exp., subst. alim.). EXP. 2 mill. (rhum, etc.).
VILLES PRINC. Lettres hab. par milli.	Port-au-Prince, 27; Cayes, Cap Haïtien, 10; Saint-Marc, 4; Plaisance, 5.	Saint-Domingue, 16; Azua, Puerto-Plata, 7; Isabela, Santiago, La Vega.	CUBA : Havana, 250; Santiago, 100; Matanzas, 50; Trinidad, Ple-Principe, 50. — PUERTO-RICO : San-Juan, 32; San-German, 20; Ponce, 18; Mayaguez, 16; Arecibo, 12.		MARTINIQUE : Pte-de-France, 14 (capit.); St-Pierre, 35. GUADELOUPE : Basse-Terre, 7 (capitale); Pointe-à-Pitre, 12.	Willemstad, 11; Saint-Eustache, 5.	Christianstad, 6; Saint-Thomas, 5.
SUPERFICIE	25.910 kilom. carr. (env. 55 hab. par kilom. carré).	53.543 kilom. carr. (env. 5 hab. par kil. carré).	CUBA. 118.885 kilom. carr., dont 3145 pour l'île de Pinos (12 hab. par kil. carré). — PUERTO-RICO. 9.314 kilom. c., dont 230 pour les îlots de Vieques, de Culebra et de Mona (69 hab. par k. c.)		MARTINIQUE. 988 kil. carr. (56 hab. par kil. carré). GUADELOUPE. 1.501 kilom. carré (87 hab. par kilom. carré).	1.150 kil. carr. (35 hab. par kil. carré).	560 kil. carré (135 hab. par kil. carré).
POPULATION	800.000 hab. dont 600.000 nègres, 200.000 mulâtres; 600 blancs à peine.	250.000 habitants dont la plus grande partie sont des mulâtres et des blancs.	CUBA. 1.414.500 hab. dont 650.000 hab. de couleur, la moitié de ceux-ci n'est encore à l'état d'esclavage. PUERTO-RICO. 666.144 hab., dont 358.000 blancs, 308.560 hommes de couleur. L'esclavage est aboli depuis 1873.		MARTINIQUE. 159.200 hab. GUADELOUPE. 167.544 h.	41.024 hab.	53.000 hab.

RÉPUBLIQUES	**ARGENTINE** Cap. BUENOS-AYRES.	**URUGUAY** Cap. MONTEVIDEO.	**PARAGUAY** Cap. ASUNCION.
SITUATION ASTRONOMIQUE	22° — 44° lat. S. 74° 20' — 56° 40' long. O.	30° — 35° lat. S. et 56° — 61° long. O.	22° — 27° 30' lat. S. et 61° — 37° long. O.
CLIMAT	Le climat est rigoureux dans les hautes vallées des Andes; dans les *Pampas* et le *Chaco*, la chaleur est quelquefois excessive. Dans les plaines, on jouit de la plus douce température, et la végétation est une des plus heureuses. *Buenos-Ayres*: températ. plus haut + 36°, plus bas 2°, moyenne + 19°. *Montevideo* : températ. plus haut + 40°, plus bas + 4°, moyenne + 22°. *Asuncion* : moyenne + 25°.		
GOUVERNEMENT CHEF DE L'ÉTAT POUV. EXÉCUTIF POUV. LÉGISL.	CHEF DE L'ÉTAT : Avellaneda N., Dr, élu président en 1874, pour 6 ans. Le vice-président préside le Sénat. LE POUVOIR EXÉCUTIF est confié au Président de la République. LE POUVOIR LÉGISLATIF est exercé par le Sénat (28 membres) et la chambre des députés (86 membres), 5 MINISTÈRES. Les ministères de la justice, des affaires étrangères, de l'intérieur, des finances, de la guerre et de la marine.	CHEF DE L'ÉTAT : Latorre, L., colonel, élu président en 1876, pour 4 ans. Le vice-président est président du Sénat. LE POUVOIR EXÉCUTIF est exercé par le président qui est assisté du ministère. LE POUVOIR LÉGISLATIF est confié au *corps législatif*, au Sénat et à la chamb. des représentants qui siégent pendant 4 mois et demi; dans l'intervalle entre les sessions une commission permanente, composée de 2 sénat. et de 5 dép., est chargée de surveiller la marche de l'administration. — 4 MINISTÈRES. Les ministères des affaires étrangères, de l'intérieur qui réunit la justice, les cultes, l'instruct. pub. et l'agricult., des financ. de la guerre et de la marine.	CHEF DE L'ÉTAT : Candido Bareiro (1878), élu président. LE POUVOIR EXÉCUTIF est confié au président qui est assisté par 5 ministres-secrétaires et par le vice-président. LE POUVOIR LÉGISLATIF est entre les mains d'un congrès législatif composé de 2 chambres : le sénat et la *chambre des députés*. — 5 MINISTÈRES. Les ministères de la justice et des cultes, des affaires étrangères, de l'intérieur, des finances, de la guerre.
CULTES INSTRUCTION PUBLIQUE	La religion catholique est généralement professée dans ces républiques, mais la liberté des cultes est garantie. Il existe un archevêque (Buenos-Ayres) et 4 évêques pour la rép. Argentine ; 1 vicaire apostolique relevant de la cour de Rome, mais choisi par le pouvoir exécutif, pour la rép. d'Uruguay, et l'évêque (à Asuncion) pour le Paraguay. — INSTRUCTION PUBLIQUE. Il y a une université à Montevideo et 58 écoles publiques gratuites avec 6.680 élèves. Dans les départements, 74 écoles publ. et 59 écoles particulières avec 6.738 élèves.		
INTÉRIEUR POSTES TÉLÉGRAPHES	Le pays est divisé en 14 provinces, subdivisées en 173 départ., administrées chacune par un gouverneur, et 4 territoires dirigés par les commandants milit. — POSTES Lettres 4.605.534. Impr. et journ. 1.846.486. TÉLÉGRAPHES : Lignes de l'ÉTAT 7.650 kilom. Dépêches 179.872.	L'État est divisé en 13 départements : Montevideo, San-José, Soriano, Paysanda, Tacuarembo, Selto, Cerro-Largo, Maldonado, Mines, Durazno, Florida, Colonia, chacun administré par un préfet.	Le pays est partagé en 8 départements : Asuncion, Villareal, Santiago, Concepcion, Turugnaty, Candelaria, San-Fernando, San-Hermengildo, chacun administré par un préfet.
FINANCES DÉPENSES RECETTES DETTE MONNAIES	DÉPENSES Justice.. 5.471.700 Aff. étr. 559.740 Intér... 10.279.760 (Prés. 234.000 Postes et Télégr. 2.490.330) Financ.. 42.940.710 Arm. et mar. 26.092.060 Total.. 85.545.970 RECETTES D¹ d'exp. et d'imp. 74.250.000 Télégr.¹ et Postes. 2.000.000 Chemins de fer 1.550.000 Recettes diver. 4.695.645 Total. 82.295.645 DETTE Extérieure...... 211.570.810 Intérieure...... 99.957.725 Total..... 311.508.535 MONNAIES. Or : le doublon = 16 piastres = 81 fr. 56. Argent : piastre forte, = 8 réaux = environ 5 fr. 37 et les pièces divisionnaires en proportion. Il circule une grande quantité de papier monnaie : 1 piastre-argent = 25 piastres-papier d'où 1 piastre-papier = 0 fr. 21.	DÉPENSES Intérieur (gouvernement 148.870)... 8.705.658 Finances (post. 256.563) 3.726.489 Guerre et marine... 11.798.451 Affaires étrangères.. 127.651 Total... 24.356.249 RECETTES Douanes........ 30.024.886 Contrib. directes.... 6.764.882 Rec. div.(post¹ª 517.775) 8.528.044 Total..... 45.317.752 DETTE PUBLIQUE... 234.721.430 MONNAIES. Ces deux républiques n'ont pas de monnaies particulières; les espèces d'or et d'argent qui circulent sont celles d'Espagne (anciennes) et celles des autres républiques hispano-américaines et du Brésil. La piastre nationale nommée doublon vaut 5 f. 34; elle se divise en 10 réaux, lesquels se subdivisent chacun en 100 reis. La monnaie de cuivre se subd. en pièces de 5, 10, 20 reis.	DÉPENSES, 1.223.174 (dont Finances, 77.810; présidence, 117.807 ; guerre, 592.435). RECETTES, 1.581.285, fournies par les Douanes qui sont le principal revenu du Paraguay. DETTE Dette intér. (1876) 14.577.085 Dette extérieure. . 45.915.000 Total.... 60.492.085
GUERRE ARMÉE MAR. DE L'ÉTAT MAR. MARCH.	L'ARMÉE se compose de *l'armée active* et de la *garde nationale*. L'armée active comprend 3120 h. d'inf., 4648 de cavaler., 515 d'artill., 1062 offi. dont 4 généraux, 250 off. sup. et 808 sous-off. — Tot. 2345 h. avec 728 off. dont 8 nav. dont 2 blindés, 6 canonnières et 2 torpedos avec 88 can. et 7510 chev. Personnel : 2 chefs d'escadre et 19 off. sup., 55 off. subalt. et 90 off. de différent. fonctions. Infant. de la marine : 2000 h. et 900 off. Section de torpedos : 11 off. et 80 h. MARINE MARCHANDE : 6458 nav. jaugeant 140.528 tonnes.	L'ARMÉE se compose de *l'armée active* et de la *garde nationale*. L'armée active comprend : Infant. 1620 h., cavalerie 550 h., artillerie 275 généraux. La garde nationale 20,000 hommes. Off. en disponibilité 1091.	L'ARMÉE est presque tout entière démissionnaire dans ce moment-ci pour exonérer le budget; il n'y a que 185 soldeuv. à Asuncion. En temps ordinaire, l'armée active monte à 2.000 h. LE SERVICE EST OBLIGATOIRE pour tous les citoyens valides. Le pays est divisé en 6 COMMANDEMENTS militaires qui se subdivisent en 69 districts de police.
COMMERCE IMPORTATION EXPORTATION CHEM. DE FER PORTS POIDS ET MES.	IMP. : 174.550.000 fr. (obj. manufactur., vêtements, bijoux, art. de Paris). — EXP. : 252.675.000 fr. Laine, peaux, fourrures, viandes sal., animaux, plumes d'autruche). CHEM. DE FER : En exploitation 2317 k., et le gouvern. a donné une concession de 3183 k., y comp. la ligne de Buenos-Ayres au Chili. — POSTES (1876), Nombre de lettres 4.955.825, impr. 2.457.590. — TÉLÉGR. Lig. de l'État 5.585 kil., lig. priv. 2 872 k., dép. 275.178. — PORTS : Buenos-Ayres et Rosario. — POIDS ET MES. Le syst. métr.	IMPORTATION : 75.970.000 f. (objets manufacturés, bijouterie, métaux, etc.) EXPORTATION : 78.110.000 f. (peaux, viandes salées, suif, bestiaux, laine, crin, farine, etc.). CH. DE FER en exploit. 576 kil. POSTES : Bur. 144, lettres 1.052,876, journaux 471.429. TÉLÉGRAPHES : lignes 1.279 kil., bureaux 20. PORTS : Montevideo, Maldonado, Higueritas.	IMPORT. (1876) : 3.517.445 fr. (tissus, objets fabriqués, vin, sucre, café, etc.). EXPORT. (1876) : 2.101.999 fr. (thé, tabac, amidon, fruits confits, cigares, oranges, cuirs, bois, etc.). — CHEM. DE FER en exploitation 72 kil. POSTES (1876) lettres 15.509. journaux 14.953. TÉLÉGRAPHES : lignes 72 kil.
VILLES PRINC. AV. LEURS HABIT. PAR MILLE.	Buenos-Ayres 190, Cordova 30, Rosario 24, Tucuman 18, Salta 12, Santa-Fé 11, Corrientes 11, Parana 10.	Montevideo 105, Fray-Bentos, Mercedes, Salto oriental, San-José, Higueritas.	Asuncion 20, Villa-Roca 10, Curugnaty, Humaneta.
SUPERFICIE	5.146.380 k. c. (0,6 hab. par kil. carré).	186.920 kil. c. (2 h. par kil. car. env).	146.886 k. c. (1 h. par. k. c.).
POPULATION	1.877.490 dont : Argent. 1.550.000, Ital. 70.000, Amé. 45.500, Esp. 35.000, Fr. 52.000, Angl. 11.000, etc. Ind. et Patag. 100.000 env.	445.000 habitants. Selon M. Vaillant, chef du bureau statistique de Montevideo : 430.000 habitants.	(1876) 293.844 h. (1861) 1.537.459 h. Le nomb. des étrang. résid. au Par. 6000 d. 2500 It., 1500 Brés., etc.

BRÉSIL (EMPIRE) (CAP. RIO-DE-JANEIRO)

SITUATION ASTRONOMIQUE	4° lat. N. — 33° lat. S. 37° — 75° long. O.	**CLIMAT**	Dans les plaines du N. le climat est chaud et malsain ; dans les parties moyennes et méridionales du Brésil, on trouve des vallées remarquables par leur climat salubre et fertile.

GOUVERNEMENT
CHEF DE L'ÉTAT
POUV. EXÉCUTIF
POUV. LÉGISL.

CHEF DE L'ÉTAT, Pedro II d'Alcantara, empereur, né en 1825, avènement 1831 (Thérèse-Christine-Marie, Impératrice, née en 1822). Le Brésil est une monarchie constitut. et héréd. LE POUVOIR EXÉCUTIF ET LE POUVOIR MODÉRATEUR sont confiés à l'empereur, qui est assisté du *conseil d'État* composé d'anciens ministres (7 membres ordinaires, 7 membres extraordinaires) nommés à vie. LE POUVOIR LÉGISLATIF est exercé par l'empereur et par l'assemblée générale qui comprend 2 chambres : Le *Sénat*. 58 membres nommés à vie par l'empereur qui les désigne sur des listes de 3 candidats présentées par les électeurs, en cas de vacances. La *Chambre des Députés*. 122 membres élus pour 4 ans, par le suffrage à 2 degrés (élect. de paroisse et élect. de prov.). Tout citoyen âgé de 25 ans est électeur. — 7 MINISTÈRES : les ministères *de la justice, des affaires étrangères, de l'intérieur, des finances, de la guerre, de la marine, des travaux publics*. Les ministres sont assistés également d'un *conseil d'État* (12 membres ordinaires, 12 membres extraordinaires nommés à vie.)

JUSTICE : 1 *Tribunal supérieur de justice* (Rio-de-Janeiro), 11 *cours d'appel*, 4 *tribunaux de commerce*.

CULTES : Le *catholicisme* est la religion de l'État, et l'état civil est régi par la règle du concile de Trente. 1 archevêque métropolitain et primat du Brésil à Bahia, 11 évêques, 12 vicaires généraux, 1.297 curés.

INSTRUCTION PUBLIQUE : L'instruction publique se divise : 1° *Instruction primaire* ; 2° *instruction secondaire et préparatoire* ; 3° *instruction scientifique et supérieure*. L'instruction primaire dans la capitale est à la charge de l'assemblée générale, dans les provinces à la charge de l'assemblée provinciale. L'instruction primaire accordée par la constitution est gratuite. Les écoles publiques (1874) étaient fréquentées par 140.000 élèves. 2 *Facultés de jurisprudence et de sciences sociales*, 2 *Facultés de médecine* ; 11 *Facultés de théologie*, 1 *École polytechnique*, 1 *Faculté des lettres*, 1 *École des beaux-arts*, 1 *École des arts et métiers*, *Écoles militaires*.

INTÉRIEUR
PROVINCES

Le Brésil est divisé en 21 PROVINCES administrées chacune par un *président* ayant le pouvoir exécutif et une *Chambre provinciale* ayant le pouvoir législatif. Les *villes* s'administrent par des *maires* de leur choix sous le contrôle d'*assemblées* élues.

FINANCES
DÉPENSES
RECETTES
DETTE
MONNAIES

DÉPENSES	FR.	RECETTES	FR.
Intérieur	19.240.020	Recettes gén. ord. extraord.	255.500.000
Justice	16.328.608		
Affaires étrangères	2.583.385	Rente destinée à la libération des esclaves	2.750.000
Guerre	57.939.220		
Marine	27.358.650	Total	258.250.000
Commerce	42.157.358		
Finances	123.742.933		
Total	269.330.172		

MONNAIES : *Or*. 20.000 reis = 56 f. 60, 10.000 reis = 28 f. 30, 5000 reis = 14 fr. 15. *Argent* 2000 reis = 5 fr., 1000 reis = 2 f. 50, 500 reis = 1 f. 25. Le conto = 1.000.000 reis = 1000 milreis.

DETTE	
Dette extérieure	423.044.443
Dette intérieure	811.380.500
Dette flottante	520.437.010
Total	1.754.881.953

GUERRE
ARMÉE

Par la loi du 25 février 1875 le SERVICE OBLIGATOIRE a été introduit en admettant pourtant le remplacement. La durée du service est de 6 ans dans l'armée active et de 3 dans la réserve.

1° ARMÉE.	Paix	Guerre
Infanterie, 21 bat.	10.200	20.000
Cavalerie, 5 régim. 2 bat.	2.500	4.800
Artillerie et génie, 3 régim. et 5 bat.	3.800	7.200
Total	16.500	32.000

2° GENDARMERIE, 9.900 h. (dont 1200 pour Rio-de-Janeiro).
3° LA GARDE NATIONALE.

MARINE

Vapeurs	Nomb.	Can.	Chev.
Vaisseaux blindés	11	60	2.828
Frégate	1	15	350
Corvettes	6	42	1.270
Canonnières	20	38	1.090
Transports	15	15	1.654
Total	53	170	7.192

Navires à voiles	Nomb.	Can.
Corvettes	1	10
Petits navires	2	17
Total	5	27

Personnel : 14 officiers de l'état-major général, 349 officiers de 1re classe, 159 de 2me classe, 78 hom. du corps sanitaire, 20 aumôniers, 99 officiers de comptabilité, 62 gardiens, 40 machinistes, 2993 marins, 842 hat. nav.

TRAVAUX PUBLICS : CHEMINS DE FER : 2593 kil. en exploitation. POSTES : Bur. 1.018. Lettres expédiées (1875-76), 13.161.297, dont 7.200.000 par la voie de Rio-de-Janeiro. TÉLÉGRAPHES : 6250 kilom.; nombre de bureaux, 104.

COMMERCE
IMPORTATION
EXPORTATION
POIDS
PORTS

IMPORTATION : 482.017.200 fr. environ (objets manufacturés, vêtements, bijouterie, machines, verreries, meubles, objets d'art, etc.
EXPORTATION : 498.085.600 fr. (café, coton brut, sucre, cacao, thé du Paraguay, peaux, tabac, gomme élastique, diamants, etc)
POIDS ET MESURES. Le système métrique, adopté en 1862, a été mis en vigueur en 1872 (Voir pag. 84).
PORTS : Rio-de-Janeiro, Bahia, Pernambouc, Porto-Alegre, Para, Santos.

VILLES PRINC. AVEC LEURS HABITANTS PAR MILLE : Rio-de-Janeiro 420, Bahia 180, Pernambouc 120, Maranhão 35, Victoria 30, San-Paolo 30, Parahyba 20, Caxoeira 30, Goyaz 20, Cuyaba 15, Olinda 12.

SUPERFICIE : 8.515.840 k. c. (env. 1, 2 hab. par k. c.)

POPULATION : 10.108.291 h. (dont 1 million 2/3 d'esclaves), en sus 1 million env. d'Indiens. Selon la nationalité, la population libre se répartit ainsi : 8.176.191 Brésiliens, 121.246 Portugais, 45.829 Allemands, 44.580 Africains, 6.108 Français, etc. Selon la religion, en 9.902.712 catholiques (dont 8.391.006 libres et 1.510.806 esclaves) et en 205.570 d'autres cultes.

TABLE ADMINISTRATIVE

21 PROVINCES	POPULATION (1872)			SUPERFICIE
	libres	esclaves	Total	kil. carrés
Matto Grosso	55.750	6.667	60.417	1.379.651
Goyaz	149.745	10.652	747.511	747.511
Minas Gerães	1.669.276	370.459	2.059.735	574.855
Rio Grande do Sul	367.622	67.791	434.815	256.555
Santa Catharina	144.818	14.984	159.802	74.156
Parana	116.162	10.560	126.722	224.319
San Paolo	680.742	156.612	837.354	290.876
Municipio Neutro	226.035	48.939	274.972	1.594
Rio-de-Janeiro	490.087	292.657	782.724	68.982
Espirito Santo	59.478	22.659	82.137	44.839
Bahia	1.211.792	167.824	1.379.616	426.427
Sergipe	155.620	22.623	176.243	39.090
Alagoas	312.268	35.741	348.009	58.491
Pernambouc	752.511	89.028	841.539	128.395
Parahyba	354.700	21.526	376.226	74.751
Rio Grande do Norte	220.959	13.020	233.979	57.485
Ceara	689.775	31.913	721.686	404.250
Piauhy	178.427	23.795	202.222	301.797
Maranhão	284.101	74.939	359.040	459.884
Para	247.779	27.458	275.237	1.149.712
Amazonas	56.631	979	57.610	4.897.090
Empire du Brésil	8.419.672	1.510.806	9.930.478	8.557.218
Habitants des communes non énumérées			177.813	
Total			10.108.291	

	COLOMBIE (ÉTATS-UNIS DE) (RÉPUBLIQUE) (CAP. BOGOTA)	EQUATEUR (RÉPUBLIQUE) (CAP. QUITO)	VENEZUELA (ÉTATS-UNIS DE) (RÉPUBLIQUE) (CAP. CARACAS)
SITUAT. ASTR.	0° — 12° lat. N. et 72° — 85° long. O.	2° N. — 5°,5 lat. S. et 75° — 85° l. O.	2° — 12° lat. N. et 62° — 75° long. O.
CLIMAT	Le climat varie selon les lieux ; humide et malsain dans les parties basses et sur les côtes. Dans les Andes il est excessif; on passe brusquement du climat brûlant de l'Afrique aux régions glaciales du Grönland.		
GOUVERNEMENT CHEF DE L'ÉTAT POUV. EXÉCUT. POUV. LÉGISL.	CHEF DE L'ETAT. Le général Trujillo, élu président pour 2 ans en 1878. — Le POUVOIR EXECUTIF est exercé par le président et 4 ministres (secretarios). — Le POUVOIR LEGISLATIF est exercé par la Chambre des représentants du peuple (61 membres) élus par le suffrage universel direct, et le Sénat (27 membres, 3 de chaque Etat). — 4 MINISTERES : les ministères de l'intérieur, des affaires étrangères, des finances et des travaux publics, du trésor et du crédit, de la guerre et de la marine.	CHEF DE L'ETAT. Vintimille, élu président pour 4 ans en 1876. — Le POUVOIR EXECUTIF est exercé par le président, le vice-président et 4 min. — Le POUVOIR LEGISLATIF et JUDICIAIRE: le Sénat (22 memb., 2 de chaque prov.), la Chambre des députés (30 memb.). Les présid., les sén., les députés et les offic. d'admin. sont élus par le suffr. univ. et direct. — 4 MINISTERES.	CHEF DE L'ETAT. Guzman Branco, élu président en 1878 pour 4 ans. — Le POUVOIR EXECUTIF est exercé par le président et 7 ministres. — Le POUVOIR LEGISLATIF par le Sénat (40 membres, 2 de chaque Etat) et la Chambre des députés (154 memb. élus par le suff. univ.). — 7 MINISTÈRES.
JUSTICE	Il y a une Cour suprême dans la capitale des trois Républiques, composée d'un président et de 4 membres.		
CULTES	La religion catholique romaine, est la religion des 3 Républiques. Les affaires de l'Eglise sont dirigées : Pour la Colombie par l'archevêque de Bogota et 5 évêques.	Pour l'Equateur par l'archevêque de Quito et 6 évêques.	Pour le Vénézuela par l'archev. de Vénézuéla et l'évêque de Mérida.
INTÉRIEUR	La Colombie se compose de 9 Etats, chacun administré par un président, et subdivisé en 59 départ. et 175 districts. (V. la table.)	L'Equateur est divisé en 11 provinces subdiv. en 41 cantons, renferm. 314 paroisses. (V. la table.)	Le Vénézuéla se partage en 20 provinces, 1 district fédéral et 5 territoires.
FINANCES DÉPENSES RECETTES DETTE MONNAIE	DEPENSES FR. Intérieur . 1.200.120 Finances . 5.752.130 Guerre . . 5.690.800 Dette pub. 6.864.970 Justice. . 139.160 Trav. pub. 11.607.165 Aff. étran. 318.500 Très., etc. 961.270 Inst. pub. 1.835.600 Postes . . 2.169.930 Total. . 36.339.665 RECETTES FR. Douanes . 21.400.000 Ch. de fer. 1.750.000 Postes . . 500.000 Télégraph. 200.000 Biens nat. 544.000 Total. . 24.194.000 DETTE FR. Dette ext. 51.962.500 Dette int. 20.054.020 Total. . 79.996.520	Les DEPENSES sont évaluées à 00 millions de fr. env. — Les RECETTES 8.920.430 fr., dont la moitié à peu près provient des douanes. Les revenus municipaux s'élèvent dans toute la République à 800.000 fr. DETTE FR. Dette intérieure . . 36.250.000 Dette extérieure . . 35.600.000 Total. . . . 71.850.000	Les DEPENSES sont évaluées à 30.715.670 fr., dont 18 env. pour l'administr. gén. Les RECETTES sont évaluées à 35.510.400, dont les produits des douanes, les droits d'octroi, l'impot de tonnage, etc., en fournissent plus des 3 quarts. DETTE FR. Dette intérieure . . 80.895.045 Dette extérieure . . 252.870.395 Total. . . . 333.765.440
	MONNAIES. Le système monétaire français, avec quelques modifications, a été adopté par les 3 Républiques. L'unité choisie fut le réal argent = 50 centimes; piastre = 1 fr., et vénézuelanos = 5 fr.		
GUERRE	ARMÉE ACTIVE. 3.000 hommes. En cas de guerre, 30.000 hommes.	ARMEE ACTIVE. 1.500 h. env. Tous les citoyens entre 18 et 45 ans sont soldats en cas de guerre. — MARINE. 5 vapeurs.	ARMEE ACTIVE. 12.000 h. dont infant. 4.000, caval. 1.000, artill. 1.000. — MARINE. 2 frégates à vapeur et 4 goëlettes.
COMMERCE IMPORTATION EXPORTATION TÉLÉGRAPHES CHEM. DE FER POIDS ET MESURES PORTS	IMPORTATION (1875). 36.644.640 fr. (Vêtements, artic. manufact., horlog., vins. etc.) EXPORTATION. 12.389.485 fr. (Tabac 11, or 15, café 5, peaux 2, quinquina, 9). TELEGRAPHES. Lignes, 2.045 kil.; dépêches, 98.375. CHEMINS DE FER en exploitation 103 kil. (dont Ch. de fer de Panama 76 kil.). POIDS ET MESURES. Le système métrique est accepté dans les 3 Républiques (Voir pag. 84). PORTS. Panama, Colon, Sabanilla, Cuenta, Carthagena, Santa-Martha, Buena.	IMPORTATION. 57.981.520 fr. EXPORTATION. 19.567.680 fr. (Cacao 14, gomme 1, café 1.5, métaux précieux 1.5 million fr.) CHEMINS DE FER. En exploitation, 41 kilom. PORTS. Guayaquil, Esmeraldas, Manta.	IMPORTATION. 75.216.865 fr. EXPORTATION. 80.565.135 fr. (Café, cacao, coton, sucre, indigo, tabac, bois de teinture, peaux.) CH. DE FER. En expl. 113 k. En const. lig. ent. la Guaira et Caracas. PORTS. La Guaira, Puerto-Cabello, Maracaibo, Cuidad Bolivar.
VILLES PRINCIP. avec leurs hab. par mille	Medellin 30, Socorro 20, Cuamas 7, Colon 4, etc. (Voir la table.)	Quito 76, Cuenca 25, Guayaquil 24, Rio-Bomba 18, Facunga 16, Ibaria 14, Ambato 10.	Caracas 50, Valencia 30. Maracaibo 25, Barquisimento 25, Maturin 13, San-Carlos 11, Cumaná.
SUPERFICIE	1.531.525 kilomètres carrés. (3 habitants par kilomètre carré.)	643.295 kil. c. (2 h. par k. c.) Iles Gallapagos inhabit. 7.645 k. c.	1.044.440 kilom. carrés (2 habitants par kilom. carré env.).
POPULATION	3 millions d'hab. env. Dans ce nombre on compte env. 100.000 Indiens non civilisés.	1.146.035 habit. dont 200.000 Indiens env.	1.850.000 habitants.

TABLES ADMINISTRATIVES

COLOMBIE		ÉQUATEUR	VENEZUELA	
ETATS avec leurs habitants par mille	CHEFS-LIEUX	PROVINCES av. hab. p' mille	PROVINCES avec leurs habitants par mille	CHEFS-LIEUX
Panama, 221.	Panama, 18.	Pichincha, 102.	Caracas, 60.	Caracas. 49.
Magdalena, 101.	Santa Martha, 2.	Imbabura, 77.	Guarico, 191.	Calabozo, 6.
Antioquia, 366.	Antioquia, 20.	Léon, 76.	Bolivar, 129.	La Guaria, 7.
Santander, 426.	Pamplona, 5.	Chimborazo, 111	Guzman Blanco, 94	Victoria, 7.
Bolivar, 225.	Carthagena, 25.	Esmeraldas, 8.	Carabobo, 118.	Valencia, 29.
Bovaca, 483.	Tunja, 8.	Guayas, 87.	Cojedes, 86.	San Carlos, 10.
Cundinamarca, 410	Bogota, 46.	Manabi, 59.	Barquisimeto, 144.	Barquisimeto, 26.
Tolima, 231.	Purificacion O., 5.	Loja, 60.	Yaracui, 72.	San Felipe, 6.
Cauca, 455.	Popayan, 20.	Azuay, 149.	Falcon, 100.	Coro, 6.
		Tunguragua, 75	Portuguesa, 80.	Guanare, 5.
TERRITOIRES		Los Rios, 62.	Zamora, 60.	Barinas, 4.
Goayra.			Nueva Esparta, 31	Asuncion, 5.
Sierra Nevada.			Barcelona, 101.	Barcelona, 9.
Motilones.			Cumaná, 56.	Cumaná, 9.
Bolivar.			Maturin, 48.	Maturin, 13.
Consanare.			Trujillo, 109.	Trujillo, 5.
Est de Cordillères.			Guzman, 68.	Merida, 10.
San Martin.			Tachira, 69.	San Cristobal, 88.
San Andres et Sau.			Zulia, 95.	Maracaibo, 22.
Luis de Providencia (iles).			Apure, 19.	San Fernando, 3.
			Guayana, 54.	Cuidad Bolivar, 8.
			TERR. Mareño, 7. Goajiro, 29. Amaz. 23	

LES ÉTATS-UNIS DE COLOMBIE (an. Nouvelle-Grenade) sont renommés par leurs richesses minérales, l'or et le platine y abondent sur plusieurs points ; on y exploite des émeraudes, d'autres pierres précieuses des mines d'argent, de fer, de cuivre, de houille. Il y a d'importantes mines de sel dans quelques Etats.

LA RÉPUBLIQUE DE L'ÉQUATEUR possède des mines d'or et de riches salines. A l'est de l'Etat s'étend un pays inculte et peu peuplé, dont les habitants appartiennent presque tous aux tribus des Maynas et des Omaguas, tribus puissantes autrefois qu'aujourd'hui ; le chiffre des Indiens dans l'Etat est d'env. 200.000.

ÉTATS-UNIS DE VÉNÉZUÉLA. Parmi les nombreuses tribus indiennes répandues dans le pays, on distingue: les Guaraunos, qui habitent dans le delta de l'Orénoque, les Amagpures, les Mariquitores, etc. On évalue le nombre à env. 600.000.

ÉTATS-UNIS

SITUATION ASTRONOMIQUE	25° — 49° lat. N. 69° — 42° 7' long. O.	**CLIMAT**	Les États du Nord éprouvent de grandes chaleurs en été et des froids rigoureux en hiver. Le climat est insalubre dans le Sud et dans le voisinage de la mer où règne la fièvre jaune. Dans l'intérieur des terres, le sol est plus élevé et l'air est beaucoup plus pur.

GOUVERNEMENT
CHEF DE L'ÉTAT. POUV. EXÉCUT. POUV. LÉGISL. POUV. JUDIC.

CHEF DE L'ÉTAT. HAYES, de la prov. d'Ohio, élu président en 1877 pour 4 ans. Le POUVOIR EXÉCUTIF est confié au président ; ce magistrat est élu par les électeurs de chaque État. Il gouverne par des secrétaires d'État non responsables. Le vice-président, élu aux mêmes conditions, préside le Sénat. Le POUVOIR LÉGISLATIF est exercé par le Congrès qui se divise en deux assemblées : *Le Sénat* (76 membres, 2 par chaque État ; ils sont nommés pour 6 ans par les autorités législatives de chaque État). *La Chambre des représentants* (292 membres) élus pour 2 ans par chaque État séparément. Le POUVOIR JUDICIAIRE est non-seulement séparé, mais indépendant. Chaque État a ses tribunaux ; cependant la République a un *pouvoir judiciaire fédéral*. Les États particuliers ont la plénitude des pouvoirs *exécutif*, *législatif* et *judiciaire* pour tout ce que le Congrès n'a pas réglé ; ils ont une législation divisée en 2 chambres : Sénat et Chambre des représentants, élus par le suffrage direct ou à deux degrés et sous des conditions de fortune qui varient selon les États. 9 DÉPARTEMENTS (ministères). Les départements de l'État, de la justice, de l'intérieur, du trésor, de la guerre, de la marine, des postes, de l'agriculture.

JUSTICE

Les cours de justice de l'Union sont à 4 degrés : 1° *Cour suprême*, qui tient annuellement une session à Washington ; 2° *Cours de circuit* ou circonscription. Les États-Unis sont divisés en 10 *circonscriptions judiciaires* ; 3° *Cours de district* (chaque État en a une, même le district de Colombie, les plus grands en ont deux, et deux États (Alabama et Tennessee) en ont 3. Total 51 ; 4° *Cour des griefs*, qui juge les prétentions et les plaintes élevées contre le gouvernement ; elle se compose de 5 juges qui ont tous leur résidence à Washington. Les *territoires* ont chacun un tribunal (*territoire* : portion du sol qui ne compte pas 95.000 habitants).

CULTES

Il n'y a pas de religion d'État, vu que l'État et l'Église sont complètement séparés. Les 10 archevêques catholiques siègent à Baltimore, Boston, Cincinnati, San Francisco, St-Louis, Milwaukee, Nouvelle-Orléans, New York, Orégon, Philadelphia. Tous les cultes sont libres et protégés. Les sectes les plus répandues après le catholicisme sont les baptistes, les méthodistes, les presbytér., les luthér., les épiscopa., les congrégational., les quakers, les calvinist., les universalist., les swédenborgiens, les hernhutes, les juifs, les mormons.

INSTRUCTION PUBLIQUE

L'enseignement est libre. Les plus petites villes, les moindres villages ont leur école, aussi tout le monde sait au moins lire et écrire, et l'instruction publique est portée à un plus haut degré que dans nulle autre contrée du globe. Le total de la dépense annuelle pour l'instruction s'élève à 220 millions de fr. On avait en 1868, 17.000 écoles particulières, secondaires et académies, 1.500 pensions, 150 collèges, 38 séminaires, 25 écoles de droit, 45 écoles de médecine, 50 institutions pour les aveugles, les sourds-muets, les aliénés, les idiots, etc. Total qui surpasse 18.500 écoles.

INTÉRIEUR
ÉTATS

Les États-Unis comprennent 58 ÉTATS et 8 TERRITOIRES. Chaque État est administré par un *gouverneur* élu, et a ses *cours de justice* composées de membres élus. Le DISTRICT DE COLOMBIE, qui renf. *Washington*, siège du gouvern., est administré par 3 commis. Les TERRITOIRES sont administrés par le Congrès.

FINANCES
DÉPENSES

DÉPENSES	FR.
Service civil	82.618.090
Affaires étrangères	6.074.985
Dépenses diverses	195.616.180
Intérieur (pensions et Indiens)	167.079.455
Département de la guerre	157.986.355
— de la marine	81.166.170
Intérêts de la dette publique	465.404.015
Total	**1.155.942.250**

RECETTES

RECETTES	
Douanes	665.000.000
Ventes des terres publiques	5.000.000
Contrib. indir. (Droits sur les spirit., tabac, boiss. ferm., banques, timbres, amendes	600.000.000
Recettes diverses	76.250.000
Total	**1.346.250.000**

DETTE

DETTE	
Dette, intér. payés en espèces	8.489.442.500
— en pap. ay. c. f.	70.000.000
— ayant cessé de c°	85.244.500
— qui ne porte pas intér.	2.383.820.160
Total	**11.026.506.960**
Actif	930.129.800
Total net de la dette	10.096.577.160

TABLE ADMINISTRATIVE

ÉTATS ET TERRITOIRES	Kil. carrés	POPULATION	HABIT. par kilom.	VILLES PRINCIP. avec leurs hab. p° mille
ÉTATS DE LA NOUVELLE-ANGLETERRE				
MASSACHUSETS	20.202	1.457.351	72	Boston, 256.
MAINE	90.646	626.915	6	Portland, 35.
CONNECTICUT	12.501	537.454	4	Hartford.
VERMONT	26.447	330.551	12	Montpellier.
NEW HAMPSHIRE	24.035	318.300	13	Concord Dower.
RHODE-ISLAND	3.582	217.353	64	Providence, 70.
	177.013	3.487.924	20	
ÉTATS DU MILIEU				
NEW YORK	121.725	4.382.758	36	New-York, 1.046.
PENNSYLVANIE	119.155	3.521.951	30	Philadelphia, 675.
NEW-JERSEY	21.547	906.096	42	Jersey City, 82.
MARYLAND	28.401	780.894	27	Baltimore, 270.
VIRGINIE OCCID.	59.568	422.014	7	Wheeling.
DELAWARE	5.491	125.015	23	Wilmington, 32.
DIST. COLOMBIE	166	131.700	755	Washington, 110.
	356.445	10.270.428	29	
ÉTATS DU SUD-EST				
VIRGINIE	99.517	1.225.163	12	Richmond, 552.
GÉORGIE	150.214	1.184.109	7	Savannah.
CAROLINE DU N.	131.518	1.074.561	8	Raleegh.
— DU S	88.056	705.606	8	Charleston, 54.
FLORIDE	153.498	187.748	1	Tallahassee.
	622.403	4.573.987	7	
ÉTATS DU SUD				
KENTUCKY	97.587	1.321.014	14	Louisville, 100.
TENNESSEE	118.099	1.258.521	11	Memphis, 40.
ALABAMA	131.565	996.992	7	Mobile, 30.
MISSISSIPPI	122.129	827.922	6	Natchez, Jackson.
TEXAS	710.554	818.579	1	Austin, Galweston
LOUISIANE	107.082	726.915	6	Nouv. Orléans, 192
ARKANSAS	135.187	484.471	3	Little-Rock.
	1.422.003	6.454.410	2	
ÉTATS DU CENTRE				
OHIO	103.502	2.665.260	26	Cincinnati, 220.
ILLINOIS	145.596	2.539.891	18	Chicago, 500.
MISSOURI	169.290	1.721.295	10	Saint-Louis, 312.
INDIANA	87.562	1.680.637	19	Indianopolis, 50.
IOWA	142.561	1.194.020	8	Des Moines.
MICHIGAN	146.202	1.184.059	8	Détroit, 80.
WISCONSIN	139.638	1.054.670	7	Milwaukee, 72.
MINNESOTA	216.556	439.706	2	Saint-Paul.
KANSAS	210.605	364.399	1	Kansas City, 35.
NEBRASKA	196.819	122.995	0,6	Omaha City.
	1.556.031	12.966.930	9	
ÉTATS DE L'OCÉAN PACIFIQUE				
CALIFORNIE	489.441	560.247	1	San Francisco, 150
ORÉGON	246.750	90.923	0,4	Portland, Salem.
NEVADA	269.672	42.491	0,2	Carson City.
	1.005.863	693.661	0,7	
TERRITOIRES				
NOUV. MEXIQUE	315.898	91.874	0,3	
ARIZONA	295.050	9.658	0,03	
UTAH	218.784	86.786	0,4	
COLORADO	270.644	59.864	0,1	
WASHINGTON	181.275	23.955	0,1	
IDAHO	225.492	14.999	0,06	
MONTANA	372.367	20.585	0,05	
DAKOTA	390.898	14.181	0,04	
WYOMING	253.506	9.118	0,04	
INDIEN	178.679	296.766	1,7	
ALASKA	1.495.580	70.461	0,04	

ÉTATS-UNIS (SUITE)

MONNAIES	MONNAIES, Eagles (aigles) en or = 10 dollars. Dollar = 100 cents. Dime = 10 cents ou 100 milles. Le dollar vaut 5 fr. environ. (Le franc aux douanes américaines = 18 3/5 cents.) Depuis la guerre de sécession, il existe du papier-monnaie (greenbacks et autres) dont le cours est inférieur à sa valeur nominale.
GUERRE **ARMÉE**	L'ARMÉE comprend : l'ARMÉE ACTIVE et la MILICE. Les soldats de l'armée active se recrutent par engagements contractés pour 5 ans. La milice est formée par tous les citoyens valides compr. entre 18 et 45 ans. L'ARMÉE ACTIVE en temps de paix se compose de 25 régiments d'infanterie dont 2 de noirs, 10 régim. de cavalerie, 5 régim. d'artillerie, 1 bataillon d'ingénieurs. Total : 26.018 hom. et 1.507 offic. dont 10 généraux, 61 colonels, 78 lieutenant-colonels et 242 majors.
DIV. MILITAIRE	DIVISIONS MILITAIRES. Le pays comprend 4 divisions militaires et 11 départements militaires : 1° Missouri avec 5 départements ; 2° division de l'Atlantique avec 2 départements ; 3° division de l'océan Pacifique avec 3 départ. ; 4° division du Midi avec 1 départ.
MARINE **MARINE DE L'ÉTAT** **MARINE MARCHANDE**	La MARINE DE L'ETAT compte 113 navires, 1.108 canons, jaugeant 152.367 tonnes, dont 23 vaisseaux blindés avec 66 canons ; 60 vapeurs à hélice avec 782 canons ; 8 vapeurs à aubes avec 49 canons ; 22 navires à voiles avec 211 canons ; 27 remorqueurs à vapeur avec 14 canons ; 7 navires de réserve avec 172 canons ; 3 navires à provisions avec 5 canons. *Personnel* : 14 amiraux, 23 commandeurs, 50 capitaines, 90 commandants et 597 subalternes, 156 chirurgiens, 126 officiers payeurs, 226 ingénieurs et 24 aumôniers ; on a en outre 1.049 officiers en non-activité. La MARINE MARCHANDE compte 25.386 navires, jaugeant 4.242.599 tonnes dont 2.167 nav. et baleinières, 21.219 nav. de cabotage.
POSTES	*Bureaux* (1877) 57.545; *lettres* pour l'intérieur environ 689 millions, pour l'étranger 28 millions, dont 20 millions pour l'Europe.
COMMERCE **IMPORTATION** **EXPORTATION**	IMPORTATION 2.460.490.000 fr. (denrées coloniales 162 millions, boissons 48, métaux bruts 88, peaux 173, matières textiles 108, objets manufacturés 895, métaux précieux 79.500.000). EXPORTATION 3.580.580.000 fr. (céréales 560 millions, tabac 140, animaux 415, matières textiles 955, bois 75, objets manufacturés 175, huiles, graisses 205, métaux précieux 250.000.000).
CHEMIN DE FER **CANAUX**	CHEMINS DE FER en exploitation (1877) 124.674 kilom. — CANAUX. Les Etats-Unis possèdent de nombreux canaux, les plus importants sont : le grand canal ou canal d'Érié et le canal de Pennsylvanie.
TÉLÉGRAPHES **PORTS**	TÉLÉGRAPHES. *Bureaux* (1877) 8.829 ; *lignes* 152.425 kil.; *dépêches* (1875-76) 18.729.567. — PORTS. Boston, New-York, Brooklyn, Jersey City, Philadelphia, Baltimore, Norfolk, Charleston, Savannah, sur l'océan Atlantique ; Nouvelle-Orléans, Galveston, Mobile, Pensacola, Key-West, sur le golfe du Mexique ; San-Francisco sur le Pacifique.
SUPERFICIE	9.533.680 kilom. carrés sans les lacs ni la superficie des fleuves. (4 habitants environ par kilom. carré.)
POPULATION	POPULATION. 38.925.598 habitants, dont 33.589.377 blancs, 4.968.994 hommes de couleur (Chinois et Japonais 63.254, Indiens civilisés 25.731).

COLONIES ANGLAISES

TERRE-NEUVE (*Newfoundland*). *Situation astronomique* + 46° 45' + 51° 46' lat. Nord et + 51° + 62° long. Ouest. *Climat.* Le climat est brumeux et beaucoup plus froid que celui du nord de la France. L'île de Terre-Neuve forme un seul district administré par un gouverneur qui porte le titre de *Responsible Governor*. *Dépenses* 5,150,000 fr. *Recettes* 4.575.000. *Dette* 6.530.000 fr. environ. *Marine marchande* 1.030 navires jaugeant 71.000 tonnes. *Importation* 38,325,000 fr. environ. *Exportation* 33.500.000 fr. environ.
Le sol est peu susceptible de culture, mais on pêche beaucoup de morues sur les côtes et principalement sur le *Grand banc de Terre-Neuve* qui s'étend au sud-ouest de l'île sur une longueur de 9 degrés. Ville Saint-John's avec 22.583 hab. *Superficie* env. 104.114 kil. carrés. *Population* (1874) 161,374 hab. (2 hab. env. par kil. carré.)

ILES BERMUDES

SITUATION ASTRONOMIQUE : + 32° 29' lat. Nord et 67° long. Ouest. Ces îles sont administrées par un gouverneur ; à la tête de l'administration militaire est un commandant. — *Dépenses* 700.000 fr. environ. *Recettes* 650.000 fr. environ. — *Dette* 325.000 fr. *Armée.* La garnison anglaise, dans ces îles, comprend 2.100 h., dont 1.680 soldats d'artillerie et de génie et 420 d'infanterie. *Marine marchande* 45 navires jaugeant 3.500 tonnes. — *Importation* environ 6.100.000 fr. — *Exportation* 1.525.000 fr. environ. — *Superficie* 106 kilom. carrés. — *Population* (1876) 13.502 hab. (126 hab. env. par kil. carré.)

COLONIES FRANÇAISES

SAINT-PIERRE ET MIQUELON. *Situation astronomique* + 57° 4' lat. Nord, + 58° 40' long. Ouest. A la tête de l'administration se trouve un *commandant* et un *commissaire*.
Saint-Pierre est le chef-lieu de la colonie. Miquelon se divise en grande Miquelon au Nord où est située Miquelon, et en petite Miquelon au Sud où se trouve Langlade.
La principale industrie est la pêche de la morue, dont le produit pour l'île est d'env. 12 millions de kilogrammes, représentant une valeur de 4 millions de fr. environ. — *Superficie* 210 kilom. carrés. Population 4.000 hab.
La petite île de SAINT-BARTHÉLEMY dans les Antilles ; elle compte env. 3,000 hab. *Ville* Gustavia. La plupart des habitants sont catholiques. Cette colonie a été cédée, par la Suède, à la France en 1877.

TABLE DES TRIBUS INDIENNES
DANS L'AMÉRIQUE DU NORD

NOMS DES TRIBUS ET LIEUX D'HABITATIONS	NOMBRE
Washington	
Calvilles ; Muckleshoot (500)	3.617
Swinomish, Lummi (600)	1.300
Port Madiso, Tulalip (800)	1.450
Quinaielt, Makaie (358)	1.114
Skokonisk, Squaxin (30)	675
Puyallup, Nisqually (205)	750
Jakamas	4.100
Chehalis, Baie Shoalwater (60)	500
Orégon	
Umatillas, Warmspring (500)	1.182
Siletz, Grand Ronde (755)	2.180
Klamaths. Riv. Malheur (762)	1.812
Idaho	
Nez percés, Lemhi (940)	3.740
Shoshones et Bannoks	1.612
Montana	
Têtes plates, Mandons et Gr. ventres (1.347)	2.630
Gros ventres, Blood Piegans, Pieds noirs	7.200
Corbeaux de montagne	3.250
Dakota	
Sioux ; Devils (1.071)	7.797
Agence Standing Rock	7.000
» Crow Creek	1.213
» Bas brûlés	1.800
Sissetons et Warpeions Sioux	1.745
Minnesota	
Pembina Chippeways	1.178
Bois forte	714
Lac Leech ; White Earth (1.932)	3.332
Lac Mille, Fond du lac (404)	1.177
Flandreaux, Riv. Pigeon (262)	625
Michigan	
L'Anse, Rocher rouge (726)	1.946
Wisconsin	
Chippeways de la Pointe	752
Lac Courte Oreille	1.043
Lac de Flambeau	666
Menomones, Oneidas (587)	1.909
Nebraska	
Agence de la queue bariolée	9.124
Sioux, Santés, Poncas (750)	1.525
Iowa	
Winnebagos ; Omahas (1.027)	2.527
Agence sacs et renards	341
Missouri	
Sacs et renards du Missouri	224
Quawaps, Chawnies (214). Sénecas (240)	689
Territoire indien	
Arrapahoes et Cheyennes	3.788
Kioways et Comanches	2.985
Chactas ; Wichitas (1.220)	17.220
Séminoles, Pottawatomies (151)	2.640
Creeks ; Chickasaws (5.800)	19.800
Cherokees. Osages (2.679) Kansas (443)	21.794
Peorias, Ottawas (140)	542
Paunies, Wyandots (258)	2.278
Sacs et Renards	1.376
Kansas	
Iowaskickapoos, Ottoes (454)	706
Pottawatomies, Chippeways, etc.	738
Colorado	
Utes, Agence White River (900)	2.900
Nouveau Mexique	
Abiquin, Cimarron (650)	1.876
Pueblos, Hot Spring (1.800)	10.200
Apaches, Mesaleri	1.400
Wyoming	
Shoshones ou Serpents	1.800
Agence de la Nuée rouge	15.027
Utah	
Uintah Valley	650
Arizona	
Navajoes. Pueblos naquis (1.700)	13.568
White mountain, Riv Colorado (1790)	6.349
Papagos, Pimas et Maricopas (4.500)	10.406
Nevada	
Walker river, Lac Pyramide (700)	1.500
Vallée Muddy	400
Californie	
Hoopa Valley	580
Tule, Round Valley (952)	2.154

MEXIQUE

(RÉPUBLIQUE) — (CAP. MEXICO)

SITUATION ASTRONOMIQUE	15° — 35° lat. Nord. 89° — 119° 30' long. Ouest.
CLIMAT	Sur les côtes, le climat est très-chaud et fort malsain. Dans le centre et dans les parties élevées il est tempéré.
GOUVNEMENT / CHEF DE L'ÉTAT / POUV. EXÉCUT. / POUV. LÉGISLAT	CHEF DE L'ETAT. Porfirio Diaz, général, élu, ainsi que le vice-président, par le congrès en 1876, pour 4 ans. LE POUVOIR EXÉCUTIF est entre les mains du président. LE POUVOIR LÉGISLATIF est exercé par un congrès composé de 2 Chambres : le *Sénat*, 56 membres (2 par chaque Etat); *la Chambre des représentants*, 331 membr. élus pour 2 ans (1 par 80.000 hab.). LE POUVOIR JUDICIAIRE. 6 Ministères : les ministres de la justice, de l'intérieur, des finances, de la guerre et de la marine, des affaires étrangères, des travaux publ.
JUSTICE	Cour suprême de justice à Mexico.
CULTES	Tous les cultes sont libres. La religion catholique n'est pas reconnue comme religion de l'Etat. 5 archevêchés : Mexico, Michoacan, Guadalajara.
INTÉRIEUR	Le Mexique est divisé en 27 Etats et 2 territoires (voir la table), administrant chacun leurs affaires locales par leur gouverneur.

FINANCES	DÉPENSES fr.	RECETTES fr.
DÉPENSES	Pouv. législ. et jud. 11.915.430	Douanes 63.056.775
RECETTES	— exécutif . . . 240.860	Contrib. div., timb. 11.625.750
DETTE	Aff. étrangères . . . 969.800	Biens nationaux. . 482.565
MONNAIES	Intérieur 12.574.005	Monnaie 1.710.070
	Justice et inst. publ. 5.477.940	Instruct. publique. 184.940
	Travaux publics. . 13.746.400	Postes 2.225.780
	Finances 24.444.085	Recettes div. ord. . 1.378.355
	Guerre et Marine. . 41.577.990	Total . . . 80.644.055
	Total . . . 110.540.230	

DETTE. Un chapitre pour les dépenses de la dette figure au budget du ministère des finances, mais le montant de la dette n'est pas connu.
MONNAIES. Le *dollar* à 100 cents = 5 fr. 18.

TABLE ADMINISTRATIVE			
ÉTATS	kilom. c.	habitants.	hab. k.
Sonora	204.600	109.588	0.5
Chihuahua . .	216.850	180.668	0.8
Coahuila . . .	131.800	98.597	0.7
Nuevo-Leon . .	61.200	178.872	2
ÉTATS DU NORD.	614.450	567.525	0.9
Tamaulipas. . .	78.280	140.000	2
Vera-Cruz. . . .	67.920	504.950	7
Tabasco. . . .	50.680	85.707	5
Campêche. . .	66.890	89.366	1
Yucatan . . .	76.560	422.365	6
ÉTATS DU GOLFE.	320.330	1.251.388	4
Sinaloa	93.750	168.031	2
Jalisco	101.430	966.689	10
Colima	9.700	63.827	7
Michoacan . .	61.400	618.240	10
Guerrero . . .	63.570	320.069	5
Oaxaca	86.950	662.463	8
Chiapas . . .	41.550	193.987	5
ÉTATS DU PACIFIQUE.	458.550	2.995.306	7
Durango	110 070	190.846	2
Zacatecas . . .	59.550	397.945	7
Aguas-Calientes.	7.500	89.715	12
San Luis-Potosi.	71.210	525.110	7
Guanajuato . .	29.550	729.988	25
Queretaro . . .	8.300	171.666	21
Hidalgo	21.450	404.207	19
Mexico	20.300	665 557	33
Morelos	4.600	150.384	35
Puebla	51.120	697.788	22
Tlaxcala. . . .	4.200	121.663	29
ÉTATS DU CENTRE.	367.530	4.142.869	11
District fédéral .	1.200	315.996	180
Terr. de la Basse-Californie	159.400	25.195	0.1
Territoires. . . .	160.600	559.191	2

GUERRE	L'ARMÉE se compose de :		
	Infanterie	765 offic.	14.642 homm.
	Cavalerie	297 —	4.843 —
	Artillerie	148 —	1.515 —
	Gardes-côtes	22 —	71 —
	Invalides	19 —	265 —
	Total . . .	1251 —	21.436 —

DIVISIONS MILITAIRES : 5 districts militaires.

TRAV. PUBL.	CHEMINS DE FER (1877). En exploitation, 553 kilom. POSTES : Nombre de bureaux, 855. Lettres, 1.565.000. TÉLÉGRAPHES. Nombre de bureaux, 232 (40 à l'état, 85 à des compagnies particulières). Lignes, 11.697 kilom.
COMMERCE / IMPORTATION / EXPORTATION	IMPORTATION = 145.512.055 fr. (cotonnades, soieries, toile, coton, drap et autres objets manufacturés, etc.). EXPORTATION = 158.455.755 fr. (métaux précieux, bois d'ébénisterie et de teinture, cochenille, indigo, café, vanille, cacao, gomme, peaux, etc.).
MARINE MARCH	MARINE MARCHANDE : se compose de 357 navires de long cours et de cabotage et de 672 barques de petit cabotage.
POIDS ET MES.	POIDS ET MESURES. Le système métrique est employé.
PORTS	PORTS : Vera-Cruz, Tampico, Saint-Juan de Nicaragua, Acapulco, Mazatlan, Punta-Arenas, de la Union.
VILLES PRINCIP. HAB. PAR MILLE	Mexico, 250; Leon, 100; Guadalajara, 71; Puebla, 68; Guanajuato, 65; Morelia, 57; San-Luis-Potosi, 34; Zacatecas, 51.
SUPERFICIE	1.921.240 kilom. carré, env.
POPULATION	9.276.079 hab. (5 hab. par kilom. carré).

GUYANE

ÉTATS	**GUYANE FRANÇAISE** CAP. CAYENNE	**GUYANE ANGLAISE** CAP. GEORGE-TOWN	**GUYANE HOLLANDAISE** CAP. PARAMARIBO	**GUYANE INDIGÈNE** Comprend env. 230.000 ind.
SITUATION ASTRONOMIQUE	2° — 6° lat. Nord. 54° — 57° long. Ouest.	1° — 8° lat. Nord. 59° — 65° long. Ouest.	2° — 6° lat. Nord. 56° — 68° long. Ouest.	On connaît dans les Guyanes plus de 30 différentes tribus indiennes dont les principales sont : LES COROADOS. . 50.000 — APIACAS . . . 20.000 — CAMINIS . . . 20.000 — NAMBIRAGUAS 20.000 — QUINIQUINAS . 20.000 — ARARAS . . . 15.000 — CAUYAS . . . 12.000 — CALIDIS. — COUPOUROUIS. — RONCENYÈMES. — OURAOUS. — ACCAOUAIS. — ARAGOATÉS, etc. Parmi le chiffre total on compte env. 4000 indigènes dans la Guyane française; 40.000 indig. dans la Guyane hollandaise, et 100.000 dans la Guyane anglaise.
CLIMAT	Le climat des Guyanes n'est pas aussi malsain ni aussi chaud qu'on le croit généralement; l'action des vents alizés, les forêts et le grand nombre de cours d'eau diminuent l'intensité de la chaleur; durant la nuit, la température est très-rafraîchie par les brises de la mer.			
GOUVNEMENT	Chaque État a un gouverneur respectif à la tête de l'administration.			
FINANCES	DÉPENSES : 9.000.000 fr. RECETTES : 2.000.000 fr. DETTE : 10.100.000 fr.	DÉPENSES : 8 900.000 fr. RECETTES : 8.800.000 fr. DETTE : fr.	DÉPENSES : 5.464.549 fr. RECETTES : 2.429.070 fr. DETTE : fr.	
COMMERCE	IMPORTATION : 7 mill. de fr. env. (vivres, vêtements, objets manulact.). EXPORTATION : 2 mill. de fr. env. (cocons, bois, mais, etc.).	IMPORTATION : 45 millions 925.000 francs. EXPORTATION : 58 millions 425.000 francs. Chemins de fer, 34 kil.	IMPORTATION : 9 mill. de fr. (tissus, vêtements, objets manufacturés, etc.). EXPORTATION : 6 millions de fr. (café, riz, vanille, revenus, etc.).	
VILLES PRINCIP. HAB. PAR MILLE	Cayenne, Sinamari, Iracoubo, Moca, Kourou.	Georgetown ou Demerara, 36; New-Amsterdam.	Paramaribo, 20; Batavia, Leyden, Savanda.	
SUPERFICIE	121.415 kilom. carrés (0.1 hab. par kil. carré).	221.242 kilom. carr. (0.9 hab. par kil. carré).	119.521 kilom. carrés (0.6 hab. par kilom. carré).	
POPULATION	24.200 hab. (150/0 blancs).	193.491 hab.	69.529 h. (1200 blancs env.).	

ÉTATS	PÉROU (RÉPUBLIQUE) (CAP. LIMA)	BOLIVIE RÉPUBL. (C. SUCRE)	CHILI RÉPUBL. (C. SANTIAGO)
SITUAT. ASTRO.	3°30' — 22° lat. S. — 72°-85° 40' long. O.	26°15'-9° lat. S.; —60°-74° l. O.	24° — 45° lat. S.; — 72° — 76° long. O.
CLIMAT	Le climat est doux et salubre, l'air y est rafraîchi par les brises de mer et le vent qui souffle des Cordilleras.	Le climat est tempéré jusqu'à une élév. de 5000 m.; au delà de 4 500 m. règnent des neiges ét.	Le climat est le plus sain et le plus agréable de toute l'Amérique du Sud.
GOUVERNEMENT CHEF DE L'ÉTAT POUV. EXÉCUT. POUV. LÉGISL. POUV. JUDIC.	CHEF DE L'ETAT. Prado, J. M., général, élu président en 1876 pour 4 ans. Le POUVOIR EXÉCUTIF est confié au président de la république, élu par tous les citoyens; il est assisté d'un Conseil des ministres (6 membres). LE POUVOIR LÉGISLATIF appartient au Sénat (44 membres) et à la Chambre des députés (110 membres). Le POUVOIR JUDICIAIRE est représenté par la Cour suprême de justice. 5 MINISTÈRES, justice et cultes, aff. étrangères, intérieur, finances, guerre.	CHEF DE L'ETAT. Hilarion Daza, général, élu président en 1876 p' 4 ans. Le POUVOIR EXÉCUTIF est délégué au président de la république, assisté d'un ministère. Le POUVOIR LÉGISLATIF est confié à un Congrès composé d'un Sénat et d'une Chambre des représentants. 4 MINISTÈRES. Les ministères de la justice et des cultes, de l'intérieur et des aff. étrang., des fin. et de l'ind., de la guerre.	CHEF DE L'ETAT. Pinto, Annibal, général, élu président en 1876 pour 5 ans. Le POUVOIR EXÉCUTIF est exercé par le président de la république et le Conseil d'Etat (16 membres, dont les 5 ministres). LE POUVOIR LÉGISLATIF est entre les mains du Sénat (38 membres) et de la Chambre des députés (108 membres). POUVOIR JUDICIAIRE. La magistrature judiciaire est inamovible: les membres sont nommés par le président, sur présentation du conseil d'Etat. 5 MINISTÈRES.
JUSTICE	1 Cour suprême, à Lima. Les tribunaux d'appel sont établis à Lima, Cusco, Arequipa, Truxillo, Ayacucho et à Puno.	Les différents degrés sont : Cour suprême, Cour des Districts, Cour de justice de paix, Cour d'Instruction.	1 Cour suprême de justice, à Santiago et 3 Cours d'appel, à Santiago, Concepcion et à Serena, 1 Cour des comptes.
CULTES	CULTES. La religion catholique est la religion des Etats. Le Pérou a 1 archevêque à Lima et 6 évêques. La Bolivie a 1 archevêque métropolitain à Sucre et 3 évêques : le Chili a 1 archevêque à Santiago et 3 évêques.		
INSTRUCTION PUBLIQUE	INSTRUCTION PUBLIQUE. En BOLIVIE, l'instruction est libre et gratuite. On compte 532 établissements pour l'instruction primaire et secondaire; 3 universités : Sucre, Cochabamba, La Paz, avec des facultés de médecine, de juridiction et de théologie. Au PEROU, l'instruction primaire et l'inst. secondaire sont données gratuitement par l'Etat. Il existe des écoles primaires et des lycées dans chaque province. On a en outre 1 école militaire, 2 écoles navales, 1 école de médecine, 1 conservatoire de musique, etc. L'université se divise en 5 facultés. On compte 995 écoles avec 50.887 élèves. Les colleges de l'Etat étaient (1860) fréquentés par plus de 2000 élèves. Les collèges particuliers au nombre de 50, dont 26 pour les garçons, avec 6000 élèves, et 24 pour les filles, avec environ 2000. — Les écoles primaires, en 1867, étaient au nombre de 995, recevant 50.887 élèves. Pour l'enseignement supérieur on a une université à Santiago.		
INTÉRIEUR DÉPARTEMENTS PROVINCES	Le pays est divisé en 16 DÉPARTEMENTS administrés chacun par un préfet nommé par le président et chaque commune par une junte municipale élue. DÉPARTEMENTS : Curzo, Puno, Lima, Junin, Ancacs, Ayacucho, Arequipa, Cayamarca, Huancavelica, Piura, Moquegua, Libertad, Callao, Amazonas, Ica, Loreto.	Le pays se divise en 9 DÉPARTEMENTS, subdivisés en provinces (sous-préfectures). Les départements sont administrés chacun par un gouverneur. DÉPARTEMENTS : La Paz de Ayacucho, Cochabamba, Potosé, Chuquisaca, Sta Cruz, Veni, Oruro, Tarija Atacama. Div. tribus ind.	Le pays se divise en 16 PROVINCES et territoires, administrés chacun par un Intendante (préfet). PROVINCES : Chiloé, Llanguihue, Voldivia, Aranco, Concepcion, Nubie, Maule, Linares, Talca, Curico, Colchagua, Santiago, Valparaiso, Aconcagua, Coquimbo, Atacama.
FINANCES DÉPENSES RECETTES DETTE	DÉPENSES : 525.315.610 fr. RECETTES : 335.008.520 fr. DETTE Dette intérieure. . 124.760.790 fr. » extérieure. . 829.652.650 » flottante. . . 115.000.000 Total. . . . 1.069.413.440 fr.	DÉPENSES : 22.527.520 fr , guerre comprise 5.654.580, finances et dette int. (rente) 10.560.065 f. RECETTES : 14.647.870 fr., dont guano 4.500.000 fr., contrib. des Indi., 5.451.555, empr. Church. 3.250.000. DETTE. 85.000.000 f	DÉPENSES : 86.227.155 fr. environ. RECETTES : 87.535.075 fr. environ. DETTE Dette intérieure. . . 53.904.575 fr. » extérieure. . . 194.045 000 Total. . . . 247.949.575 fr.
MONNAIES	MONNAIES. Le PÉROU et la BOLIVIE ont adopté la monnaie française (voir FRANCE). L'unité monétaire du Chili est une pièce d'argent qui s'appelle peso = 5 francs, et se subdivise en 10 centavos. Pièces d'argent : 1 peso, 50 cent, 20 cent, 10 cent et 5 cent. Pièces d'or : condor = 10 pesos, doblone = 5 pesos, escudo = 2 pesos. Pièces de cuivre : 1 centavo, 1 medio-centavo (demi-centavo).		
GUERRE ARMÉE MARINE	L'ARMÉE ACTIVE compte 15.200 hommes, dont 8 bataillons d'infanterie, 5,600 hommes ; 3 régiments de cavalerie, 1200 hommes ; 2 brigades d'artillerie, 1000 hommes ; la gendarmerie à pied et à cheval, 5.400 hommes. MARINE DE L'ETAT. 2 monitors à 5 canons chacun; 1 frégate blindée, à 22 canons; 18 navires à 66 canons ensemble. MARINE MARCHANDE. Environ 147 bâtiments jaugeant 49.860 tonnes.	ARMÉE ACTIVE : 3.000 hommes environ, avec 1022 officiers, 2 généraux (1 officier pour 2 soldats). MARINE DE L'ETAT 3 navires à vapeur avec 28 canons, 6 bricks et petits navires à voiles. MARINE MARCHANDE : 38 navires au long cours, jaugeant environ 7000 tonnes.	L'ARMÉE se compose de l'armée active et de la garde nationale. L'armée active : 5,575 h., dont l'inf. 2000 h., caval 700 et l'artill. 800. Offic. 490, dont 10 généraux et 480 autres officiers. La garde nationale : 24.500 h. et 974 offic. MARINE DE L'ETAT. 10 vaisseaux, avec 44 canons et 5340 chevaux. Equipage. 11.185 hommes et 140 officiers, dont 3 amiraux. MARINE MARCHANDE. 90 navires jaugeant 26.625 tonnes. (1876)
COMMERCE IMPORTATION EXPORTATION CHEM. DE FER POSTES TÉLÉGRAPHES PORTS POIDS ET MES.	IMPORTATION : 150.000.000 fr. environ. (Objets manufacturés, vêtements, articles de Paris, etc.) EXPORTATION : 236.049.000 francs. (Guano, nitrate de soude, sucre, métaux, coton, laine d'alpaga, etc.) CHEMINS DE FER. En exploitation, 19 lignes de 1852 kilomètres, et en construction 140 kilomètres environ. PORTS. Cabao, Islay, Payta, Arica, Trujilla. POIDS ET MESURES. Système métrique.	IMPORTATION : 27.500.000 fr. environ. (Confection, objets manufacturés.) — CHEM. DE FER. En exploitation 150 kil. EXPORTATION : 25.000.000 fr. (Guano, cuir, quinquina, étain.) PORTS : Cobija, Antofagasta. POIDS ET MESURES. On se sert des poids et mesures de Castille, dont l'unité pour les poids est la livre = 460 gr., et pour les mesures de longueur, le pied = 278.33 millim.	IMPORTATION : 176.435.000 francs. (Objets manufacturés, vêtements, articles de Paris, etc.) EXPORTATION : 188.855.000 francs. (Cuivre, argent, bestiaux, coton, farine, coton, laine d'alpaga, etc.) CHEMINS DE FER. En exploitation, 1689 kilom. POSTES. Bur. 535. Lettres, 6.152.196, imprimés et échantillons, 8.054.955. TÉLÉGRAPHES. Bureaux, 62; lignes, 6420 kilom.; dépêches, 158.849. PORTS. Valparaiso, Constitution, Valdivia POIDS ET MESURES. Système métriq.
VILLES PRINCIP. AVEC LEURS HABITANTS P. MILLE	Lima, 100; Curzo, 40; Callao, 38; Arequipa, 30; Tacnay, 11; Islay, 11; Arica, 10.	La Paz, 76; Cochabamba, 40; Sucre, 24; Potosi, 25; Santa-Cruz, 10; Oruro, 8.	Santiago, 150; Valparaiso, 100; Chillan, 20; Talca, 18; Concepcion, 18; Serena, 12; Quillao, 12; Copiapo, 11.
SUPERFICIE	1.605.742 kilom. carrés. (2 habitants par kilom. carrés.)	1.297.255 kilom. carrés (2 habitants par kilom. carré env.)	321,462 kilom carrés. (7 habitants par kilom. carré.)
POPULATION	2.720.735 habitants, non compris les Indiens.	2.325.000 habitants.	2.335.568 habit. Naissances, 84 407; mariages, 14.876; décès, 62.817 (1876).

POSSESSIONS ANGLAISES

DOMINION DU CANADA

POSSESSIONS — 42°–77° lat. N.; 60°–140° long. O.

SITUATION ASTRONOMIQUE

CLIMAT — Au sud, le climat est le même que celui du N. des Etats-Unis. Dans la partie septentrionale il règne un froid extrême.

GOUVERNEMENT
- **POUV. EXÉCUT.** — LE POUVOIR EXÉCUTIF est entre les mains du GOUVERNEUR GÉNÉRAL et du *conseil privé*, qui l'exercent au nom de la souveraine de la Grande-Bretagne et d'Irlande. LE POUVOIR LÉGISLATIF est confié à un parlement composé de 2 chambr., le *Sénat* (78 memb. inamovibles nommés par le gouverneur), la *Chambre des Communes* (206 memb. élus par le peuple, pour 5 ans). 9 MINISTÈRES: les ministeres de la justice, des douanes, de l'intérieur, des finances, des revenus intérieurs, de la défense militaire, de la marine et des pêches, des postes, de l'agriculture.
- **POUV. LÉGISL.**

INTÉRIEUR
- **PROVINCES** — Le Dominion du Canada comprend les 7 PROVINCES d'Ontario, de Québec (autrefois haut et bas Canada), de la Nouvelle-Ecosse, du Nouveau-Brunswick, de la Colombie anglaise et de l'île du Prince-Édouard. Ces 2 provinces ont chacune une *administration* et un *parlement* particuliers avec un *lieutenant-gouverneur*. Ils ont plein pouvoir de régularier leurs affaires locales et de disposer de leurs revenus.

INSTRUCT. PUBLIQUE — Les provinces de Québec et de Ontario ont des *écoles de droit* particulières adaptées à l'événement religieux qui domine. Chaque cité dans la province de Ontario est divisée en plusieurs *sections scolaires* selon les besoins des habitants. Les *écoles communales* sont soutenues en partie par le gouvernement et en partie par une taxe prélevée par la cité même. On compte 5 *écoles militaires* pour l'infanterie dans la province de Ontario, 2 dans celle de Québec, 1 dans celle de la Nouvelle-Ecosse et 1 dans celle du Nouveau-Brunswick.

CULTES — Il n'y a pas de religion d'État dans le dominion du Canada. L'église anglicane est gouvernée par 9 évêques, l'église catholique romaine par 4 archévêques et 11 évêques, l'église presbytérienne du Canada ainsi que celle de l'Écose par des synodes annuels présidés par les " moderators ".

FINANCES
- DÉPENSES: 221.008.185 f. (dont postes 8.926.560, chem. de fer 11.759.464, douanes 3.608.025, etc.).
- RECETTES: 221.948.900 f. (dont douanes 62.754.940, postes 3.844.730, chem. de fer, canaux 9.035.580).
- DETTE payable à Londres 612.588.445, dette payable au Canada 260.991.050. Total 873.579.475.
- Actifs 207.555.765. Total net 666.015.470. — MONNAIES. L'unité est le *dollar* = 100 cents.

GUERRE — En outre des troupes anglaises, qui ont été réduites à 2000 h. (1871), il existe un corps de volontaires et une milice, dans laquelle tout homme valide, entre 18 et 60 ans, peut être appelé. L'armée se compose de l'armée *active* qui comprend les volontaires, la milice régulière et la milice maritime, et de la réserve de la milice qui compte 655.000 h. En 1874, l'armée active a été réduite à 5.000 h. La durée du service est de 3 ans pour les volontaires et de 2 ans pour les autres soldats. DIVISIONS MILITAIRES. Le Canada se divise en 11 districts militaires: 4 pour Ontario, 3 pour Québec, 1 pour la Nouvelle-Ecosse, 1 pour Nouveau-Brunswick, 1 pour Manitoba, et 1 pour la Colombie anglaise.

MARINE — MARINE DE L'ÉTAT comprend 5 vapeurs à hélices, 2 vapeurs à aubes et 2 vapeurs de fleuves. MARINE MARCHANDE compte 6785 nav. jaugeant 1.073.718 tonnes, 6950 navir. de 1.158.365 tonnes dont 634 vapeurs de 76.487 tonnes, y compris les nav. sur les lacs et les fleuves et les remorqueurs.

COMMERCE — IMPORTATION. 517.525.000 f. env. (fer, laine, coton, épiceries, etc.). — EXPORTATION. 393.175.000 f. env. (produits des forêts, des champs, des mines, de la pêche; animaux, métaux précieux).
PORTS: Québec, Montréal, Halifax, Lunenburg, Charlotte-Town.
POIDS ET MESURES: système anglais. (Voir Angleterre.)

TRAV. PUB. — POSTES. Nombre de lettres 4.8½, nombre de lettres et cartes postales expédiées 25.421.352, journaux 51.500.000. — TÉLÉGRAPHES. Lignes 16.121 kil., bureaux 529, dépêches expédiées (1871) 1.141.547. — CHEMINS DE FER en exploitation 7.932 kil.

VILLES A. LEURS HAB. PAR MILLE — Toronto 46, Hamilton 26, Ottava 21, London 15, Montréal 107, Québec 59, Halifax 29, St-John 29, Charlotte-Town 8.

SUPERFICIE — 8.753.870 kil. car. (0.4 hab. par kil. car.) — POPULATION: 3.686.596 hab.

ANTILLES

	JAMAICA et les îles Turks.	ILES DE BAHAMA et de Caïcos.	ILES DU VENT Windward Islands	ILES SOUS LE VENT Leeward Islands	TRINITÉ Trinidad
SITUATION ASTRONOMIQUE	17°50'–18°30' lat. N. 78°30'–80°40' long. O.	21°–27° lat. N. 73°–82° long. O.	11°40'–14° lat. N. 61°55'–64°40' long. O.	15°–18°40' lat. N. 63°30'–67° long. O.	10°–11° lat. N. 62°5'–61°40' long. O.
CLIMAT	Ces îles, faisant partie des Antilles, ont le même climat (voir les Antilles, page 70).				
GOUVERNEMENT	Chaque possession est administrée par un gouverneur.				

DIVISIONS ADMINISTRATIVES ET NATURELLES

INTÉRIEUR	Jamaica forme, avec les 3 îles du Caïman, 8 districts, administrés chacun par un président. La résidence du gouverneur est le siège du gouvernement. Les îles Turks sont également administrées par un président.	Les îles de Bahama sont administrées par un gouverneur siégeant à Nassau, et les îles de Caïcos par un président.	Les îles principales sont: Barbade, 162.000 h. Grenade, 39.914 St-Vincent, 33.700 Ste-Lucie, 31.600 Tabago, 17.668 Chacune de ces îles est administrée par un lieutenant-gouverneur.	Les îles principales sont: Antigoa, 35.649 h. Dominique, 27.500 S.Christopho 28.890 Nevis et Vierges 18.890 Monserrat, 8.700	L'île de Trinidad est divisée administrativement en 2 districts: le district oriental et le district occidental, chacun administré par un président.

GUERRE

DÉPENSES 15.425.000	DÉP. 1.050.000	DÉP. 5.500.000	DÉP. 2.525.000	DÉP. 7.050.000
RECETTES 14.525.000	REC. 1.050.000	REC. 5.300.000	REC. 2.500.000	REC. 7.900.000
DETTE 16.175.000	DETTE 1.525.000	DET. 1.920.000	DET. 1.700.000	DET. 4.625.000

MONNAIES. On emploie généralement les monnaies anglaises. (Voir Angleterre.)
1.500 hom. de garnison | 410 h. de garn. | Env. 100 h. de g. | 1100 h. de g. env.

MARINE MARCHANDE
85 nav. jaugeant 2.510 tonnes | 494 nav. jaugeant 7000 tonnes | 154 nav. jaugeant env. 5.600 tonnes | 68 nav. jaugeant env. 1.950 tonnes | 76 nav. jaugeant 3.100 tonnes.

COMMERCE

IMPORTAT. 42.500.000	IMP. 5.850.000	IMP. 36.300.000	IMP. 10.050.000	IMP. 41.650.000
EXPORTAT. 57.925.000	EXP. 2.675.000	EXP. 38.750.000	EXP. 11.475.000	EXP. 40.925.000

POIDS ET MESURES. Le système anglais est généralement employé. (Voir Angleterre.)

VILLES PRINCIPALES AVEC LEURS HABITANTS PAR MILLE

Kingston 36, Spanish-Town 7, Fatimouth.	Nassau 7, St-Georges, Hamilton.	Bridgetown 35, St-George 5, Castries 3.	St-John 10, Rosseau 5, Charlestown 4.	Port of Spain 41, Plymouth.
SUPERFICIE: 10.859 k. c. (46 h. par kil. carré.)	SUPERF. 13.960 k. c. (3 h. par k. carré)	SUPERF. 2.150 k. c. (60 h. par k. carré.)	SUPERF. 4.343 k. c. (60 h. par k. carré.)	SUPERF. 4.544 k. c. (24 h. p. k. carré.)
POPULATION 506.032 habit. dont 2.843 pour les îles Turks.	POPULAT. 42.607 hab.	POPULAT. 418.780 hab.	POPULAT. 419.780 hab.	POPULAT. 410.633 hab.

HONDURAS BRIT.: Dép. 1.025.000 f. Rec. 1.040.000. Imp. 4.375.000. Exp. 3.075.000. Ville: Belise. Sup. 19.593 k. c. Pop. (1871) 24.710 hab.

OCÉANIE

SITUATION ASTRONOMIQUE

55° latit. N. — 55° latit. S. et 90° longit. E. — 111° longit. O.

DIVISIONS

On divise l'Océanie en 4 parties, savoir : MALAISIE, MICRONÉSIE, POLYNÉSIE et AUSTRALASIE ou MÉLANÉSIE.

BUDGET

DÉPENSES. . . . . 705 millions de francs.
RECETTES. . . . . 747 millions de francs.
DETTE. . . . . 1.187 millions de francs.

COMMERCE

IMPORTATION . . . . 1.107 millions de francs.
EXPORTATION . . . . 988 millions de francs.

TÉLÉGRAPHES

LIGNES. . . . . 28.847 kilomètres.

CHEMINS DE FER

LIGNES. . . . . 5.079 kilomètres.

SUPERFICIE

8.865.684 kilomètres carrés (0,5 habit. par kilom. carré).

POPULATION

4.748.600 habitants.

MALAISIE

La Malaisie comprend les îles de LA SONDE, de BORNÉO, de CÉLÈBES, les MOLUQUES et les PHILIPPINES

	COLONIES HOLLANDAISES	COLONIES ESPAGNOLES
SIT. ASTRON.	20° N. — 12° latitude S. et 92° — 155° longitude E.	
CLIMAT	La température est très-chaude et très-humide dans ces contrées. Par la magnificence de leur végétation elles rappellent les plus étonnantes vallées de l'Inde et du Brésil.	Le climat est tempéré et sain, mais on y éprouve des pluies violentes, des orages et quelquefois des tremblements de terre.
GOUVNEMENT	Le Gouverneur général est à la tête de l'administration et le chef des forces de terre et de mer. Chaque résidence est séparément administrée par un gouverneur.	Le Gouverneur général est le chef de l'administration dans toutes les branches, et dispose des forces de terre et de mer.
CULTES	La religion dominante est le protestantisme.	La religion dominante est le catholicisme.
INTÉRIEUR	Les colonies sont partagées en 18 résidences.	Les îles sont classées en 4 groupes. Les îles Philippines, Paolos, Carolines et Marianes. 45 prov. et les aut. gr. chac. 1, administ. par des présidents. La plus gr. part. des îles Mindanao et Palavan aussi bien que le gr. de Soulou et les pet. îles de Batanes et Babuyanes sont indép. On compte 1.600.000 âmes dans les Philippin. n'appart. pas à l'Esp., dont 1.200.000 nègres, 400.000 Malais, Chinois, Siamois, etc. (Les îles Carolines et Marianes font partie de la Micronésie. (Voir ci-dessous.)

TABLE ADMINISTRATIVE (Colonies Hollandaises)

RÉSIDENCES	HABITANTS	KIL. C.
Java et Madura	18.125.269	154.600
Sumatra occident.	1.021.000	121.170
— orient.	70.000	45.450
Bornéo occident.	566.000	154.500
— côtes S. et E.	890.000	561.650
Célèbes	556.000	118.584
Palembang	577.000	160.510
Benkoulen	140.000	25.087
Lampongs	115.000	26.155
Menado	495.000	69.770
Les Moluques	548.000	110.220
Timor et Sumba	900.000	57.400
Bali et Lombok	860.000	10.460
Banca	64.000	15.050
Biliton	26.000	6.552
Nouvelle Guinée	200.000	176.750

TABLE ADMINISTR. (Colonies Espagnoles)

ÎLES PRINCIP.	KIL. C.
PHILIPPINES	
Luzon	110.940
Mindoro	9.646
Palavan	?
Panay	11.790
Negros	8.700
Pajol	5.200
Leyte	9.500
Samar	12.170
Masbate	3.640
Pololo	5.100
Mindanao	?
PAOLOS	897
CAROLINES	1.584
MARIANES	1.080

FINANCES DÉPENSES RECETTES MONNAIES	DÉP. 502.412.051 fr. (dont administration 246.424.147 fr., bail de l'opium 54.841.508 fr., douanes 16.960.000 fr.) REC. 502.412.051 fr. (v du café 119.557.622, impôt fonc. 58.268.500, sucre 558.782 fr.) MONNAIES. On se sert de celle des Pays-Bas.	FINANCES DÉPENSES 81 mil. f. RECETTES. 88 mil. f. MONNAIES. On se sert des monnaies espagnoles.
GUERRE ARMÉE	L'ARMÉE ACTIVE se compose de 34.000 h. de 1.425 off., dont l'inf. 27.000 h., 800 off. Caval. 920 h., 59 off. Artill. 5.041 h., 90 off. Génie 558 h., 5 off., etc. Il y a en outre des corps d'armée indigène (pradjocrits, barissans, légions, etc.), composés d'Européens et d'indigènes (10.600 h. env.).	ARMÉE 7 rég. inf. indig., 1 escad. lanciers, 1 rég. artill., 2 compag. génie, 2 rég. garde civiq. — ÉTAT-MAJOR. 12 offic., 50 offic. de santé et médecins et 5 pharmaciens.
MARINE	MARINE DE L'ÉTAT. Nombre de navires (?) 600 miliciens de marine et 701 matelots indigènes. MARINE MARCHANDE. 517 navires, jaugeant 57.972 tonnes.	
COMMERCE IMPORTATION EXPORTATION CHEM. DE FER POSTES TÉLÉGRAPHES POIDS & MESUR.	IMPORTATION 265.911.200 fr. (Tissus, objets manufacturés, confections, etc.) EXPORTATION 571.857.500 fr. (Café, sucre, étain, indigo, peaux, riz, épices, tabac, thé.) CHEM. DE FER à Java, en exploit. 260 kil., en constr. 109 kil. POSTES. Lettres et imprimés, 6.179.250. Recettes, 1.517.825 fr. TÉLÉGRAPHES. Bureaux : 50 à Java, 16 à Sumatra. Lignes : à Java 5.480 kilom., à Sumatra 2.024 kilom., non compris 105 kilom. pour le câble entre les deux îles. Dépêches : 879.296. — Recettes nettes 970.717 fr. POIDS ET MESURES. (Voir Pays-Bas.)	COMMERCE IMPORT. 50 mill. (Tissus, objets manuf., confect., etc.) — EXPORT. 76.080.000 f. (Sucre, café, chanvre, cigares, tabac, indigo, etc.) POIDS ET MESURES. (Voir Espagne.)
VILLES PRINC. AVEC LEURS HAB. PAR MILLE.	Batavia, 150; Sourbaya, 90; Samorang, 70; Palembang, 40; Macassar, 40; Padang, 50; Banjer-Massin, 20; Pontianak, 20; Amboina, 16; Bencoulen, 12; Muntok, 12; Cheribon, 10.	Manila, 165; Zamboanza, 10; Iloio, 20; Zebou, 12; Cecita, 6; Melila, 4; Mindanao ou Mangao, 20.
SUPERFICIE	1.952.500 kilom. carrés (12 habitants par kilom. carré)	175.945 kilom. carrés (55 hab. par kil. c.)
POPULATION	24.570.600 habitants dont Java et Madura 27.571, Européens, 191.821 Chinois, 8.755 Arabes, et Hindous 14.728.	6.200.452 habitants, dont 6.000.000 dans les Philippines.

ÉTATS INDÉPENDANTS

SUMATRA — La partie indépendante est partagée en divers États : royaume d'ATSJIN (Archem), capitale Atjin, confédération de BATAK, royaume de SIAK, cap. Siak. Tous ces pays sont situés au nord et au nord-est de l'île. Les populations sont plus ou moins sauvages ; cependant dans certains endroits, à Batak par exemple, presque tous les habitants savent lire et écrire.

BORNÉO — Les indigènes appellent Bornéo *Tana-Busar-Kalemanton* (grande terre de Kalemonton). L'île est partagée entre les Hollandais et les États indigènes, parmi lesquels on remarque principalement le royaume de BORNÉO ou BROUNEI et le royaume de SAVAWAK. La population se compose de Malais, de Javanais, de Boughis, natifs de Célèbes, de Chinois, qui tous habitent les côtes. Dans l'intérieur on remarque les Dayaks, les Tidouns, etc. (anthropophages).

MICRONÉSIE

La Micronésie se compose des ÎLES DE MAGELLAN qui se divisent en 2 groupes : les *Volcans* et les *Bonmi-Sima* (peuplées de Japonais et dépendantes de l'empire du Japon), les ÎLES D'ANSON ; les ÎLES PALAOS, dont la principale est l'*Île de Babelt*, *Sovays*, les ÎLES MARIANES, dont *Guam* est la plus importante (elles dépendent de l'Espagne). Les ÎLES CAROLINES se composent d'environ 520 îles qui forment une chaîne très-étendue. On remarque entre autres le groupe de *Duperrey*, l'île *Oualan*, le groupe de *Siniavini* dont la principale est *Ponapi*, le groupe d'*Hogolon*, les îles *Caulias* et *Lamourseck*, le souverain de cette île est le plus puissant de l'Archipel ; les ÎLES MARSHALL qui comprennent les îles de *Ralick*, de *Radack* et de *Gilbert*.

Le climat des archipels de la Micronésie est en général bon et très-favorable, le sol est fertile ; il produit du coton, de l'indigo, du cacao, du riz, du maïs, des cannes à sucre.

La langue et les habitants varient d'un groupe à l'autre.

POLYNÉSIE

LA POLYNÉSIE comprend : 1° Les ILES SANDWICH ou HAVAII. (Voir ci-dessous.)
2° Les ILES SAMOA, dont les principales sont : Pola ou Sévia, Oyolava, Maouna, Toutouillah, Rose, etc. (avec 36,800 hab., dont 2,500 étrangers environ (1874), sur 3,011 kilom. carrés), et les ILES WALLIS, HORNE et ROGGEWEEN.
3° La POLYNÉSIE AMÉRICAINE, qui se compose des *Iles Phœnix*, du *Groupe de l'Union*, de l'île *Jarvis*, de l'île *Maldon* et de l'île *Penrhyn*. Ces îles appartiennent aux États-Unis.
4° LES ILES TONGA (avec environ 15,000 hab., dont *Tonga-Tabou* env. 8,000) et KERMADEC (660 kil. carrés).
5° LES ILES MANAIA, connues aussi sous le nom d'HERVEY et de COOK (elles comptent 7,600 hab. sur 793 kilom. carrés), et les îles TOUBOUAI, dont deux sont sous le protectorat de la France.
6° LES ILES DE LA SOCIÉTÉ ou ARCHIPEL DE TAITI sous la protection de la France (1,257 kil. carrés et env. 4,000 hab.), dont l'île *Raiatéa* 1,200, *Tahaa* 900 hab).
7° LES ILES TOUAMOTOU, formant env. 80 îles et comptant 8,000 hab., dont l'île *Anaa* 1,500 et l'île *Makalea* 130.
8° LES ILES MENDANA ou MARQUISES (1,257 kil. carrés avec env. 6,000 hab.), composées des îles *Hiva-oa* avec 2,000 hab., *Nouka-Hiva* avec 666 hab., *Tahouala* avec 400, *Tatou-Hiva* 400, *Anapao* 600, *Onahouga* 235.
9° L'ILE DE PÂQUES.
LA POPULATION en général dans la Polynésie diminue considérablement.
LE CLIMAT est généralement bon et salubre, la terre fertile; elle produit les bambous, le mûrier à papier, le bois de rose, le bois de fer, le sandal, l'arbre à pain, la canne à sucre, le bananier, l'ananas, la patate douce, le mûrier blanc.

ROYAUME ILES SANDWICH OU HAVAII (CAP. HONOLULU)

SIT. ASTRON.	18° 50° — 29° lat. nord et 157° — 160° long. ouest.
CLIMAT	Le CLIMAT est doux et les PLUIES sont fréquentes.
GOUVNEMENT POUVOIR EXÉC. POUVOIR LÉGIS. MINISTÈRES	CHEF DE L'ÉTAT : Kalakaua I", roi, né en 1836, avénement 1874 (Kapiolani, reine. Lelia Kamakahea, frère du roi, successeur présomptif). Monarchie constitutionnelle. LE POUVOIR EXÉCUTIF appartient au roi, qui est assisté d'un cabinet (ministère). Pour les affaires importantes le roi consulte le *conseil intime* qui se compose des ministres actuels et d'un nombre illimité de membres choisis, moitié parmi les indigènes, moitié parmi les étrangers. LE POUVOIR LÉGISLATIF est exercé par le *Parlement*, comprenant les deux chambres réunies des nobles et des représentants, nommés par les citoyens âgés de 21 ans, possédant une propriété de 500 francs ou un revenu de 250 francs et sachant lire et écrire. 4 *ministères :* les ministères des affaires étrangères, de l'intérieur, de la justice et des finances.
JUSTICE	Il y a une cour suprême à Honolulu et 4 cours de district, une dans chaque gouvernement.
CULTES	Tous les cultes sont libres. Il y a un vicaire apost. pour le culte romain et un évêque pour l'église anglicane.
INST. PUBL.	L'instruction est libre. On compte 7,367 élèves dans les écoles dites havaïennes et 985 dans les écoles où l'anglais est enseigné.
INTÉRIEUR	Le royaume est composé des îles suivantes : Hawaii, Maui-Kauai, Oahu, Molokai, Lanai, Nihau, Kadulaw, toutes habitées, et de 14 petites îles inhabitées. Ces îles sont divisées en 4 gouvernements, administrés par un gouverneur : Honolulu (Oahu), Lahaina (Maui), Hilo (Hawaii), Nawiliwili (Kanai).

	DÉPENSES		RECETTES	
		FR.		FR.
FINANCES DÉPENSES RECETTES DETTE MONNAIES	Liste civile, apanages	344,100	RECETTES (dont douanes 1,737,015).	5,040,935
	Corps législatif	76,300	DETTE (1875). Passif	2,293,940
	Ministères, etc.	2,814,595	Actif	444,170
	Instruction publique	341,645	MONNAIES. Il circule des piastres espagnoles et américaines et des pièces de 5 fr. Monnaies de compte : le dollar 5 fr. 35.	
	Dépenses diverses	19,945		
	Total	4,596,785		

ARMÉE	Le roi a le droit d'appeler sous les drapeaux tous les indigènes sans exception.
COMMERCE IMP. EXPORT.	IMPORTATION : 6,745,000 fr. EXPORTATION : 10,640,000 fr. (sucre, riz, café, suif, peaux, laine, etc.). PORTS : Honolulu 14,852 hab. POIDS ET MESURES : On emploie les poids et mesures des États-Unis.
SUPERFICIE	19,756 kilom. carrés (3 hab. environ par kilom. carré).
POPULAT.	(1872) 56,897 hab., dont 49,044 indigènes, 2,487 métis, 2,539 Européens, 889 Américains et 1,938 Chinois.

AUSTRALASIE OU MÉLANÉSIE

L'AUSTRALASIE comprend : 1° L'AUSTRALIE avec la TASMANIE et la NOUVELLE-ZÉLANDE. (Voir page 82.) L'Australie, seul continent tout à fait austral, relève en entier de l'Angleterre ; elle est partagée en 5 grandes colonies. Queensland, Nouvelle-Galles du Sud, Australie méridionale, Australie occidentale et Victoria. La population indigène est, depuis l'invasion des blancs, réduite à environ 70,000 âmes.
LA TASMANIE, séparée du continent par le détroit de Bass, forme une colonie à part ; l'ancien nom de la Tasmanie était île de Van Diemen. La Tasmanie est sans contredit la mieux dotée comme situation et comme climat de toutes les colonies australiennes, mais malheureusement une émigration constante affaiblit le pays. (Voir page 82.)
LA NOUVELLE-ZÉLANDE appartient aussi à l'Angleterre et forme une colonie, elle se compose de deux grandes îles, séparée par le détroit de COOK. Les indigènes (Maoris) diminuent chaque année et on en compte aujourd'hui à peine 35,000. (V. p. 82.)
2° LA NOUVELLE-GUINÉE (710,160 kil. carrés avec environ 2,500,000 hab.) ; toute la partie occidentale, *la Louisrade, les îles Vaïgion et Aron* appartiennent aux Pays-Bas.
3° L'ARCHIPEL DE LA NOUVELLE-BRETAGNE (environ 28,970 kil. carrés), comprenant la *Nouvelle-Bretagne proprement dite*, la *Nouvelle-Irlande*, le *Nouveau-Hanovre*, les *îles de l'Amirauté*, etc.
4° L'ARCHIPEL SALOMON (env. 53,000 kil. carrés, y compris l'*Archipel de la Peyrouse*), dont les principales îles sont : *Bougainville, Choiseul, Isabelle, Guadalcanar*, etc.
5° L'ARCHIPEL DE LA PÉROUSE, dont les principales : *Santa-Cruz, Vanickoro*, etc.
6° L'ARCHIPEL DES NOUVELLES-HÉBRIDES OU DU SAINT-ESPRIT (14,795 kil. carrés et 150,000 hab.), dont l'*île du Saint-Esprit* est la plus grande. Les autres îles sont : *Anectyma* avec 1,500 hab., *Fuluna* avec 900, *Aniva* avec 308, *Nguna* avec 1,000 hab., *Pelé* avec 150 et *Malaso* avec 80, etc.
7° LA NOUVELLE-CALÉDONIE avec les ILES LOYALTY. Ces îles appartiennent à la France et se composent de la *Nouvelle-Calédonie proprement dite* ou île *Balade*, des *îles des Pins* ou *Kounié* et les *îles Loyalty*, comprenant les îles *Haglan, Chabrol* et *Britannia* et un grand nombre d'îlots. LA POPULATION INDIGÈNE, divisée en tribus, peut être estimée à 54,650 âmes. LA POPULATION BLANCHE environ 10,000 individus, dont plus de 6,000 transportés. LA SUPERFICIE est de 19,720 kil. carrés, dont les îles Loyalty 2,147 kil. carrés. Ces îles produisent l'igname et le taro, la patate, la canne à sucre et le tabac. On y trouve aussi de la houille, du fer et de l'or. L'EXPORTATION dépasse 5,000,000 de francs. CHEF-LIEU Nouméa.
8° LES ILES VITI OU FIDJI composées des deux grandes îles *Viti-Lévou* ou *Paou* et *Vanoua Lévou*, et d'un grand nombre d'autres îles plus ou moins importantes. Ces îles comptent env. 140,000 indig. et 2,940 blancs, sur une surface de 20,783 kil. c.
9° LES ILES NORFOLK, 34 kil. carrés avec environ 481 habitants.

AUSTRALASIE ou MÉLANÉSIE (SUITE)

ÉTATS	QUEENSLAND	N^{lle} GALLES DU SUD (NEW-SOUTH-WALES)	AUSTRALIE MÉRID. (SOUTH-AUSTRALIA)	AUSTRALIE OCCID. (WESTERN-AUSTRALIA)	VICTORIA	TASMANIE (TASMANIA)	NOUVELLE-ZÉLANDE (NEW-ZEALAND)
SITUATION ASTRONOMIQUE	15° 40' — 29° lat. Sud. 136° — 151° 20' long. Est.	29° — 37° 30' lat. sud. 138° 40' — 154° 20' long. E.	26° — 38° lat. Sud. 126° 40' — 138° 40' long. E.	18° 50' — 35° 40' lat. sud. 110° 30' — 126° 40' long. E	34° — 38° 40' lat. Sud. 138° 40' — 147° 40' long. E.	40° 40' — 43° 35' lat. Sud. 142° 20' — 146° long. Est.	34° 20' — 47° 50' lat. Sud. 167° — 178° 40' long. Est.
CLIMAT	Sur les bords de la mer, le climat est tempéré par les brises marines. Le centre rappelle de près le Sahara par l'aridité et l'immensité des déserts.							
GOUVERNEMENT	Le POUVOIR EXÉCUTIF est confié, par le chef de l'État de l'Angleterre, à un gouverneur pour chaque division. Le gouverneur est assisté d'un ministère. Ce gouverneur est assisté d'un ministère. Le POUVOIR LÉGISLATIF est entre les mains du Parlement, dont la composition varie pour chaque division.							
	Le POUVOIR LÉGISLATIF. 21 memb. nommés par la Couronne. ASSEMBLÉE LÉGISLATIVE, 42 memb. élus pour 5 ans. 6 MINISTRES: 1er secrétaire de la Colonie, secrétaire des Terres publiques et du Trésor. procureur gén., secrétaire des Travaux publ. et des Mines, maître général des Postes	CONSEIL LÉGISLATIF. 21 memb. nommés par la Couronne. ASSEMBLÉE LÉGISLATIVE, 72 memb. élus. 6 MINISTRES: 1er secrétaire de la Colonie, ministre de la Justice, ministre des Travaux publ., maître des Mines, ministre des Postes.	CONSEIL LÉGISLATIF. 16 memb. élus pour 12 ans. 6 memb. nommés et de 12 memb. élus. ASSEMBLÉE LÉGISLATIVE, 36 memb. élus dans les 18 distr. 6 MINISTRES: 1er secret. Procur. de la Colonie, trésorier commiss. des Terres, Trav. publ., minist. de la Just., et de l'Instruct. publ.	Se compose de 6 memb. nommés, 3 sont officiels. Le conseil exécutif composé de 4 m. nb. 4 MINIST.: secret. de la Colonie, Procureur général, commandant des forces, intendant général.	CONSEIL LÉGISLAT., 30 memb. élus p. 10 ans, selon la fortune. 6 memb. sont remplacés tous les 2 ans. ASSEMBLÉE LÉG., 90 memb. élus par les chefs de famille et par le propriét. 5 MINIST.: secret. du Trés., 1er secr., Proc. gén. minist. de la Just., de l'Instr. publ., des Mines, commiss. des douan. et chem. de fer.	CONSEIL LÉGISLATIF. 49 memb. nommés à vie par la Couronne. CHAMBRE REPRESENTATIVE, 78 memb. élus par le peuple pour 4 ans. 6 MINISTRES: 1er secrét. de la Colonie, minist. des Affaires indigènes, ministre des Travaux publ., Trésor gén., minist. des Douanes, de la Justice.
INTÉRIEUR	Le Queensland est divisé en 11 municipalités.	La Nouvelle-Galles du Sud est divisée en 55 districts.	Cette colonie est divisée en 23 comtés et 18 districts électoraux.	Cette colonie est divisée en 12 districts, administrés par les intendants.	Victoria est divisé administrativement en 37 comtés.	La Tasmanie est divisée en 18 districts.	La colonie est divisée en 9 prov.: 4 dans l'île du Nord et 5 dans l'île du Sud.
CULTES	La religion anglicane domine; les autres sectes sont les presbytériens, les wesleyans, les méthodistes. On compte aussi un grand nombre de catholiques romains.							
FINANCES	DÉPENSES (1876): 32.088.000 f. RECETTES (1876): 31.581.700 f. DETTE (1876): 295.714.050 f.	DÉPENSES (1876): 119.850.525 f. RECETTES (1876): 125.845.700 f. DETTE (1876): 295.987.975 f.	DÉPENSES (1876): 35.083.425 f. RECETTES (1876): 35.005.100 f. DETTE (1876): 95.927.500 f.	DÉPENSES: 4.487.100 f. RECETTES: 4.054.725 f. DETTE: 3.575.000 f.	DÉPENSES: 114.521.100 f. RECETTES: 108.198.300 f. DETTE: 425.284.550 f.	DÉPENSES: 8.409.700 f. RECETTES: 8.183.725 f. DETTE: 58.012.500 f.	DÉPENSES (1876): 107.653.425 f. RECETTES (1876): 89.507.550 f. DETTE (1876): 406.962.775 f.
GUERRE MARINE	Le Gouvernement anglais n'entretient pas de troupes dans les colonies. Les troupes qui existent sont des volontaires, qu'on évalue à 10.000 hommes env. dans les 7 provinces. Pour la défense des côtes, le Gouvernement anglais a une escadre en Australie d'environ 12 bâtiments et 400 hommes.							
COMMERCE (laine, étain, coton écrul, cuivre, etc.)	IMPORT. (1876): 78.475.000 f. EXPORT. (id.): 96.990.000 f.	IMPORT. (1876): 344.725.000. EXPORT. (id.): 325.100.000	IMPORT. (1876): 114.400.000 f. EXPORT.(id.)120.400.000 f.	IMPORTATION: 9.650.000 francs. EXPORTATION: 9.925.000	IMPORTAT. 592.695.000 f. EXPORT. 354.900.000 fr.	IMPORT. 28.325.000 fr. EXPORT. 28.275.000 f.	IMPORT.(1876)172.625.000 f. EXPORT. (id.) 141.825.000 f. (laine, blé, viande conservée, or, etc.)
IMPORTATION EXPORTATION	TÉLEGR. (1876) 7.436 kil.; 174 bur., nomb. de dépêch. 470.035.	TÉLEG. 9.775 k.; 4541 jur.; nombr. de dépêch. 834.204.	TÉLEGRAP. 1.865 kilom.; 112 bureaux; dépêches 574.141.	TÉLEGRAP. 4.414 kilom.; 181 bureaux; dépêches 66.088.	TÉLEGR. 826 kilom.; 40 bureaux; dépêc. 66.088.	TÉLEGR. 5.102 kilom.; 142 bureaux; dép. 1.100.599 (1876).
TÉLÉGRAPHES	POSTES (1876): Dur. 162; Nomb. de lettres 3.537.875; journaux. 2.943.915.	POSTES (1876): Lettr. 13.630.804, jour. 6.592.200; bureaux 782.	POSTES, 372 bureaux; — Lettres 5.725.578, journaux 3.560.914.	POSTES, 58 bureaux; lett. 846.075,journ. 549.898.	POSTES, 1.177 bureaux; lettres, 18.963.505; journaux, 9.010.147.	POSTES, 1.177 bureaux, lettres, 1.903.385; journaux, 1.452.514.	POSTES, 645 bur.; lettres, 11.770.757; journ. 7.962.748.
POSTES							
CHEM. DE FER	CHEMINS DE FER. En exploitation, 480 kilom.; en construct. 548 kilom.(1876).	CHEMINS DE FER. En exploit. 819 kil.; en construct. 289 kilom.	CHEMINS DE FER. En exploitation, 61 kilom.; en construction, 56.		CHEMINS DE FER. En exploitation, 1.157 kil.; en construction, 417.	CHEMINS DE FER. En exploitation, 278 kilom.	CHEMINS DE FER. En exploitation,1.155 kilom.; en construction, 687 kil.
VILLES PRINCIP. HAB. P. VILLE	Brisbane, 31; Ipswich, 7; Newcastle, 10; Bathurst, 8; Rockhampton, 6.	Sydney, 135; Parramatta, 7; Newcastle, 10; Bathurst, 8; Kensington-Norwood,10.	Adelaide, 52; Gapunda, 8; Kensington-Norwood,10.	Perth, 7.000; Albany	Melbourne, 224; Ballarat, 37; Sandhurst, 36; Geelong, 24.	Hobart-Town, 20; Launceston, 15; Bewon, 6.	Auckland, 22; Dunedin, 18; Wellington, 11.
SUPERFICIE	Env. 1.730.721 kilom. c. (0.1 hab. par kilom. carré).	799.159 kilom. carrés (0.8 hab. par kilom. carré).	983.720 kilom. car. (0.2 hab. par kilom. carré).	2.527.285 kilom. carrés (0.02 hab. par kilom. carré)	229.078 kil. carr. (4 hab. par kilom. carré).	67.894 kilom. carrés (2 hab. env. par kilom. carré)	270.050 kil. carrés (1.4 hab. par kilom. c.).
POPULATION	(1876)187.100 Européens. Naiss. 6.305; mariag 1.304; décès, 3.467.	Env. 629.776 hab. Naiss 23.298; mariag. 4.650; déc. 11.105.	Env. 225.677 hab. Naiss. 8.224; mariages, 1.852; déc. 5.550.	21.521 hab. Naiss. 948; mariages, 191; décès,583.	840.500 hab. Naissances 26.769; mariag. 4.949; décès, 13.561.	105.484 hab. Naissances, 3.149; mariages, 746; décès,1.750.	Env. 599.075 hab. Naiss. 16.168; mariag. 3.496; décès, 4.904.

TABLE COMPARATIVE

PAYS	LISTE CIVILE et appointem. Francs	ARMÉE ACTIVE HOMMES Nombre	ARMÉE ACTIVE DÉPENSES Francs	MARINE DE L'ÉTAT Dép. Fr.	MARINE MARCH. Nr.	MARINE MARCH. Autres	INSTRUCT. PUBLIQUE Dép. Fr.	CULTES DÉPENSES Francs	BUDGET DÉPENSES Francs	BUDGET RECETTES Francs	DETTE PUBLIQUE Francs	TÉLÉ-GRAPHES Kilom.	COMMERCE IMPORTATION Francs	COMMERCE EXPORTATION Francs	CHEMINS DE FER Kilom.	SUPER-FICIE Kilom. carrés	POPU-LATION Nombre	HABIT. par Kil. c.
FRANCE	1.200.000	150.000	558.266.499	102.961.955	480	15.600	55.640.714	53.645.995	2.780.975.095	2.795.177.804	23.405.206.953	51.700	1.569.000.000	4.570.000.000	23.975	528.570	36.905.788	70
AUTRICHE	10.452.500	296.158		51.455.455	68	7.008	20.786.164	11.945.212	809.452.145	902.995.915	8.660.283.542	34.087	1.165.000.000	1.145.000.000	11.211	500.491	20.394.980	67
HONGRIE	10.462.500				10	507	9.843.056		541.969.902	494.655.542		14.909			6.775	325.854	15.509.455	48
BELGIQUE	5.540.000	46.277	45.985.000		55	3.265	8.197.682	5.768.061	239.606.763	260.535.860	1.321.947.444	6.077	1.448.500.000	1.065.000.000	5.589	29.455	5.403.006	185
DANEMARK	2.961.558	55.705	12.154.419	7.410.525	130	2.904	1.518.169		66.865.891	66.865.891	196.041.822	5.040	520.462.800	252.953.800	5.796	38.257	1.940.000	51
ESPAGNE	9.300.000	250.000	122.291.918	25.984.774	449	25.725			755.775.184	755.868.647	9.622.442.980	13.618	555.500.000	578.200.000	5.796	494.946	16.262.422	33
GRANDE-BRETAGNE	14.065.875	129.051	490.504.100	274.464.800		9.745	62.448.525	?	2.040.087.400	1.994.082.450	19.444.559.900	38.858	9.869.300.000	6.508.650.000	27.505	314.951	34.160.000	106
GRECE	1.125.000	14.065	7.657.104	2.111.705	21	9.745			41.067.825	39.247.000	485.082.962	1.660	146.000.000	80.000.000	50.211	1.437.894		29
ITALIE	15.555.555	425.150	202.925.579	44.551.411	66	21.247	27.984.649	4.256.074	1.412.685.296	1.423.585.965	9.885.589.226	80.697	1.154.000.000	967.000.000	7.804	296.015	27.482.174	115
PAYS-BAS	1.995.000	62.805	47.376.000	28.915.606	116	1.247	?	3.290.861	248.212.517	215.196.162	1.935.615.789	5.519	1.498.226.100	1.119.478.500	1.695	32.859	3.342.792	46
PORTUGAL	5.197.600	35.755	25.189.594	8.755.902	59	575	5.004.742		158.399.651	142.258.345	1.994.947.974	5.608	158.681.000	128.794.400	958	89.555	4.677.562	45
ROUMANIE	4.200.000	18.052	15.576.829		9		8.999.767		95.372.451	121.572.451	494.521.410	4.142	100.854.000	144.902.000	1.259	120.250	3.516.000	55
RUSSIE	56.189.856	700.000	727.566.944	100.478.444	211	1.785	65.781.452	147.296.544	2.401.505.700	2.401.565.700	11.755.647.560	69.015	1.910.524.000	1.692.800.000	21.465	21.759.659	86.586.000	4
SERBIE	594.000	4.150	6.004.717				1.855.779		16.225.647	15.075.144		1.461	32.456.362	59.001.878		48.657	1.720.000	35
SUÈDE	1.765.200	51.185	21.205.454	7.487.980	51	4.485	12.776.021		405.500.000	405.520.000	2.255.019.917	8.269	406.511.000	516.755.000	4.914	444.814	4.383.291	11
NORWEGE	670.440	12.750	9.520.560	5.404.100	52	8.167	2.792.860		69.069.560	74.761.920	98.796.800	7.619	254.557.200	144.891.600	822	316.694	1.817.257	6
SUISSE	778.750	106.156	15.298.567						42.818.000	40.442.000	56.425.518	6.854	?	?	2.545	41.390	2.669.147	67
TURQUIE	59.009.487	157.697	405.147.854	125.815.475	187	224	2.938.755		650.305.695	556.866.159	6.150.000.000	25.252	?	?	1.467	558.168	8.971.000	181
BAVIÈRE	6.678.100	47.871	55.465.500			Tout l'Empire	24.857.846	?	277.041.685	277.041.685	1.459.179.702	7.770			4.456	75.864	5.022.904	66
WURTEMBERG	2.048.622	17.737				4.745	7.584.189		47.006.419	47.006.419	424.557.465	2.848	TOTAL pour tous les pays qui font partie du Zollverein : 4.815.500.000	3.580.580.000 5.188.500.000	1.240	19.304	1.881.505	9
BADE	2.235.457	14.350	Armée act. fédérale 418.670 h. Dépenses de la marine fédérale 30.158.430			82 navires. dont navire Prusse 5.105	5.282.174	260.402	45.114.808	42.706.288	417.554.881	Pour le reste de l'Empire 38.791			1.180	15.257	1.506.551	99
PRUSSE	16.652.628	510.829					48.051.567	9.518.685	70.004.875	891.049.701	1.357.411.516	152.425			17.587	548.559	25.772.562	74
SAXE	4.516.621	23.210	405.147.854				7.577.846		67.321.221	67.321.221	506.105.656				1.978	14.995	2.760.342	181
ÉTATS-UNIS	250.000	27.525	157.986.555	81.466.170	415	25.586	220.000.000	?	1.155.942.250	1.546.250.000	10.096.377.160	132.425	2.460.490.000	3.580.580.000	124.674	9.555.680	58.925.598	4
BRÉSIL	3.085.516	16.500	57.959.220	27.558.630	56	?	?		269.650.172	268.250.000	1.754.881.955	6.250	482.017.200	498.085.600	2.595	8.515.840	10.108.291	1
MEXIQUE	240.860	25.587	41.577.990		?	1.029			110.540.256	80.644.055		11.097	145.512.035	158.755.755	555	1.921.240	9.276.079	5
EGYPTE	7.800.000	58.880	22.262.110		9	600	1.156.204		275.188.350	274.104.000	5.746.515.000	19	145.000.000	513.030.500	1.773	2.251.600	17.400.000	8
CHINE	?	705.000	?		58	8.000			629.000.000	629.000.000	15.691.875	6.550	527.025.000	606.575.000		10.200.500	453.447.000	89
JAPON	6.155.775	55.580	51.297.500		21	20.058	6.239.509		274.221.949	274.221.949	1.691.278.615	2.034	128.211.027	148.256.669	105	597.711	58.925.598	4
INDE	925.000	58.171	589.714.500	15.745.675	?	?			1.547.795.675	1.282.751.575	5.351.466.100	26.794	1.221.600.000	1.656.100.000	12.155	5.801.176	259.404.600	65
PERSE	1.680.000	50.000	16.960.000		?	?			40.000.000	41.080.000	—	4.468	28.425.000	11.654.200	—	1.644.000	6.500.000	4

SYSTÈME MÉTRIQUE
DE POIDS ET MESURES

La grandeur du quart du méridien terrestre, dont la dix-millionième partie, sous le nom de MÈTRE (du grec μέτρον, mesure), est l'unité fondamentale du système.

Le système métrique décimal fut rendu obligatoire et exclusif pour toute la France le 2 novembre 1801.

MESURES LINÉAIRES

		KILOM.	HECT.	DÉCAM.	MÈTRES.	DÉCIM.	CENTIM.	MILLIM.		
Myriamètre	=	10	100	1.000	10.000	—	—	—	10.000	mètres.
Kilomètre	=		10	100	1.000	—	—	—	1.000	—
Hectomètre	=			10	100	1.000	10.000	100.000	100	—
Décamètre	=				10	100	1.000	10.000	10	—
MÈTRE	=					10	100	1.000	1	—
Décimètre	=						10	100	0.1	—
Centimètre	=							10	0.01	—
Millimètre	=								0.001	—

MESURES DE SURFACE OU DE SUPERFICIE

		DÉCIM. CARRÉS.	CENTIM. CARRÉS.	MILLIM. CARRÉS.		
Mètre carré	=	100	10.000	1.000.000	1.	mètre carré.
Décimètre carré	=		100	10.000	0.01	—
Centimètre carré	=			100	0.0001	—
Millimètre carré	=				0.0000001	—

MESURES TOPOGRAPHIQUES

		KILOM. CARRÉS.	HECTOM. CARRÉS.	DÉCAM. CARRÉS.	MÈTRES CARRÉS.		
Myriamètre carré	=	100	10.000	1.000.000	100.000.000	1.	myriamèt. carré.
Kilomètre carré	=		100	10.000	1.000.000	1.	kilomètre carré.
Hectomètre carré	=			100	10.000	0.01	—
Décamètre carré	=				1	0.0001	—

MESURES AGRAIRES

ARE, la mesure de superficie pour les terrains, égale à un carré de 10 mètres de côté :

		ARES.	CENTIARES.	MÈTRES CARRÉS.		
Hectare	=	10	10.000	10.000	1.	hectare.
ARE	=		100	100	0.01	—
Centiare	=			1	0.0001	—

MESURES DE VOLUME

		DÉCIM. CUBES.	CENTIM. CUBES.	MILLIM. CUBES.		
MÈTRE CUBE	=	1.000	1.000.000	1.000.000.000	1.	mètre cube.
Décimètre cube	=		1.000	1.000.000	0.001	—
Centimètre cube	=			1.000	0.000001	—
Millimètre cube	=				0.000000001	—

MESURES DE BOIS DE CHAUFFAGE

STÈRE. La mesure destinée particulièrement au bois de chauffage et qui est égale au mètre cube.

		STÈRES.	DÉCISTÈRES.	STÈRES.
Décastère	=	10	100	10
STÈRE	=		10	1
Décistère	=			0.1

MESURES DE CAPACITÉ

LITRE. Mesure de capacité, tant pour les liquides que pour les matières sèches, dont la contenance est celle du cube de la dixième partie du mètre.

		HECTOL.	DÉCAL.	LITRE.	CENTIL.	DÉCIL.		
Kilolitre	=	10	100	1.000	10.000	100.000	10	hectolitres.
Hectolitre	=		10	100	1.000	10.000	1	—
Décalitre	=			10	100	1.000	0.1	—
LITRE	=				10	100	1	litre.
Décilitre	=					10	0.1	—
Centilitre	=						0.01	—

POIDS

GRAMME est le poids absolu d'un volume d'eau pure égal à celui de la centième partie du mètre et à la température de la glace fondante.

		QUINT.	KILOG.	HECTOG.	DÉCAG.	GRAMMES.	DÉCIG.	CENTIG.	MILLIG.		
Tonnes métriques	=	10	1.000	10.000	100.000	1.000.000	—	—	—	1.000	kilog.
Quintal	=		100	1.000	10.000	100.000	—	—	—	100	—
Kilogramme	=			10	100	1.000	10.000	100.000	1.000.000	1	—
Hectogramme	=				10	100	1.000	10.000	100.000	0.1	—
Décagramme	=					10	100	1.000	10.000	0.01	—
GRAMME	=						10	100	1.000	1	gram.
Décigramme	=							10	100	0.1	—
Centigramme	=								10	0.01	—
Milligramme	=									0.001	—

SYSTÈME MONÉTAIRE

La France, la Suisse, la Belgique, l'Italie, ont conclu une convention monétaire le 23 décembre 1865, par laquelle le FRANC a été accepté comme unité monétaire.

CONDITIONS DE FABRICATION DES MONNAIES DE L'UNION

NATURE DES PIÈCES.		POIDS EXACT.		DIAMÈTRE.	
OR	Fr. 100	32.258 grammes		35 millimètres.	
	» 50	16.129	—	28	—
	» 20	6.451	—	21	—
	» 10	3.225	—	19	—
	» 5	1.612	—	17	—
ARGENT	» 5	25	—	37	—
	» 2	10	—	27	—
	» 1	5	—	23	—
	» 0.50	2.50	—	18	—
	» 0.20	1	—	16	—
BRONZE	» 0.10	10	—	30	—
	» 0.05	5	—	25	—
	» 0.02	2	—	20	—
	» 0.01	1	—	15	—

Typographie Lahure, rue de Fleurus, 9, à Paris.

PARIS. — TYPOGRAPHIE A. LAHURE
Rue de Fleurus, 9

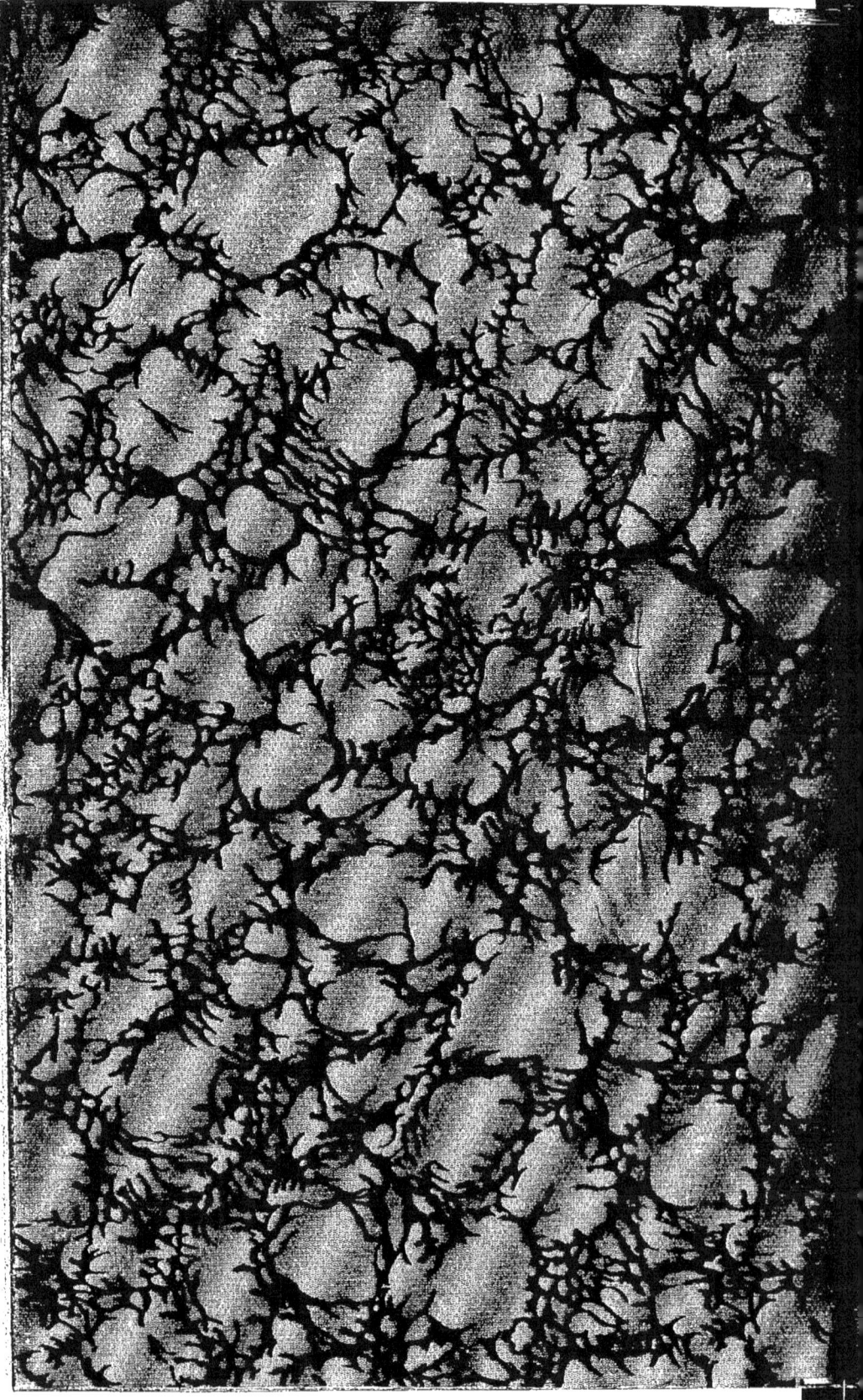

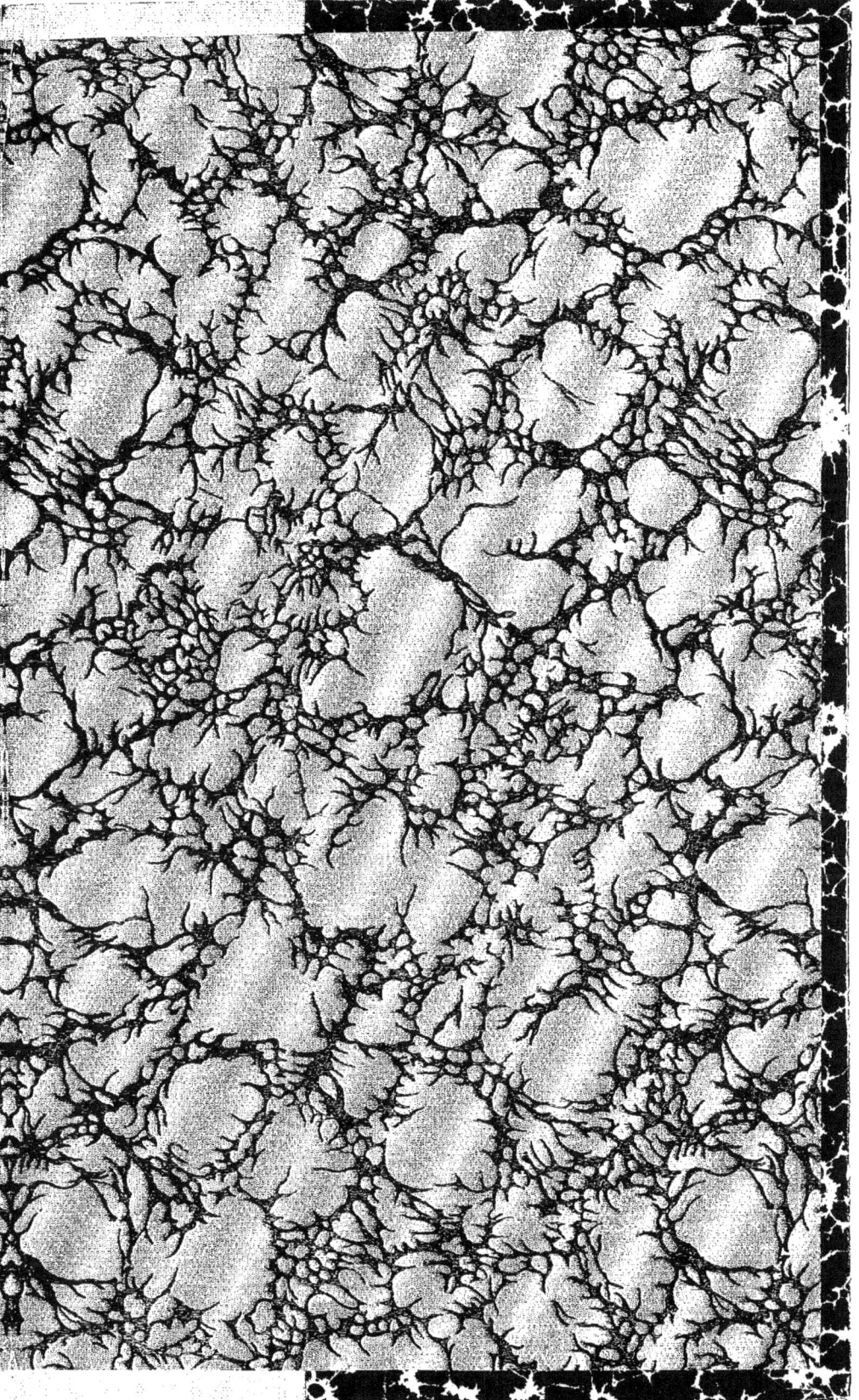

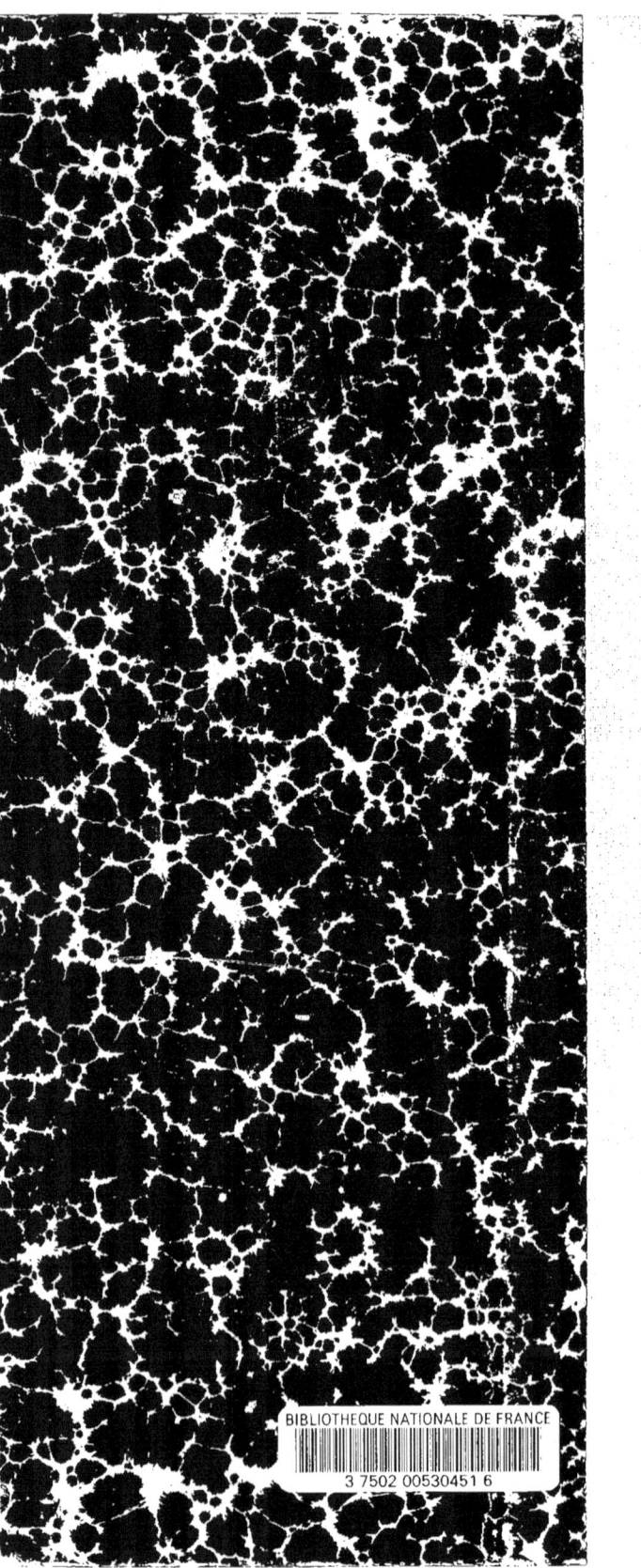

www.ingramcontent.com/pod-product-compliance
Lightning Source LLC
LaVergne TN
LVHW052104090426
835512LV00035B/971